U0654539

國家社科基金重大委托項目"《子海》整理與研究"成果

山東省社科規劃重大委托項目成果

子海精華編

主編　王承略　聶濟冬

夏峰先生語錄

[清]　孫奇逢　撰　秦躍宇　點校

朱子白鹿洞規條目

[清]　王澍　輯　郝桂敏　點校

山東人民出版社·濟南

國家一級出版社　全國百佳圖書出版單位

圖書在版編目（CIP）數據

夏峰先生語録/（清）孫奇逢撰；秦躍宇點校. 朱
子白鹿洞規條目/（清）王澍輯；郝桂敏點校. -- 濟南：
山東人民出版社，2018.2
　（子海精華編/王承略，聶濟冬主編）
　ISBN 978 - 7 - 209 - 11330 - 4

Ⅰ. ①夏… ②朱… Ⅱ. ①孫… ②王… ③秦…
④郝… Ⅲ. ①理學—中國—清代 ②白鹿洞書院—介紹
Ⅳ. ①B249. 91②G649. 299. 564

中國版本圖書館 CIP 數據核字（2018）第 030674 號

責任編輯：楊雲雲　李　濤　趙　菲
封面設計：武　斌

夏峰先生語録
［清］孫奇逢 撰　秦躍宇 點校
朱子白鹿洞規條目
［清］王澍 輯　郝桂敏 點校

主管部門　山東出版傳媒股份有限公司
出版發行　山東人民出版社
社　　址　濟南市英雄山路 165 號
郵　　編　250002
電　　話　總編室（0531）82098914
　　　　　市場部（0531）82098027
網　　址　http：//www. sd - book. com. cn
印　　裝　山東臨沂新華印刷物流集團有限責任公司
經　　銷　新華書店

規　　格　32 開（148mm×210mm）
印　　張　9. 75
字　　數　180 千字
版　　次　2018 年 2 月第 1 版
印　　次　2018 年 2 月第 1 次
ISBN 978 - 7 - 209 - 11330 - 4
定　　價　68. 00 圓
　　　　　如有印裝質量問題，請與出版社總編室聯繫調換。

國家社科基金重大委托項目"《子海》整理與研究"成果之一

《子海精華編》

工作委員會

主　　任：樊麗明　王清憲

副 主 任：李建軍　胡金焱　劉致福　張志華

委　　員（按姓氏筆畫排列）：

王　飛　王　偉　王君松　王學典　方　輝　巴金文

邢占軍　杜　福　李平生　李劍峰　吳　臻　胡長青

孫鳳收　陳宏偉　劉丕平　劉洪渭

編纂委員會

學術顧問：安平秋　周勛初　葉國良　林慶彰　池田知久

總 編 纂：鄭傑文（首席專家）　王培源

副總編纂：王承略　劉心明

委　　員（按姓氏筆畫排列）：

王　瑋　王　震　王小婷　王國良　李　梅　李士彪

李玉清　何　永　宋開玉　苗　菁　郝潤華　姜　濤

馬慶洲　秦躍宇　高海安　陳元峰　黃懷信　張　兵

張曉生　單承彬　蔡先金　漆永祥　鄧駿捷　劉　晨

聶濟冬　蘭　翠　竇秀豔

《子海精華編》出版説明

　　"子海"，即"子書淵海"的簡稱。"《子海》整理與研究"課題係國家社科基金重大委托項目、山東省社科規劃重大委托項目。該課題分《珍本編》《精華編》《研究編》《翻譯編》四個版塊，力圖把子部珍稀文獻、精華文獻進行深層次的整理、研究和譯介，挖掘子部文獻的價值，促進子學研究的發展。

　　山東大學向來以文史見長。古籍整理與子學研究，是其中的傳統研究方向。"《子海》整理與研究"，是在山東大學前輩學者高亨先生積三十年之力陸續做成的《先秦諸子研究文獻目錄》的基础上，由已故著名古籍整理與研究專家董治安先生參與策劃、設計的大型綜合研究課題。課題立項後，得到了宣传部、教育部、財政部、山東省政府和山東大學的大力支持，學界同仁踴躍參與。《精華編》的整理研究團隊近兩百人，來自海内外四十八所高校和研究機構。在組織管理上，《精華編》努力探索傳統文化研究協同創新的新體制、新機制，現已呈現出活力和實效。

　　華夏文明是由多元文化構築而成的。中國古代子部典籍，以歷代士人個性化作品的形式,系統性地展示了華夏民族的世界觀和方法論,立體性地反映了中華民族對世界文明發展的貢獻。其中,無論是宏篇大論,還是叢殘小語,都激蕩着歷史的聲音,閃爍着智慧的光芒,構成中國古代思想、藝術、科技和生活方式的主體內容。《精華編》通過對子部最优秀的典籍的整理,一方面擷英取粹,爲華夏文明的傳播提供可靠的資源和文本;另一方面以古鑒今,爲當下社會的發展提供智力支持和精神支撐。並希望進而梳理中華傳統文化的多元結構,繼承中華優秀傳統文化的一貫文脈。

根據漢代以後子學發展和子部典籍的實際情況,參照官私目録的分類與著録,《精華編》選取先秦諸子、儒學、兵家、法家、農家、醫家、曆算、術數、藝術、雜家、小説家、譜録、釋道、類書等十四個類目的要籍幾百種,編爲目録,作爲整理的依據,而在成果展現上則不出現具體的類目。爲統一體例,便於工作,《精華編》編有詳細的《整理細則》,并有簡明的《整理要則》,供整理者遵循使用。

《精華編》整理原則是,對每種子書的整理,突出學術性、資料性和創新性,力求吸納已有的整理成果,推出更具參考價值、更方便閱讀的整理文本。所采用的整理方式,大體有三種:一、部頭較大且前人未曾整理者,采用標點、校勘的方式整理;二、前人曾經標點、校勘者,或采用抽換更好或別具學術特色底本的方式整理,或采用集校、集注的方式整理,或采用校箋、疏證的方式整理,或綜合使用以上方式;三、前人已有較好的注本者,則采用集注、彙評、補正等方式整理。

《精華編》采用五次校審、遞進推動的管理程式,即:一、初校全稿。子海編纂中心組織碩、博研究生,修改文稿錯别字,規範異體字,調整格式,發現並標明校點中的不妥之處。二、初審文稿。子海編纂中心的編纂人員根據情況,解決初校時發現的問題,並判斷書稿的整體質量。三、匿名評審。聘請資深教授通審全稿,全面進行學術把關,消滅硬傷,寫出審稿意見。四、修改文稿。子海編纂中心及時把專家審稿意見反饋给整理者。整理者根據審稿意見修改,做出新文稿。五、終審文稿。待新文稿返回子海編纂中心後,總編纂做最後的學術質量把關。五步程序完成後,將文稿交付出版社。

五次校審的目的是爲了保證學術質量,提高整理水平,減少錯訛硬傷。但校書如掃塵埃落葉,隨掃隨有,《精華編》雖經多道程序嚴加把關,仍難免有錯,懇請方家不吝指教。子海編纂中心將及時總結經驗,吸取教訓,把工作做得更好,以實現課題設計的初衷。

目　録

夏峰先生語録

朱子白鹿洞規條目

夏峰先生語録

整理説明

　　孫奇逢（1585—1675），字啟泰，號種元，晚號歲寒老人，原籍直隸保定府容城縣（今屬河北省），後遷居河南衛輝府輝縣。自明及清，朝廷十一次徵聘爲官，他都拒而不出，故被稱爲“孫徵君”。晚年講學於河南輝縣夏峰村，因此又又被稱爲“夏峰先生”。《清史稿·列傳二百六十七·儒林一》有孫奇逢傳。其人“少倜儻，好奇節，而内行篤修，負經世之學，欲以功業自著”，萬曆二十八年（1601），應順天鄉試中舉，後四次會試皆落第，從此不再躑躅科舉。萬曆四十年（1612），游學京師，其間出入牛俊臣之門，結交周昌泰，又同鹿善繼研習王陽明《傳習録》，授徒薛鳳柞、賈三槐、賈爾霖等。天啓二年（1622），走馬邊關，時督師山海關的孫承宗對其賞識有加。天啓乙丙間（1625—1626），閹黨魏忠賢竊朝柄，殘害東林人士，左光斗、魏大中、周順昌因黨禍被逮。奇逢不懼禍難，上書大學士、兵部尚書孫承宗請求救援，謀未就，光斗等遇難。時人稱他與一同組織營救的鹿正、張果中爲“范陽三烈士”。明末，清軍不斷南下侵凌，

3

在衆多城池失守之時，孫奇逢於崇禎二年（1629）和崇禎九年（1636）兩次率領民衆，擊退清兵，保住容城。崇禎十一年（1638），率領鄉民移至易州（今河北易縣）五峰山，結寨抗清，制《山居約》《嚴樵牧約》。崇禎十七年（1644）三月，李自成圍困京師，五月，滿清定鼎北京，奇逢拒不事清。順治三年（1646），孫氏田園被滿清貴族圈占，孫奇逢被迫南遷，七年（1650）行至河南輝縣蘇門山夏峰村，授徒講學，著書立説，設立"蘇門會""十老社""孟城會""洛社"等民間社學組織，居二十五年。其間朝廷仍想召其出仕，奇逢均辭而不赴。康熙十四年（1675）卒，享年九十一歲。

　　作爲明清之際重要的理學家，孫奇逢不僅桃李滿天下，且著述頗豐，垂暮之年，仍筆耕不輟。其經學著作有《讀易大旨》五卷、《書經近指》六卷、《四書近指》二十卷、《晚年批定四書近指》十七卷，學術史有《理學宗傳》二十六卷。除此之外，孫氏亦注重地方史志的編纂，尤以《中州人物考》八卷和《畿輔人物考》八卷頗具代表性。《日譜》三十六卷和《游譜》則記述了他的日行和游歷見聞，同樣是研究其思想觀念的重要資料。孫奇逢的著述，除了《聖學録》《甲申大難録》《兩大難録》《取節録》未見傳本外，其餘基本上完整地保存在清道光二十五年（1845）大梁書院重刊的《孫夏峰全集》中。

　　孫奇逢以其民族氣節著稱於世，更以治世之學留名於史。

《清史稿》本傳載"奇逢之學，原本象山、陽明，以慎獨爲宗，以體認天理爲要，以日用倫常爲實際"，作爲明清之際重要的理學家，孫氏治學不拘於一家之言，在全面研究儒家學説和反思明亡清興的社會變革後，爲救治理學和心學末流之弊，平息兩家門户之爭，形成了兼采朱（熹）王（陽明）、主於實用、歸本孔子之道的獨特學術思想，力掃明末以降空疏清談之陋習，開創了清代初期黜虛務實之新風。湯斌謂其"上繼往聖，下開來學"，充分肯定了他對清初學術的篳路藍縷之功。他的經學研究依據經世致用原則，注重闡明義理，評析各家學説輕重得失，從而兼采衆家之長，融會貫通，實有卓識。治《易》，欲借易之變化探索人世變革之因；治"四書"，强調以"學"貫之；治《尚書》，以"敬"爲綱領，認爲"主敬存心"之工夫要體現在躬行實踐上。他的研究和理論促進了儒學的發展與傳播，開啓了清代研究經學的序幕。並且，孫氏晚年授徒講學，汲汲於教育活動，培養並影響了清初北學一代學者，黄宗羲稱"北方之學者，大概出於其門"（《明儒學案》卷五七）。其門生中多有致力於經學者，如湯斌、費密等人，他們對經學的提倡，實開此後乾嘉樸學之先河。① 在學術思想史方面，其《理學宗傳》一書，

---

① 參見孫奇逢著，張顯清主編：《孫奇逢集（中卷）·孫奇逢評傳》，中州古籍出版社 2003 年版，第 1183 頁。

歷經三十餘年始成，探索了理學發展的脈絡和不同階段的特色，開創了哲學史編寫之新風，黃宗羲的《明儒學案》亦受其啓發。此外，孫奇逢還熱忱研究明史，記述了不少明清之際的重大歷史事件，欲以"興豪傑而範世俗"。同時他也注重對地方學術的總結，從理學、經濟、忠節、清直、方正、武功、隱逸幾個方面考評人物，彰"文以經邦，武以戡亂"之迹，爲後世研究保存了重要資料。清代學者霍炳劍謂"中原文獻在夏峰"，充分説明了孫氏在史志方面的貢獻。至於詩文、語錄、書信等，也都集中反映了孫奇逢的人生經歷、治學道路、政治主張、學術觀點以及文學建樹，《夏峰先生語錄》就是其中代表作品之一。

　　《夏峰先生語錄》原收錄於《夏峰先生集》中，此集爲孫奇逢逝世後，門生王伯生、趙寬夫於康熙十七年（1678）收集編纂而成，初名《傳信錄》，後人又選其中一部分重新輯成《夏峰先生集》。《夏峰先生語錄》二卷是孫奇逢思想的薈萃之作，語約義豐，集中體現了孫氏的學術觀念，所提出的"心性論"與"工夫論"是本書思想的要旨所在。在哲學本體問題上，孫奇逢提出了"吾心即天地萬物"的心性本體論，以人心爲萬物之理，言"欲觀天地，觀之于萬物而已，萬物所以成天地也；欲觀萬物，觀之于我而已，我備萬物也"（《夏峰先生語錄》卷一），這點明確繼承了陸王心學"吾心即宇宙，宇宙即吾心"的觀念。但王學末流孤立談論"心之本"的問題，亦佛亦仙，流弊甚多，因此孫氏又借鑑程朱與張載的理氣體用之説，使"心"有所憑藉。在回答理與氣關係的問題上，謂"其主宰處爲理，其運旋處爲氣。指爲二不可，混爲一不可"（《夏峰先生語録》卷一），認爲理是本體，氣爲理現。在體用關係上，主張體用一源，體有定而用無方，進而又通過"太極"這一概念説明理之妙用。在他看來，太極就是無極，"太極者，極至之理也"（《夏峰先生語録》卷一），認爲天理是天内在的運行規律，此顯然是宇宙本體論。但總觀其説，孫奇逢強調以一心統攝萬理，理收歸於心，在不斷調和朱王之説中構建起其獨特的心性本體論思想。①

在工夫論方面，陸王派與程朱派見解迥異，而孫氏兼采兩家之説，建立起其内收外格的修養工夫論。首先，孫奇逢主張向内求索，他説"人心虚靈，最不可有先入之見"（《夏峰先生語録》卷二），認爲本心自明，"先入之見"會破壞本體之純然狀貌，而欲使本心自明，則須撤去私欲，求放心，做到慎獨、不學不慮、專注内心。他以多識爲病，認爲只要"隨時隨事體認此理，則五經、四書皆我注脚"，"有不能領會處，試默默向自身上體驗，便自了當"（《夏峰先生語録》卷二）。主張從眼前之事、當下之事中修養心性，重視漸修以

_____

① 參見史革新：《孫奇逢理學思想綜論》，《鄭州大學學報》（哲社版）2007年第4期。

達頓悟的内省工夫；肯定悟性，言“從來大賢大儒，各人有各人之體貼，是在深造自得之耳”(《夏峰先生語録》卷二)，強調學問要獨自領悟出來。但孫氏没有僅僅停留在向内求索上，他亦注重躬行履踐，並提出“知行並進”説。有别於王陽明欲糾程朱派“知先行後”而提出的“知行合一”説，孫氏的“知行並進”是以“行”兼“知”，即更看重“行”。“日用間，凡行一事，接一人，無有不當理中情之處，此所謂道也”(《夏峰先生語録》卷二)，他認爲體認天理不在空談心性而在人生踐履，學問皆從躬行中來。孫奇逢雖意識到“行”的重要性，但其工夫論更關注個人内心，有評論者稱這是“脱離社會實踐的自我内心的封建道德修養”①。此説不無道理，不過，這種内外兼修的工夫論理路是融合朱王的一種新嘗試，爲陷入困境的宋明理學開闢了一條新的道路，開創了儒學發展的新境界。

　　《夏峰先生語録》不僅反映了孫奇逢的思想學説，還展現了其巍然挺立的人格氣象。孫奇逢認爲“得志而澤加于民，不得志而修身見于世”(《夏峰先生語録》卷二)，所以他尤爲重視自身道德品質的修養，嚴以律己以求垂範於世。他爲人謹守孝悌仁愛之道，認爲進德要知恥改過、掃盡名根、安

---

① 孫奇逢著，張顯清主編：《孫奇逢集(中卷)·孫奇逢評傳》，中州古籍出版社 2003 年版，第 1226 頁。

分守貧、謹言慎行，努力完善自我，是一個典型的嚴以律己的封建士大夫。李之鑒總結説："就其人而言，孫奇逢言行相顧，踐履有則，持世風骨高聳，抗王侯之節不仕，十一徵安臥不起，的確，不失爲封建時代末期，講道德重品行的封建士人。"① 梁啓超也稱"夏峰是一位有肝膽、有氣骨、有才略的人。晚年加以學養，越發形成他的人格和尊嚴"②。由此觀之，無論在學術還是人格方面，孫奇逢都可爲後世楷模，時人亦曾以"始以豪傑，終以聖賢"的美譽，以示對其人格和學識的欽佩。總而言之，孫奇逢確是清初理學的集大成者之一，其思想於今看來雖不無疏漏，畢竟大體無傷，作爲當時著名的學者，他力肩道學三十年，對清初理學的發展起到了極其重要的作用。他深契儒家思想之本真，和會衆家，神思貫通，非深諳孔孟宗旨者不能有此識鑑，又將儒家的人生價值理想落實到日用中，爲後人提供了思考和行動的方向。

《夏峰先生語録》原收録於《夏峰先生集》中。關於孫奇逢的文集，其生前編有《歲寒集》與《歲寒續集》，"《歲寒集》三十卷，蓋六十歲以前所著，答問、詩文皆載焉。嗣有《歲寒續集》若干卷，專載六十歲以後之文，而未備答問

---

① 李之鑒：《孫奇逢哲學思想新探·自序》，河南大學出版社 1993 年版，第 18 頁。

② 梁啓超：《中國近三百年學術史》，東方出版社 1996 年版，第 47 頁。

與詩"①。孫奇逢逝世後，其門生王伯生、趙寬夫於康熙十七年（1678）收集夏峰之文編纂成集，名曰《傳信録》，但密不示人，致使此本不知所終。後孫奇逢仲孫孫淳於康熙三十七年（1698）收集《傳信録》殘稿，"鍵户滌慮，逐一細閲……訂爲十四卷，二十四萬餘言，記其全數，才十之二三耳，冠曰《夏峰先生集》"②，並與其子用楨刊於康熙三十八年（1699），此集是今所能見最早的孫奇逢文集。道光二十五年（1845），嘉興錢儀吉在孫奇逢七世孫孫鋸手中尋得此書，由大梁書院重刻，據《重刻〈夏峰先生集〉序》所言，重刻時對"語涉禁避者，遵乾隆間廷議删去數篇，及酬應之作亦間汰一二。其《語録》本在諸體之後，今以冠首者，從朱子手定《二程全書》例也。它悉仍其舊"，並"以魏蓮陸所編《語録》，增多本集若干條，別輯爲一卷。邑醇於志乘中得雜文若干篇，並所見先生手迹數件連録之，附《家規》於後，又爲一卷，總爲十六卷"。其中值得注意的是，錢儀吉《重刻〈夏峰先生集〉序》中又提及一本魏蓮陸所編《語録》，觀"大梁書院本"《夏峰先生集》目録，卷十五題名確實標注"語録"二字，但其書中所對應之内容卻爲《答問》。關

---

①　孫奇逢著,張顯清主編:《孫奇逢集（中卷）·夏峰先生集紀事》,中州古籍出版社 2003 年版,第 1323 頁。

②　孫奇逢著,張顯清主編:《孫奇逢集（中卷）·夏峰先生集紀事》,中州古籍出版社 2003 年版,第 1324 頁。

於這個問題，康熙十六年（1677）魏裔介所撰之《孫徵君先生傳》中有明確記載，云"魏一鼇（字蓮陸）、常大忠刻《答問》《文集》於上穀"①，據此，始知魏蓮陸所編實爲《答問》而非《語録》，蓋錢氏未嘗細辨，有所混淆。《四庫禁毀叢刊》與《續修四庫全書》所收《夏峰先生集》，即道光二十五年（1845）大梁書院重刊本。

今所見關於孫奇逢之文集，還有道光十六年（1836）劉景仁重刻《容城三賢集》本。上文提到孫奇逢生前編有《歲寒集》和《歲寒續集》，但均未付梓。康熙十八年（1679）新安張裁之和容城楊清遠在重刻劉因和、楊繼盛《二賢集》時，"復梓孫奇逢《歲寒集》若干首，合刻成帙，名《三賢集》"（崔蔚林《三賢集·序》）。至道光十六年（1836），容城後學劉景仁鑑於始刻"迄今百有餘年，板漫漶者什九，恐久益散失"（劉景仁《重修三賢集·跋》），於是加以重刻。但此本只收詩文二百篇左右，内容無關本書所涉之語録，故不贅述。

繼大梁書院重刊本後，光緒年間王灝主持編修的《畿輔叢書》中又包含兩個版本的《夏峰先生語録》，其一爲《畿輔叢書·孫子遺書》本（簡稱"孫子遺書本"），語録共兩

---

① 孫奇逢著，張顯清主編：《孫奇逢集（中卷）·孫徵君先生傳》，中州古籍出版社 2003 年版，第 1330 頁。

卷，每卷卷首均題"孫子遺書，括齋四編之一"字樣；其二
爲《畿輔叢書·夏峰先生文集》本（簡稱"畿輔叢書文集
本"），此集凡十四卷，語録放在第十三、十四兩卷。《孫子
遺書》即《孫夏峰遺書》，包括《孝友堂家規》一卷、《孝友
堂家訓》一卷，《答問》一卷、《答問補遺》一卷，《語録》
二卷。"遺書"有搜集遺文，補前書所未備之意，但觀"孫
子遺書本"語録的篇目數量，卻較"大梁書院本"和"畿輔
叢書文集本"缺失千餘字内容。由此可見，《孫子遺書》並
非爲補充《畿輔叢書·夏峰先生文集》而編，而是在《畿輔
叢書·夏峰先生文集》編修之前就已經輯成，且上文所述
"括齋四編之一"的字樣只出現在《孫子遺書·語録》兩卷
的卷首和《孫子遺書·答問補遺》的卷首中，蓋是"四編"
工作没有告竣，王灝便開始編修《畿輔叢書·夏峰先生文
集》。但《孫子遺書·語録》内容較"大梁書院本"有所缺
失卻並非由於王灝没有見到"大梁書院本"《夏峰先生集》，
因爲《孫子遺書·答問補遺》就來自"大梁書院本"《夏峰
先生集》卷十五魏蓮陸所編之《答問》。那麽，《語録》部分
内容大篇幅缺失的原因便不得而知了。至於《畿輔叢書·夏
峰先生文集》，則刊刻較爲精審，且"書""詩"等部分增添
了許多篇目。經考，僅就《夏峰先生集》中詩的數量，"畿
輔叢書文集本"就比"大梁書院本"多五十餘首，但所增諸
篇是否爲孫奇逢原作還有待考證。就其中《語録》而言，該

本並無相關序跋識語，正文篇目數量與“大梁書院本”無異，且訛誤不多，具有一定的版本參考價值。

此後，《夏峰先生集》又被收編於《叢書集成初編》之六，民國二十八年（1939）商務印書館出版發行。該本根據“畿輔叢書文集本”加以斷句排印，大致内容與“畿輔叢書文集本”相同，但校讎不甚精湛，訂正訛誤不多，横生新誤不少。例如卷一“時時不違心，事事不違心”，第二處“不”字誤作“之”字；又如卷二“魏公器量過人”之“器”字誤作“嘗”字，且斷句也多有不妥，此不贅述，總體而言，其版本價值較低。

本書選擇的底本，是《續修四庫全書》影印道光二十五年（1845）大梁書院重刊本（簡稱“大梁書院本”）。如前所述，該本是以孫奇逢仲孫孫淦於康熙三十八年（1699）刊刻的十四卷本爲基礎槧刻而成的，正文前有錢儀吉序，言槧刻時對“語涉禁避者，遵乾隆間廷議删去數篇，及酬應之作亦間汰一二”，又按朱熹手定《二程全書》之例將原置諸體作品之後的語録移至卷首，並設補遺上、下篇，總爲十六卷。該本版式爲四周雙邊，半頁九行行二十一字，白口上單魚尾。槧刻精審，文字本身錯訛少見，是今所能見到的最早的詳本。

本書所選擇的校本，分別爲光緒年間王灝所編之《畿輔叢書·孫子遺書》本（簡稱“孫子遺書本”）和《畿輔叢書·夏峰先生文集》本（簡稱“畿輔叢書文集本”）。“畿輔

叢書文集本”《夏峰先生語録》由臺灣地區廣文書局於 1970
年影印出版，除卷末“夏峰先生集卷十三終”與“夏峰先生
集卷十四終”字樣均改爲“夏峰先生集”外，其餘皆同。
“孫子遺書本”《夏峰先生語録》則由四川人民出版社收入
《諸子集成續編》之七，於 1999 年影印出版。兩版本版式均
爲四周單邊，半頁十行二十二字，黑口。“孫子遺書本”語
録篇目數量不甚完備，例如卷一缺失從卷首至“薛文清有言，
劉靜修百世之師也”的四千餘字内容，又缺失從“問道何
在”至“試想子絕四，是何如境界”的五百餘字内容，此種
情況，不一而足。校勘方面亦多訛誤，例如卷二“我本不能
是而譽至，是過情也”之“情”字誤作“清”字，又如卷二
“一時之賞罰可逃，千秋之衮鉞難掩”之“衮鉞”誤作爲
“人也”，令人費解。不過此本亦偶有改正之功，例如卷二
“我所攜之而來者，絕無所攜之而云”之“云”字正爲“去”
字。“畿輔叢書文集本”就篇目數量而言較爲完備，其校勘
也歷來爲人稱贊，訂正了不少前本的錯訛之處，例如卷二
“順則家齊國治而天下平”，“家”字，“大梁書院本”與“孫
子遺書本”均誤作“下”，“畿輔叢書文集本”改之；又如卷
二“此回所以拳拳服膺而弗失，無頃刻敢懈其所守也”，“大
梁書院本”與“孫子遺書本”均脱“此”字，“畿輔叢書文
集本”補之。誠然，“畿輔叢書文集本”對前本有訂正之功，
但對校之下其實也存在諸多問題，錯字如卷一“疾没世而名

不稱焉”之“稱”誤作“成”；衍字如卷一“所謂孝子悌弟者，間亦有遺議焉”中，“焉”下又多“焉”字；脱字如卷一“此意元來無欺，誠亦誠其本無欺者而已。此知元來無蔽，致亦致其本無蔽者而已”中缺“致亦”二字；倒文如卷二“得失榮辱”倒作“失得榮辱”。

卷　一

容城孫奇逢啟泰　著

　　陽明良知之説，著力在“致”字，故自謂龍場患難死生之後，良知方得出頭。龍溪時而放下“致”字，專言良知，其究也。遂有認食色以爲性者，言不可不慎也。念庵每提戒慎恐懼，爲龍溪忠告，見良友切磋之益。

　　自渾樸散，而象數之繁，異同之見，理氣之分，種種互起爭長，然皆不謬於聖人，所謂小德之川流也。有統宗會元之至人出焉，一以貫之，所謂大德之敦化。學者不能有此大見識，切不可專執一偏之見。正宜於古人議論不同處著眼理會，如夷、尹、惠不同，微、箕、比不同，朱、陸不同，豈可相非？正借有此異以證其同，合知廉勇藝而文之以禮樂，愈見冶鑄之手。

　　問：古來聖賢俱能易地皆然否？曰：是未可概論也。伯夷、柳下，一隘一不恭，斷不能相易，泰伯、文王斷不爲湯、武之事，龍比亦不能爲箕子之事。平水土，治稼穡，教人倫，典樂明刑，五臣亦不相易，而況其他？行造其極之謂聖，各

16

從其性之所近，而登峰入微，如金之足色，正以不能相易爲絕詣也，何必同。同道者，此心此理，易地皆然，其識趣才情有相近者耳。從來亦有一等人，自謂無不可爲，到手成窘，皆不達于此。

學問不長進，只爲眼前看得沒趣味，故冷冷淡淡，不肯下手做工夫，若真如飢而食，渴而飲，自然住足不得。

問：文山"功名滅性，忠孝勞生"，此語良是。念庵何以謂于此語有悟，方見其大。所悟者何也？曰：忠孝節義，道中之一節一目。文山以箕子自處，便不汲汲求畢旦夕之命。此身一日不死，便是大宋一日不滅。生貴乎順，不以生自嫌；死貴乎安，不以死塞責。念庵，文山知己。

問：非禮義之人，而以禮義來，當何以應之？曰：以禮義心應之而已矣。渠即不妥，而飾禮飾義之心，即知是知非之心，轉移化導，正賴菩提之手，縱終不能化而憫人陷溺，內省何疚？轉一惡人作善人，此莫大之功德，莫輕視之。處人之道，心厚而氣和，不獨待君子，即待小人亦然。

願天常生好人，此仁厚之言也；願天早生聖人，此悲憫之言也。

王思輿云："陽明此行，必立事功，吾觸之而不動矣。"因憶放翁云："杜陵大欠修行力，小吏相欺尚動心。"靜修云："誤人最是婁師德，何似春生未唾前？"此處正好參看。

問：夢寐之間，常多驚擾？曰：爾室有愧，夢魂難慊，此正戒懼之疏耳。"家貧覘力量，夜夢驗工夫"，日宜三復。

劉玄德臥元龍于百尺樓上，[①] 結無地之樓臺，成千秋之賓主。快哉斯語，想見其人。茅止生嘗欲選千古功名之士，以樓三層祠之，惟范少伯、張子房、[②] 李長源居最上，亦其志之所存也。客曰：先生之樓最上者居何人？予曰：儂客頗多，遞居其上。天啓乙丑、丙寅，郭林宗、陳太邱其選也；崇禎癸未、甲申，又屬之管幼安、田子春。迄今耄矣，其惟魏武公乎？[③]

毀譽莫看得容易，張魏公身爲將相，師久無功，君厭之，民苦之，至殺曲端，陷岳飛，此非小失也，而身後之文無遺議，儼然推爲古之大臣，未免是譽。陸子靜"求放心，先立乎其大"，正是孟氏之傳。詆之者援人證己，必以爲僞學，令不得出頭，未免是毀。乃知史册中網入毀譽者，不知凡幾。讀史者，先矢虛公，方可著眼，處己處人之道，亦如是。

問：做人？曰：飢餓窮愁困不倒，聲色貨利浸不倒，[④]死生患難考不倒，人之事畢矣。

問：趨避？曰：循理而已。禹曰："惠迪吉，從逆凶。"《伊訓》："作善降祥，作不善降殃。"《中庸》："善必先知之，

---

① "玄"，原避諱作"元"，下同。
② "房"，畿輔叢書文集本作"方"。
③ "魏"，原作"衛"，據畿輔叢書文集本改。按，"衛武公"乃是春秋時期衛國第十一任國君，不合此處文意，而"魏武公"是曹操，正與前文所指劉備相應。
④ "倒"，畿輔叢書文集本作"到"。

不善必先知之。"皆所謂循理也。或以循理得禍，如忠臣義士殺身成仁、舍生取義之事，雖凶亦吉也。或以不循理得福，如亂臣賊子偶被顯榮，未及戮辱，雖吉亦凶也。故曰禍福無不自己求之者。黃山谷大算數，頗得此意。

問：容色辭氣，何足爲君子所貴？曰：莫看得容易。學修恂栗之後，乃有此赫喧之威儀，所謂動容周旋中禮者，盛德之至也。氣質偏駁，涵養未到，驟而語之以威儀，難矣。誾誾，侃侃，行行，皆自熔鑄中來。

心，一天地也。上下四方，往古來今，元無隔礙，只爲私欲間雜，插藩樹棘，遂令一室之中漸分胡越。然乍見之惻隱，呼蹴之羞惡，未嘗不在，而斧斤之伐，牛羊之牧，又未有已時，此心之存焉寡矣。人者，天地之心也，人失其爲人，而天地何以清寧？故爲天地立心，爲生民立命者，聖賢之事也。明王不作，聖人已遠，而堯、舜、孔子之心至今在此，非人也，天也。

問：理與氣是一是二？曰：渾沌之初，一氣而已。其主宰處爲理，其運旋處爲氣。指爲二不可，混爲一不可。

或曰：士不可小自待，不惟不宜讓今人，並不宜讓古人。予謂士不宜過自恃，① 不惟宜讓古人，並宜讓今人。無一人不在其上，則無一人不出其下矣；無一人不在其下，則無一

---

① "恃"，畿輔叢書文集本作"待"。

人不出其上矣。十年不能去一"矜"字，此病不小。

能自立者不倚于人，能慊心者不徇其迹。名義以提躬，[1] 非爲矜己也，平恕以善事，非爲徇人也。

子靜自謂讀《孟子》而有得，故薛方山云："陸子之言，孟子教人之法也。"則接孟子之傳者，實惟子靜。穉羽云："王陽明其今之陸子靜乎？"則接陸子靜之傳者，實惟陽明。鹿伯順亦自謂讀《傳習錄》而有得也，則接陽明之傳者，實惟伯順。一脈相傳，各有攸近，此處正不容強。

客問：人生最吃緊者何事？曰：知學。不知學，即志士求危身以著節，義士樂奮勇以立聲，介士甘遁迹以遂高，退士務匿名以避咎，其行不同，失中一也。

問：處事之道？曰：水到渠成，不必急性，天大事總平常事。問：處人之道？曰：無敢慢。尊嘉是無慢，矜容更是無慢。問：處己之道？曰：只要清其願外之念。不願外，便自得矣。須是用戒懼功夫。

性急無耽延之病，心細無疏漏之病，膽小無恣肆之病。然性急則無停蓄而病在躁，心細則不能寬容而病在苛，膽小則不擔持而病在脆。非大學力人，不能免。

士志於道，非任不成，非氣不至。無成而不至者，矜心

---

① "提"，原本字迹模糊似作"禔"，據畿輔叢書文集本改。按，提躬，猶提身。《明史·隱逸傳·劉閔傳》："求古聖賢提躬訓家之法，率而行之。"

與熱心爲之也。矜心似任而自是，喜盈而損；熱心似氣而未沉，暴而易折，兩病未除，終非深造自得之學。

成缺在事不在心，榮辱在心不在事。君子曰："知缺者，知成者也；知辱者，知榮者也。"

"五十年守貧即是道"一語，罔敢失墜。邇聞"志是其命"，甚覺親切。子曰："匹夫不可奪志也。"蓋志不可奪，便是造命立命處。

人患不能信，更患不能疑；人患無所知，更患有所知；人患不明白，更患太明白。此非真實有理會者，未易語此。

論古人只宜論其長處，若苛求其短，即聖賢亦不能無過，但其過不足爲聖賢病耳。

余嘗謂對妻子非易，對夢寐尤難，人弗之信也。不知對妻子夢寐而無愧者，便是徵庶民、建天地、質鬼神實際處，談何容易。

東坡譏伊川云："何時打破'敬'字。"故邇來學人，每欲打破"理"字，總是苦"敬"字、"理"字爲束縛，爲拘板，① 不打破，不得脫灑自在。豈知脫灑生于天理之常存，天理之常存生于敬畏之無間，離此則成無忌憚矣。

問：孝友爲政？余曰：最緊切之言，卻是人所忽略。《孟子》"親、長而天下平"，正謂此。試看孝友人家，一室雍

---

① "拘"，畿輔叢書文集本作"單"。

睦，草木欣榮，不孝不友之家，恣睢乖戾，① 骨肉賊傷，政孰大于是？古昔盛時，孝友多在朝廷，後世以孝友爲家人，行多在野。世衰道喪，士不修行，孝弟無聞，而見稱于宗族鄉黨者亦罕矣，安望平治哉？張仲孝友，周宣之所以中興也。

奢儉豐約，數有循環，勢相倚伏。達人斟酌損益，當於未窮之際，先有通變之宜，便不至於束手。如不審于履盈持滿，一味席舊習，非陰陽消息之道也。

只求當下無欠缺，無愧怍，便是深造自得之學。

凡語言不從默中檢點，行事不經靜裏參詳，皆屬苟且。己心不快，人安得帖服？

連日取文清"靜坐觀心，閒中一樂"八字作功課。客曰：心何用觀？曰：爲其不在也。客曰：不在而何以觀？曰：一觀之而即在矣，時時觀則時時在，到得不待觀而無不在，則無不樂。非誠意君子，未可語此。

陸象山曰："李白、杜甫、陶淵明皆有志于吾道。"愚謂詩亦道也，藝亦道也，無物不有，無時不然者也。淵明三君子有志于道，所以爲千古詩人之冠，具眼者自不獨以詩人目之。離道而云精于詩，精于文，小技耳。雖有可觀，君子不貴也。

人黑白不分者，不可以涉世處人；黑白太分者，不可以

---

① "睢"，畿輔叢書文集本作"睦"。

善世宜民。學問須要包荒，才是天地江海之量。

人孰爲重？身爲重。前有千古，以身爲承；後有千古，以身爲垂，而可輕視之乎？不輕視其身，則莫大於學。學可令吾身通天地，萬物爲一體，千古上下皆聯屬於呼吸一氣之中。故學者聖人所以助乎天也，不學則身亦夷於物耳，何以仰答天地父母之生我？

盈天地間，知覺、運動、聚散流峙，皆氣之爲也，而知覺有知覺之理，運動有運動之理，聚散流峙有聚散流峙之理，就中正可體認。

程子云："聖學本天，禪學本心。"本天者，性善也；本心者，無善無惡也。

問：如何是習氣？曰：有物過眼必看，有聲入耳必聽，小小如意即喜，小小拂意即怒，小小利害即恐懼，其根源總以聲色貨利爲著落，故抵擋習俗，必豪傑之士。①

甚矣哉，習氣之難脱也！俗人有俗人之習，學人有學人之習，古今有世習，四方有土習，真與習化，機成天作。即自謂拔俗之士，而日用之習見習聞、所趨所避，不知不覺又落在習氣中去。苟不大加學修之力，令真性流行，與天爲徒，終是習氣未淨。

學問之事，能勘透死生一關，則富貴功名便無難割捨。

_____

① "必"，畿輔叢書文集本無此字。

或曰："有生必有死，誰不知之，何難勘透？"愚以爲知生之所以生，死之所以死，又知生而未嘗生，死而未嘗死，恐未可輕與世人言也。生之所以生，能不失天之所以與我者，爲世間不可少之人。此輔相天地，裁成萬物之人也，其生也榮矣。死之所以死，是於父母全而生之者，全而歸之，無絲毫虧欠，所謂"朝聞夕可"，其死也哀矣。生而未嘗生，是飲食醉飽，從開闢到今不知有幾多呆人，憧憧往來于時行物生之中，所謂罔之生也，幸而免耳。死而未嘗死，則生前一點靈明，昭揭日月，天地且借以撐拄，從來大聖大賢，爲君，爲相，爲師，爲忠臣，爲孝子，家傳户誦，思慕不忘者，其靈爽何嘗不至今在也？愚所謂勘透死生者，蓋吾儒盡性至命之實地。若如二氏之論，則非愚之所知也。

"剛""健""中""正""純""粹""精"也，夫子以此七個字贊"乾"之德。愚謂聖人法天，則七個字又古昔聖人之格式。"剛"言其不撓，"健"言其不息，"中"言其無過不及，"正"言其不偏不倚，"純"言其不二，"粹"言其不雜，"精"則潔淨微密之極矣。然以此律古聖人，恐堯、舜、文、孔之外，鮮克中此式者。大哉，"乾"乎。聖人之于天道，亦非可一蹴至也。

友朋諫諍，須求有濟，不可自謂直諒，令人有難受之實，徒貽拒諫之名。忠告善道猶後，積誠而動，自令人不忍負，不信，未可輕言諫也。

　　父母生此身，元來無壞，修亦修其本無壞者而已。此心
元來不偏，正亦正其本無偏者而已。此意元來無欺，誠亦誠
其本無欺者而已。此知元來無蔽，致亦致其本無蔽者而已。①
元來者斫喪殆盡，認後來之情識意想以爲元來，② 皆自失其
寶，所謂罔之生也，可哀也。

　　骨肉之間多一分渾厚，便多留一分天性，是非正不必
太明。

　　虞廷五聖人，契司教，敷人倫，正與天之惇庸秩叙相合，
其德至矣，故賢聖之君六七作，較夏周猶盛。孔子，殷人也，
又以木鐸師萬世，明倫之功大矣哉。

　　學人不能入道，病在褊見未融也，執念未化也，勝氣未
降也，名心未破也。褊見未融，則一隙之明，烏能窺其大全？
執念未化，則膠固之守，烏能語于變動？勝氣未降，則浮動
之氣，烏足語於靜深？名心未破，則的然之好，烏足語於闇
淡？好學者深思而自得之。

　　道在何處？“無物不有，無時不然”八字要體得親切。
學道之人，從何用功？“體用一源，顯微無間”八字要認得
分明。

　　以孝弟仁讓爲教，則言滿天下無口過，行滿天下無身過。

---

① “致亦”，畿輔叢書文集本無此兩字。
② “之”上，畿輔叢書文集本有“添入”兩字。

聖賢學問，帝王政治，俱憑此爲根本。楊無庸闢，墨無庸誅，所謂經正則庶民興，孟子得力處在此。

從來不知學之人，以無人管束，恣意縱情爲快，不知此小人閒居爲不善，自驅之陷阱之中也。君子三畏：首曰"畏天命"。天命不已，是無一事一時可不戒懼。大人以身體之，聖賢以言傳之。自堯兢舜業以至諸儒之居敬窮理，無非畏懼一念流衍於無窮，此正天命之不已也。小人不知，故不怕天地，不怕王法，不怕先聖垂訓勵世之戒，頑冥放逸，其所以異於禽獸者幾希。君子不獨畏大人，而匹夫匹婦不敢忽，不獨畏聖言，而芻蕘工瞽皆可采，皆所以畏此天命耳。天命在日用常行中，成湯顧諟天之明命，亦只在此處顧諟。

問：士當今日，道應如何？曰：不辱身。問：不辱？曰：薛文清有言，劉靜修百世之師也。①

于度問："眼前有些難過？"曰：我輩學力正在打點眼前。眼前見得親切，接人處事，毫無利己損人之念，寸心自是清寧，觸目皆成飛躍，所謂道也者，不可須臾離也。千古此須臾，千古此眼前也。平時去人欲，存天理，時時刻刻不肯放下，則見利自然思義，見危自然授命。眼前一不親切，則應事未免錯亂，事後而悔，不已遲乎？眼前者，現在也，現前無拂鬱，無虧欠，則自然無入而不自得矣。"難過"二

---

① "孫子遺書本"無卷首"陽明良知之説"條至本條目内容。

字，無非用度不足。試看眼前足用之人，卻也有些難過。夷、齊首陽之餓，餓處正是自慊之處。① 從來舍生取義、殺身成仁之人，亦是求無愧眼前耳。餓夫撐拄天地，莫小看他。

問：《漢》《史》如何無《孝子傳》？曰：漢家舉孝廉，則孝友不在家庭而在朝廷矣。是時去古未遠，孝子猶多，迨至於晋，此風漸邈，雖傳孝子以李密稱首，東堂忿悁，殊非本色。嗣是而後，漸不可言。大道廢而後有仁義，六親不和而後有孝慈，所謂孝子悌弟者，間亦有遺議焉。乃知人人親長而天下平，② 堯天舜日亦不過九族親睦，即昭明於變，亦只是無不親不睦之人，所謂堯、舜之道，孝弟而已矣。從古帝王以孝治天下，孟子以衣帛食肉不負戴爲王道之始，可見外此別無平治之法。③

五修問："伯順先生一段破懼之學是如何？"曰：伯順曾以發金花銀觸神宗怒，遣中使召入，天威不測。時伯順在賈孔瀾寓，飲食起居不失常度，總緣平時見得分明，故臨時不致錯亂。懼是非，懼風波，懼利害，以至患難死生之際，有一毫疚心愧色，便不得無憂無懼。真正豪傑從戰兢惕勵中來，能戒慎恐懼，纔能破懼。到得能破懼時，則喜怒哀樂亦無甚不中節處。

---

① "餓"，原作"誠"，據畿輔叢書文集本改，孫子遺書本爲空格。
② "乃"上，畿輔叢書文集本有"焉"字。
③ 孫子遺書本無本條目。

　　問：學下手處？曰：日用食息間，每舉一念，行一事，接一言，不可有違天理拂人情處，便是學。問：於天理似無違而於人情卻有拂者，應如何？曰：理求其在我，一念違，難以自慊；情則問之於人，不拂，亦是天理中之人情。若天理外之人情，即拂也，庸何傷？一味拂人，以拗成性，一味不拂人，以順爲正，士君子自立之道，政宜辨之於此。

　　隨時隨處，體認此心此理，人生只有這一件事，所謂必有事也。

　　闇然遯世，不願留姓字于天壤間者，此古至心人不慍不悶境界，學問不到此，終不足色。

　　五修問："日用間起念，舉事，接言，頭緒時覺錯亂，照顧不及時，工夫又斷了，此病應如何？"曰：起念，舉事，接言，是吾心與天下綰通之脈絡，莫輕看。起念無妄，以義制事，以道接言，便是大聖賢境地。不能當下合拍，便覺頭緒錯亂，須著一番心照管。大凡錯亂處，皆是人欲牽纏，見己而不見人。強恕而行，求仁莫近，正在此處用工夫。不用工夫，安見己有錯亂？見有錯亂，決無到底不返之理。時時見有過可改，有善可遷，纔是聖賢磨煉工夫。

　　問：收放心須是靜坐，仍有雜念往來胸中，不能掃除，應如何？曰：收放亦是隨時隨處體認天理，雜念往來便是於天理有礙，當下掃除，豈容姑待？姑待之心，便是聽其放而不知求，一掃除則此心仍歸本舍。不以天理作主，此心安得有靜時？靜安之體只是不爲私欲搖亂，雖動亦靜也。陸子靜專講求放心，與先立乎其大者，而先立乎大，又是求放心主腦。

問：先生嘗云："理學，節義，事功，文章，善其一足以爲人。"然四事有可相兼者，有不可相兼者，① 即君臣、父子、兄弟、夫婦、朋友，緩急先後之序，亦宜有辨否？曰：理學，節義，事功，文章，總是一樁事，其人爲理學之人，遇變自能殉節，當事自能建功，操筆自能成章，觸而應，迫而起，安有所謂不相兼者？如不可相兼，必其人非真理學，則節義亦屬氣魄，事功未免雜霸，文章只成空談耳。即如事親從兄，以至刑寡妻、信朋友，亦是一樁事，然其義總統於事親。如不違于禮，喻親于道，古來仁人孝子，自有苦心極慮。"不失其身以事親"一語，千古定案。處兄弟，處妻子，處朋友，總從此一念爲蒸動，或直或婉，或順或逆，自無犯手難行之事。志欲覆天下，而力不能庇一室，何必勉爲慷慨激昂之行也？

居己之道，惟一"敬"字；處人之道，惟一"恕"字。以責人之心責己，以恕己之心恕人，則得之矣。

謂奏雅等曰：汝師伯順先生生平有三變。爲諸生時有嗜書之癖，飯至，呼之常不應。初登第，一介必嚴，萬人必往，

---

① "有不可相兼者"，孫子遺書本無此六字。

故到處能循職掌，人人驚爲破格。事榆關三年，功名之念已灰，生死之關亦破，每以朝聞夕死爲談柄，故能從容就義而神不亂。

謂望雅等曰：此心一日之間不可無事，無事則非必有事焉之意。又不可令其有事，有事則非行所無事之意。然則相妨乎？曰：非也。無事，則一飲食日用，悠忽無知之民耳，烏能行所無事哉？必有事者集義而心慊，到得心慊時，自能行所無事矣，先自必有事始。

學者立身先辨雅俗，存心貴審欺慊。自真儒道喪，欺詐相高，慎獨誠意之功，絶無過而問焉者，且不知辨雅俗爲何事。認世情紛逐爲不可少，厭澹穆蕭寂爲不足觀，間有一二脱略塵網，而詆毀非笑者衆矣。所謂抵擋流俗，必豪傑之士。

無瑕可攻，無非可刺，① 鄉愿所以亂德也；有過即改，有善即遷，豪傑所以證聖也。此全是真僞欺慊之分，陽陰理欲之介，學者辨之不可不早。

學者動輒曰：目前爲貧所苦，爲病所苦，爲門户所苦，爲憂愁拂逆所苦。不知學之實際，正在此貧、病、拂逆種種難堪處，不可輕易錯過。若待富貴安樂始向學，終無學之日矣。

學問吃緊，當先透死生之關。此關一透，功名富貴，自

---

① “刺”，孫子遺書本作“刺”。

可不消費力，人能念念不忘死候，日夕戒懼，臨深履薄，自不敢恣情縱欲，作越理犯分之事。逸史公云：“常念病時，則塵心漸減；常防死日，則道心自生。”

學人用功，莫侈言千古，遠談當世，① 吃緊處只要不虛當下。一日自子而亥，時雖不多，然事物之應酬，念慮之起滅，亦至變矣。能實實省察，有不處非道富貴之心，有不去非道貧賤之心，常常不放，則自朔而晦，自春而冬，② 自少而老，總此日之積也。一日用力而力足，一日不用力而心放矣。澄心靜觀，自子而亥，至者幾時，放者幾時，此際戒慎之功，豈容他人著力？

千聖萬賢不過要識一“仁”字，而吃緊工夫，只在克己。夫子不獨告顔子，即語仲弓，是教克其不敬不恕之己，語司馬牛是教他克其躁言之己也。凡語諸賢，皆因病下藥，俱是教之克己。

世人有一人不求富貴也哉？求富貴之人有一念不在富貴也哉？求之途廣，而求之念奢，此心之放，全放于此。愈求愈放，愈放愈求，本心遂一出而不復返，人盡失其本心，不得不以習心爲主。大家亦相安，恬不爲怪。今欲求放心也，唯時時提醒，默默體認，從言行上求信果，於家庭中盡孝弟，

① “當”，畿輔叢書文集本作“常”。
② “自”，原作“而”，據孫子遺書本改。

但求爲世間一有恥之人，此便是道德，此便是聖賢。人人俱足，不待外求。淡其欲富之心，而堅其守貧之念，如其不能淡，不能堅，則痛責吾志之不立，若負人世之大疚，而難以比于人，則其心自凜然常存而不敢放，① 故欲求此放心，必自責志始。

人生不得受享，只爲“惑”“憂”“懼”三字。惑，能令人識眩；憂，能令人神瘁；懼，能令人骨竦。泰寧之宇，自生局蹐，循環無端，廓清無日。只有“仁”“智”“勇”三字，彼將不驅而自退矣。然只一“誠”字盡之，② 誠則無蔽而明，③ 誠則無疚而樂，誠則無欲而剛。

能放下時占力量，無歇手處驗功夫。

堯、舜兢兢業業，文、周翼翼乾乾，與孔子樂在其中，顏子不改其樂，夫豈有二乎哉？兢業、乾翼正所以完保此樂之本體。孔非發憤，何能樂以忘憂？顏非竭才，何由欲罷不能？濂溪教人尋孔、顏樂處，明道云：“鳶飛魚躍，與必有事焉，同一活潑潑地。”其旨微矣。

問：黃石齋廷杖八十，猶自負知“易”，趨吉避凶之道安在？曰：文王羑里時，豈尚未學“易”乎？“易”即是道，患難死生不離乎道，無入而不自得，方謂知“易”。學《易》

---

① “凜”，畿輔叢書文集本與孫子遺書本作“懷”。
② “盡之”，孫子遺書本無此两字。
③ “誠”，孫子遺書本無此字。

者，學此而已。① 必欲避禍，術士之見也。

問：一身無主，日夕營心，何日是了期？曰：須知了心之法，則當下可了；不知了心，只于軀殼上求個完全無缺欠，則終身無了期。從來滿溪壑之欲，不足滿耳目之娱，而飢餓不能出户，誓死不忘溝壑者，卻所以鄭重其身，不爲穢污所點染耳。老氏謂身爲人之大患，旨哉言乎！耕漁爲業，② 至人托迹，即采山中之藥，拾澗底之薪，皆古高人行徑。安分量力，不起非望，便是了當法也。

問：道在何處？曰：道在眼前。曰：眼前何者是道？曰：任舉一物一事，莫非道也，百姓日用而不知耳。果覺得無一物一事非道，時行物生，古今天地，皆呼吸于一氣之中，方是吾之全體。

我輩不必患人之輕言也，自能謹言，則輕言者亦吾師矣；不必患人之好高也，但能自下，則好高者亦吾矣。善者之從猶有限，觸不善而能改，則無人非師，無地非師，受益寧有窮耶？此之謂能自得師。

道理只在眼前，眼前有相對之人、相對之物、靜對之我，正所謂道也者，不可須臾離也。能盡人性盡物性，皆是眼前事，舍眼前而求諸遠且難，不知道者也。"學而時習之""智

---

① "此"，孫子遺書本作"易"。
② "漁"，孫子遺書本作"魚"。

及之”“仁能守之”“知之”“好之”“樂之”，皆指此眼前説，不離日用常行内，直造先天未畫前。

問：孔、颜之樂，如何偏在疏水箪瓢?① 曰：其著脚全在發憤忘食。② 吾見其進，第思所憤者何事，所進者何事，是全無己私隔斷，故能無入而不自得。③

仁以天地萬物爲一體，堯舜躬行其事，孔子心統乎理，孟子所謂“窮則獨善其身，達則兼善天下”，禹、稷、颜回同道，一是仁覆天下，一是天下歸仁，非兩件物兩件事。誠之至，聖之至，安焉者也。學而知，利而行，勉焉者也。本體各具，因氣拘物蔽，遂小其家。當至斧斤之伐，牛羊之牧，而本心竟全失矣。失其本心者，失其仁，便不成人。孟子一口道破，曰：“仁，人心也。”蓋謂帝王聖賢與夫婦之愚不肖，皆天地所生之人，則皆有天地萬物一體之心，故急須學力，由“幾希”“乍見”，各就惻隱羞惡之端，而擴充日用道學自修工夫，則不患不與仁相近也。學修工夫非無把柄無著落，子臣弟友能盡分，視聽言動能循禮，喜怒哀樂能中節，所合于仁者合此也。形迹格套不必論，只在戒欺求慊處取齊，清亦仁中之清，忠亦仁中之忠，果、達、藝皆仁中之一節一

①　“疏”，畿輔叢書文集本作“蔬”。
②　“著”，原作“老”，據孫子遺書本改。按，“著脚”，或作“着脚”，意指落脚，涉足。
③　“能”，孫子遺書本無此字。

目，總不得爲仁。顏氏子三月不違，庶幾與天合德，四時合序，豈可輕爲他人言？其所告及門爲仁之方者，皆隨所在而强爲指稱者也。指稱種種，原爲人覿面成違，不得不隨在指點，而記者直曰"罕言"，原非言之能盡也。仁必本于孝弟，此正天地生人之根，仁義禮智樂之實，豈能于事親從兄之外別作道理？堯、舜之道惟孝弟，① 孔子之行，在《孝經》盡之矣。

問：處毀譽之道？曰：聞譽增惕，慮有過情之恥；聞毀加修，借爲自全之路。

問：人有君子有小人，豈容概以一厚待之？曰：使君子益進于君子，並能轉小人爲君子，此天地父母之心也，何厚如之？

問：爲人？曰：無爲其所不爲。問：治心？曰：無欲其所不欲。一毫非禮非義之事不涉，一毫非禮非義之念不萌，此是何等境地！

問：聖賢豪傑亦有做不去之時？曰：聖賢無時不可做，顯晦窮達，總不必問。豪傑即有不能濟事之時，然無不可見之心。②

人生第一吃緊，只不可見人有不是。一見人之不是，便

---

① "舜"，孫子遺書本爲墨丁。
② 孫子遺書本無本條目。

只是求人，則親疏遠近，以及童僕雞犬，到處可憎，終日落坑塹中矣。臣弒君，子弒父，亦只是見君父有不是處耳，可畏哉。①

死生之關不破，則凡可以得生者無不用，所欲惟生矣；凡可以避患者無不爲，所惡惟死矣。史册上多少遺臭之人，皆從此欲生惡死之念做去。能透此關，功名富貴自無犯手處。

問："無物不有，無時不然"二語，足盡道否？曰："無物不有"者，道之大，萬物所以皆備也；"無時不然"者，道之久，至誠所以不息也。此外還有何事？

少有勞于人而提在口，淺矣；少有觸于我而動于心，浮矣。人在疾病，而責其言語之中節，人在飢寒，而責其禮義之無愆，刻矣，腐矣。

有情識不能無是非，有是非不能無好惡，有好惡不能無毀譽。聞毀而怒、聞譽而喜者，不知學者也。《易》曰："無疾無惡。"方是闇修之體，庶幾夙夜，以永終譽，猶有名心焉。不虞之譽，所謂聲聞過情，君子恥之。

人以求財揲蓍。曰：《易》配道義而論吉凶，聖人之書也。求財，非君子之道，《易》爲君子謀，不爲小人謀。富不可求，聖有明訓。大抵非道非義之事，不慊己心，烏能對羲、文、周、孔之靈？六十四卦中三十四卦言貞，此可爲戒

---

① 孫子遺書本無本條目。

慎之君子道，難爲無忌憚者言也。

問："道"何在？曰：無物不有，無時不然。問："中"何在？曰：無物不有，無時不然。問："易"何在？曰：無物不有，無時不然。見知聞知，傳"道"之人也；微危精一，授"中"之人也；卦辭爻象，用"易"之人也。三千餘載，數大聖人，若合符節，堯、舜後雖無堯、舜，堯、舜之心至今在；孔子後雖無孔子，孔子之心至今在，亦見之于"無物不有，無時不然"而已矣。其消息總得之于天。①

學問之事，要得趣于日用飲食，而有裨于綱常名教。其規模宜宏，操功宜闇，不從闇然處用力，便是假之也，故《論語》首章即捻出"不愠"二字。②

儒者談學不啻數百家，爭虛爭實，爭同爭異，是非邪正，儒釋真僞，雄辨無已。予謂一折衷於孔子之道，則諸家之伎倆立見矣。《論語》中論學是希賢希聖之事，論孝是爲子立身之事，論仁是盡心知性之事，論政是致君澤民之事，論言行是與世酬酢之事，論富貴貧賤是境緣順逆之事，論交道是親師取友之事，論生死是生順没寧之事。只此數卷《論語》，無義不備，千聖萬賢，不能出其範圍。識其大者爲大儒，識其小者爲小儒，不歸本于孔聖之道者，則異端邪説，是謂非

---

① 孫子遺書本無本條目。
② 孫子遺書本無本條目。

聖之書不必觀，可也。①

　　士大夫有生前無咎，而死的不分曉，將并其生平而喪之；有死的明決，而因以諒其生平者。臨了一著，脱然無累，方是聖賢真實學問。②

　　昔人謂富之教子宜使重道，貧之教子宜使守節。予謂無貴賤貧富，總宜使之知學。知學，則無一善一節之可言。③

　　馮恭節有言：念中非聖，念懸非仙，念空非佛。蓋有中有懸有空，即有我也。我見生則棼焉馳逐而成棼，我見忘則廓然順適而無迹。試想子絶四，是何如境界？④

　　士大夫議論偶激，遂成終身之隙。從來犯此病者，多在賢知。韓、范議西事不合，仲淹徑拂衣去。魏公自後把住其手云：“希文便不容商量耶？”和氣滿面，仲淹意亦解。只此一把手間，消融幾多異同，魏公所以能當大事也。⑤

　　孟子謂：“大而化之謂聖，聖而不可知之謂神。”則大與聖、神若有間矣。《易》曰：“大人者，與天地合其德，日月合其明，四時合其序，鬼神合其吉凶。”則大人與聖、神又無間矣。蓋大可爲也，大而化不可爲也，在熟之而已矣。颜子

---

① 孫子遺書本無本條目。
② 孫子遺書本無本條目。
③ 孫子遺書本無本條目。
④ 孫子遺書本無本條目。
⑤ “大”，畿輔叢書文集本作“犬”。

造詣已幾于大人，故得一善，服膺勿失，所謂大可爲也。孔子乃位乎天德，則取之左右逢原矣，所謂化不可爲也。大與聖難于分別，而功力有淺深、安勉之不同。

人人有尤而悔之時，一言之尤即招尤也，一事之尤即招悔也。聖人庸行，終日乾乾，無尤無悔。

喜怒哀樂未發爲中，發時“中”在何處？發而中節爲和，未發時“和”在何處？惟戒懼君子自領之。

聖人於平等事看得極重大，故常自歉其未能；曲士于重大事看得極平等，故常自侈爲無不能。自歉其未能者，江海之量也；自侈爲無不能者，井底之見也。

雖大行不加焉，不能加也；雖窮居不損焉，不能損也。舜之飯糗茹草，若將終身，及爲天子，若固有之。時而潛，時而飛，總此龍德耳。夫豈有加損哉？

德曰龍，無論操三重而定四海，即衡門之下所發育而峻極者，眼前皆三百三千禮儀威儀，充周洋溢之景象未至，龍德烏足語於此？

夏、殷、周一禮相因，而妙處全在損益。如無損益，天地爲死局矣。六十四卦皆相逼而來，不得不受，不得不轉，節宣陰陽，搏捥宇宙，① 古今一大損益也。大哉《易》乎！其用無窮，與天地相爲終始。

---

① “捥”，原作“捖”，據畿輔叢書文集本改。

　　《易》之六十四卦，概以"貞"爲主。① 貞而吉，皐、夔
一流；貞屬終凶，則文王、箕子是已；貞而凶者，其龍逢、②
比干乎？夫貞矣而何以凶？蓋凶而不失其貞者也。或曰：楊、
左諸公不知《易》。予問之，曰：貞凶，曰：必欲避凶，則
崔、魏矣。烏乎！可用《易》而不用于《易》，其惟聖人乎？

　　堯授舜，舜授禹，一中而已矣。湯亦曰"執中"，孔子
曰"時中"，子思曰"喜怒哀樂之未發謂之中"。程門遂以觀
喜怒哀樂未發氣象爲相傳宗旨。善學者能于未發氣象而見程
子、子思，則可以因程子、子思而見堯、舜、禹、湯、孔子
矣。大哉，"中"乎！

　　子曰："作《易》者其有憂患乎？"士君子生今之世而不
明乎《易》，其能處憂患乎？六十四卦會而通之，皆所以處
憂患之道，不獨《履》《謙》九卦爲然也。

　　吾人一日之間，寸心靡寧，幾多紛擾，思慮累之也。靜
言思之，思慮何爲也哉？期此時此事有當于理而已矣。果當
于理也，思復何思？慮復何慮？此謂殊途而同歸，百慮而一
致，故曰：天下何思何慮？

　　陰陽貞勝自有天地而已然矣。陽剛而陰柔，柔似不能勝
剛，然道心微而人心危，則剛之不能制柔也明甚，天下所以

---

① "以貞爲"，孫子遺書本爲三墨丁。
② "逢"，畿輔叢書文集本作"逢"。

治日少而亂日多。君子而不仁，未有小人而仁者也。《易》之爲用，總欲化小人爲君子，其扶陽之意乎？寧獨《易》也，五經、四書暨諸儒之旨，無非欲化小人爲君子。

《易》稱“龍德而隱”，足乎内而不待乎外。人不知其隱，① 獨行其意，不易世，忘世也，不成名，忘名也。遯世無悶，所以忘世；不見是無悶，所以忘名。樂行憂違，出處不分爲二。一知有隱，徵聘可至，聲聞可加，非龍隱矣。或曰夫子隱居求志，又曰“如或知爾，則何以哉”，何嘗不計及于行？曰：當求志時，惟恐人知而不能副，正所謂“龍德而隱”者也。

從來學者每傷于所恃，淺儒有淺儒之恃，大儒有大儒之恃，恃不同，所傷一也。謝上蔡去一“矜”字，而曰“子細檢點，② 病痛盡在這裏”，是欲破其所恃也。大《易》“洗心退藏于密”，其至矣乎。

“萬變俱在人，其實無一事。”明道之言至矣，盡矣。心何嘗有百官萬物也，心何嘗有兵革百萬也，心何嘗有疏水曲肱也，③ 總之皆適然之遇而已矣。如是來，如是往，只行其無事，實無一事也。雞鳴平旦之頃，偶一猛省，令人躍然。

容色辭氣關此心之操舍存亡。子溫而厲，威而不猛，恭

---

① “不”，孫子遺書本爲墨丁。
② “檢”，畿輔叢書文集本作“簡”。
③ “疏”，畿輔叢書文集本作“蔬”。

而安。太和元氣，至德流行，故學者須用變化氣質。氣質不變，是心之放也。正衣冠，尊瞻視，似飾于外，然收斂身心，內外齊一，君子所以居敬而收放心，學問之道在是矣。

　　人生最不堪之境曰"蹇"，曰"困"，曰"坎"，然以敗小人而用以成君子。《蹇》之《象》曰："君子以反身修德。"行有不得，皆反而求之，反其不得，以歸于得。"蹇"詎非君子之幸也哉？《困》之《象》曰："君子以致命遂志。"莫之致而至者，命也。志亦何遂之有？而遂于於困，"困"固君子動心忍性之會矣。《坎》之《象》曰："君子以常德行，習教事。"蓋以此成形，即以此立教。治己治人，其用甚大。入險出險，游刃有餘。文王因于羑里而演《易》，孔子厄于陳、蔡而作《春秋》，遂一時之志，垂萬世之教，憂患之生人亦大矣哉。

　　士君子遭時遇主，身與道俱亨者，志願遂也；身否而道亨者，不亂群也；身亨而道否者，凶咎之叢也。志願之遂，不能必之于天；群之不亂，可勉之于己；凶咎之叢，可以尤人乎？

　　欲觀天地，觀之于萬物而已，萬物所以成天地也；欲觀萬物，觀之于我而已，我備萬物也。人只因不識我，遂不識天地，不識萬物，則我止為萬物中之一物耳。

　　問：從來隱士多恍惚疑似，不可為據，即栖身山林，癖性難回，枯槁而死者，似亦無當隱居之義。曰：有龍德者然後可以隱，潛見飛躍，豈有異道哉？有出山之隱士，伊尹、

傅説、太公、孔明是已；有歸山之隱士，范少伯、張子房是
已；有以隱士出，仍以隱士歸，李長源是已。陳太邱、郭林
宗、管幼安、陶淵明、王文中子、周濂溪、邵堯夫、劉靜修，
不亢不悔，皆隱而蘊行之趣，未可與山林枯槁之士律論也。
嚴子陵爲隱士之宗，有謂其遭時之泰，遇主之知，道既可行，
身何以隱？余曰：子陵而不隱，不過爲際會風雲時一鄧禹，
一寇恂耳；不臣，故人高尚其志，隱然以賓師自任，惡得爲
石隱者乎？

　食色爲性，今古沈迷，悦而甘之，不問愚知。非道學自
修之君子，鮮能不以爲心害者。認以爲性，其流弊無窮，提
一命以砥之，其防維亦大。從古帝王賢聖經世立教，只是令
此“食色”二字一歸于禮而已矣。食色蕩禮，其凶於家，害
於國，如影之隨形。《孟子》曰：“性也，有命焉，君子不謂
性也。”

　問：人生何事最樂？曰：無違心之事則樂矣。時時不違
心，事事不違心，自然充實光輝，有根心生色之樂。違心則
疚，疚則惡，惡則辱，惡得樂？

　氣勝則一人不服，心虛則無人不服，是取諸人以爲善，
所謂以善養人者也。“養”字中有多少涵濡薰陶之意，硬去
服人者器量便躁，而淺人如何肯服？

　浚伏羲之畫，轉濂溪之圈，不反身心，但求毫楮，所謂
嚌其糟粕，迷惑之甚者耳。乾坤易簡，時物行生，此段消息

無刻不在目前也。認得出，著衣吃飯，行立坐臥，活潑潑地；認不出，憂囚桎梏，何時是舒眉展眼之日？此時不借力於他人，① 不姑待於異日，當下自憤，憤時即是樂時。

　　從古英人志士，當可有爲之時，用以攄一朝之意氣，發千古之悲涼，切莫當面錯過。一瞬失之，終身莫贖，悔何及矣。人之言曰：運在日中，浴于扶桑易；運在昃食，捧日于虞淵難。三復斯言，不能不爲有志而殞者三嘆息也。

　　世無治亂，總一學術。達者以天下爲事，兩間罪過都是我身承當，天下萬物無罪；窮者以一身爲事，一身罪過，都是我心承當，五官百體無罪。能於罪過勘得分明者，窮達皆有賴焉者也。獨悠悠忽忽，到處視爲無罪過之人，破先聖先賢格律，以自適其猖狂恣睢之意，吾不知之矣。

　　世人未有不愛富貴者。有人焉，愛身甚于愛富貴則賢矣。蓋身自墮地後，富貴原屬增加之物，是豈可同日論愛乎？人未有不好名者，有人焉，尤好不好名之名則益賢矣。蓋名所以標此身之爲仁人，爲義士，故曰："君子去仁，惡乎成名。"又曰："疾沒世而名不稱焉。"② 至好不好名之名則闇然與天爲游，所謂不慍而無悶者乎？富貴利達之念，既已不染，忠孝廉節之事亦復不著，此之謂至人。

---

① "力"，孫子遺書本作"刀"。
② "稱"，畿輔叢書文集本作"成"。

物之不齊，物之情也。蓋萬物之生本於陰陽之氣，況五氣交運，益參差而不齊，故有生之類雜揉者衆，而精一者間值焉，何怪乎君子少而小人多乎？以其間值之難，似天有意閔惜，而國家又失于愛護長養，此從古所以嘆才難也。

善學者于日用飲食間，須守一塗轍，以自固性情，始不奔放筋骸，始有矩度，窮大而失其居，何以爲崇德地乎？蔑棄名教者，全自不受簡束之念始。

人各有一事之明，只因氣躁神浮，守之不定，便爲曲説所亂，異端所劫。出見紛華而悦，見獵有喜心，賢者不免，而況恒人？回所以拳拳服膺而弗失，① 無頃刻敢懈其所守也。

非信不立。非義之信，信之賊也，君子寧弗信也。非恭不肅。非禮之恭，恭之蝕也，君子寧弗恭也。因則不孤。失親之因，因之濫也，君子寧弗因也。所爭只幾微，② 而相去乃千里，非深于學者，不能析其幾焉。

雖治世不能無小人，君子道長，則難乎其小人，故四凶不能肆毒于唐、虞之世。雖亂世不能無君子，小人道長，則難乎其君子，故三仁無救于殷紂之亡。伊尹不避放君之名，以成千古之大忠。使三年委寄于匪人，安能正嗣君？天下事去矣，安有伊尹也？周公不避滅親之名，以成千古之達孝。

---

① “回”上，畿輔叢書文集本有“此”字。
② “只”，孫子遺書本無此字。

使七年委寄于匪人，又安能保沖主？天下事去矣，安有周公也？漢唐創業，呂武擅權，非留侯與梁公，則漢唐之祚不可知，而同人之助亦豈容没没也？

凡事有成敗，每慮有得失。只計其成之得之之數，一有敗焉失焉，必隕穫矣。處敗在成之先，處失在得之先，則成也得也不足喜，敗也失也不必憂，豈不綽綽有餘裕哉？

能處人所不能處之事，能忍人所不能忍之辱，能堪人所不能堪之憂，其中必有大過人者。遇事便束手，被辱即動心，逢憂輒短氣，人可得而顛倒之，驅役之，儒生俗士之淺淺者耳。①

真實學問，立心必本一"誠"字，接人必本一"厚"字。不誠不厚，作偽之術，刻薄之行，鬼神且惡之，而況於人乎？

一生成就，全借共學之人。與勝己者友，則畏心生，不期收斂，自無不收斂；與不勝己者友，則忽心生，不期縱肆，自不覺其縱肆矣。

有若無，實若虛，大聖大賢之所以忘己也。能忘己乃能貴己。無爲有，虛爲盈，俗儒曲士之所以矜己也。一矜己必至于喪己。

任事之難，不難于智識，而難于氣骨。無氣骨，則是非

---

① 孫子遺書本無本條目。

好惡不敢皎然別白，而顧惜觀望，必求立于有譽無咎之地，不知此正譽之所損而咎之所由積也。"名列逆案，身事賊庭者不録"，此二語，澄汰流品，大裨名教，而議者咎其犯時觸忌，不亦謬乎？

有事苦紛擾，無事苦岑寂，事先苦將迎，事後苦留滯。無此四苦，天君泰然。

問：某某局器太隘？曰：彼能隘，故能守而勿失，可以寡過。若希高慕大，則故步全失矣。人以之見短者，予以之見長，短處是其長處。然予以之見長者，人又以之見短，長處又成短處矣。長短無定境，正學問無止法，據一級纔覺一級之得力，前面又懸一級，由共學至于權，① 由善信至于神，② 寧有盡境乎？惟深造，方可言得耳。

人心寂然不動之初，渾然一易也。有感而發便生出許多爻、象來，千變萬化不可究詰，而總歸于至當不易之理，所以《禮》曰："潔淨精微，易教也。"如《書》便真個有這政事謀謨，《詩》便真個有這人情風俗，《易》卻無這已往底事，只是懸空做出來，千古不出其範圍，此所以靈。

處事接人要有一段安閒不迫急之意，方能應得不錯。即作文寫字以至著衣吃飯，行走坐臥，皆容不得一毫迫急。著

---

① "至"上，畿輔叢書文集本有"而"字。
② "至"上，畿輔叢書文集本有"而"字。

一毫迫急，便是欲速，便是正助。學問工夫無巨細，無顯微，其正助一也。

理一而已矣，而氣有陰陽，謂性之善者，是就其理之一者言；謂性有善有不善者，是就其氣之雜者言也。然纔有此理，便有此氣，共域而行，反之之君子，身之之聖人，調劑于陰陽偏勝之會，陽不使之不足，陰不使之有餘，仍歸于理之一，此所謂性無有不善。

人有咎人之多疑多悔者，曰：彼幸有此疑與悔耳。今之能直行其所信者誰哉？疑則明生焉，或不至冥行罔覺也。今有動則如己意如人意者歟？有此悔，庶不至謬于前者復迷于後。悟心之萌，改過之漸也，疑與悔正是學問入手處。①

問：《乾》易知，《坤》簡能？曰：夫婦可與知，夫婦可與能。問：四時行，百物生？曰：無物不有，無時不然。

問：體用一源？曰：殊途而同歸，一致而百慮。問：顯微無間？曰：語大天下莫能載，語小天下莫能破。

靜而無欲，靜固定，仁者之靜，靜以此。動而無欲，動亦定，知者之動，動以此。非無欲，而動不成動，靜不成靜矣。

問：制事制心？曰：心在事上見，未有以仁存心，以禮

---

① "正"，孫子遺書本作"王"。

存心，而行事乃不仁不義者。禮制心，是謂居敬；義制事，所謂時措咸宜耳。

吾人一日之間，行事有順、不順，一夜之際夢魂有安、不安，果能湛然如一，無少動搖，便可言體受歸全、生順没寧之事，所謂知晝夜則知死生矣。苟舍此而別求死生之道，愈遠愈難，安望一朝之有聞耶？

問：聖人明哲保身無得禍之道？曰：聖人固不樂處禍，然禍福之來，雖聖人不能違，第恃有處禍之道不失己，雖禍亦福也，一失己，雖福亦禍也。古今以禍而成其爲君子者，宜論福；以避禍而成其爲小人者，宜論禍。

飲食之人，則人賤之，以無恥心也。呼蹴之與，行道不受，乞人不屑，恥心何嘗盡喪？但無大人君子提醒之，乍明乍滅，終歸汨没，遂令孔、孟之教澤無權。彭餓夫只爲不苟食，甘死如飴，蓋亦恥心之所激乎？

此心所以撐拄天地者，全憑此志，志不降則身不辱，俯仰千古。夫子獨許夷、齊，真是鳳翔千仞。魯仲連、嚴子陵如生孔子之前，不知如何位置？

近代能挺立之人，認的題目清楚，守而勿失，便不倒塌，若于本性靈光，真實有悟，未敢輕許也。堯、舜、周、孔至今在，其精神原足包裹古今，千百世後，飲食男女不盡流爲禽獸者，猶其遺澤也。要做個千古真豪傑，會須根尋堯、舜、周、孔之心，盡脫世網，直證性初，方有個安身立命之地方，有個宇泰收功之期。當于何處索得此人？

　　賢者珍重其身，護惜其名，有轍迹可循，無瑕可指，聖人不磷不淄，不慍無悶，又進一解。淵明云“雖留身後名，一生亦枯槁”，言名不足賴；“客養千金軀，臨化消其寶”，言身不足惜也。雖非聖人之訓，自是達者之言。

　　人生貴適志，豈非以無累于事，不役於物，而志方得適乎？平居暇日，正好體勘此段機趣，一爲事累物役，則身在桎梏中，猶幸一日禍之未及，以爲快心娛意之計，哀哉，愚矣！

　　日用飲食之間可以證聖。行庸德，謹庸言，不以飢渴之害爲心害，聖人之能事畢矣。子曰：“吾無行而不與二三子。”正言此日用飲食也。能于此無慚，便可以俟百世聖人而不惑，豈可以其日用飲食而忽諸？

　　問：待人之道？曰：待君子宜盡吾敬事之禮，待庸衆宜盡吾接引之心，待小人則誠篤謹密，莫示以狎侮之漸，總之要以我包裹人，則可以位置乎人，而轉移乎人。善人君子能位置一方，轉移一隅，堯、舜、周、孔則能位置千萬世，轉移千萬世者也。其位置之樞，轉移之妙，亦惟此親義序別信而已矣。經常秩秩，動而有節，方能無入不自得。不能自得者，皆聽人位置而隨人轉移者也，鄉黨拘曲之士耳。

　　士大夫與其謹密，無寧疏曠。謹密者，飾邊幅，修節文，鄉黨自好之士而已，其伎倆原止于此。① 一投以艱難盤錯之會，識膽俱裂，立見窘迫。歷觀古來能辦事者，決非小廉曲謹之士，孔文舉、陳元龍、張齊賢、陳同甫輩寧有取焉？若聖賢豪傑，則廣大中更饒精微，又不可以此論也。

　　學問之道，非有通天徹地精神，烏能升堂而入室？少年識不定，膽未堅剛，老來形衰，力漸頹廢，壯盛之日精神可爲，又多不肯爲，兼無父兄師友督責之，以悠忽成暴棄，徒消費有用精神，② 管公明所謂"列宿不守，衆神亂行，神思遐幽，靈風可懼"，三復斯言，令人骨悚。

　　居家之道，須先辦一副忠實心，貫徹內外上下，然後總計一家標本緩急之情形，而次第出之。本源澄徹，即有淤流，不難疏導，患在不立本而騖末。濁其源而冀流之清也，得乎？一家之中，男子本也。父慈子孝，兄友弟恭，本之本也。本立矣，而末猶萎焉，必其立之之根未固耳。立之之道豈有已時？本分自盡者，並不見吾分有圓滿之日，古人榜樣一一俱在。只不聽婦人言，便有幾分男子氣。③

　　放翁有云："詩到無人愛處工。"學人不於人所不知處著力，只打點目前，供人玩好，此豈深造自得之士？命世豪傑，其所以安身立命者，斷不向人口頰間襲取也。

---

① "止"，畿輔叢書文集本作"上"。
② "徒"，孫子遺書本無此字。
③ 孫子遺書本無本條目。

心之官則思，而《易》則又曰"何思"，蓋思不出其位，則思也而歸于何思，若冥然無思。何以能作聖？是枯禪也。①

問：何以謂之道？曰：感應而已矣。當未感時，此心寂然也。一有感，而喜怒哀樂之情動焉，仁義禮智之性出焉。偶感偶應，萬感萬應，其中節露靈處，所謂天下之達道也。應處不合，人己兩失，其離道也遠矣。

陸子曰："唐、虞之際，道在皋陶。商、周之際，道在箕子。"何以明其然也？曰：道原于天，"天"字從皋陶發出，知天則知道矣。箕陳《洪範》，禹與箕皆心與天通，故《孟子》亦曰："若禹、皋陶則見而知之。"

吾性之所有者不容減一分，減一分則失一分故物；吾性之所無者不容增一分，增一分則添一分邪思。故曰：正念不減之謂故，邪念不生之謂新。

問：聖人之心何以能與性命天道融會，無少間隔？曰：萬物無所不禀，則謂之曰命；萬物無所不本，則謂之曰性；萬物無所不主，則謂之曰天；萬物無所不生，則謂之曰心。其實一也，古之聖人盡性、②立命、知天，皆本于心，故但盡其心而已矣。

問：太極與天命、心、性作何分解？曰：太極者，極至

---

① 孫子遺書本無本條目。
② "性"，孫子遺書本作"心"。

之理也。在天命、心、性之先，而不爲先；在天命、心、性之後，而不爲後。與天地萬物圓融和會，無終始離合之可言，自古及今，無時不存，無事不在。此爲太極而已矣。

學問大頭腦總不離"知止"二字。知得止時，則此心有主，任思慮之紛出，而幾趣裕如也；任感應之錯投，而本體謐如也。

心無體，以事物爲體；心無用，以好惡爲用。離事物則無知可致，離好惡則無致知之功。一部《大學》須于此處領悟。

周元公識徹全體，學透本源，其儒之宗乎？誠即太極，即乾，千古神聖只此命脈，天地人物從此化生，曰道，曰善，曰易，曰性命，皆誠之異名耳。"誠"之一字最難名言，故注曰："寂然不動者，誠也。"又曰："誠無爲，誠則無事。"復云："無思本也，不見其迹。"頻頻指示，皆無極之微言。程門觀未發氣象，正從吾心無爲、無事、無思、寂然不動時默默體認，而天地聖神之奧，無不可識，① 非二氏之淪于虛無者可同日語也。

寂然不動者，人生而靜，天之性也；感而遂通者，中節

---

① "無"，原作"當"，據畿輔叢書文集本與孫子遺書本改。按，孫奇逢思想兼采陸王派與程朱派，其修養工夫論主張向内求索，"有不能領會處，試默默向自身上體驗，便自了當"（《夏峰先生語録》卷二），強調學問要獨自領悟出來，故此處作體認天地聖神之奧"無不可識"解更加符合上下文意。

之和，道之率也。懲忿窒欲，遷善改過，君子慎乎動，以還其寂然之體者，修道而教也。孔孟以後，遞及周、程、張、朱諸大儒，皆修道而教思誠者之事。

學人第一要有識見。識見不高，縱有小執持，亦不過規規自完，能幹得甚事？古來能辦大事，須開第一等眼界，認第一等題目，做第二人便是無識。

思慮紛亂，此心無主，總因志氣齷齪，識趣卑暗，瞻顧遠而繫戀深。卓識高朗之士看破一切齷齪卑暗之習，知水火之必不可蹈，必不肯思量蹈水火，邪思雜慮，不期省而自省矣。

謂富貴爲賢者不欲，豈情也哉？只不以飢渴之害爲心害，是其所以異于人者耳。

康節學于穆伯長，每有叩請，必曰：“願開其端，勿盡其意。”人于道理須經自己思量，方有悟入。程門亦時有此意，所以多高弟。泛泛問答，只是一番酬應而已，何關學問之事？

人知軀殼之爲己，而不知精神乃真己也。精神日流轉于軀殼之中，與天下之事物相酬酢而人不可見，即體物不遺之鬼神也。能養得此精神完固充周，便是不以生而存、死而亡。吾之神與天地之神，當不作殊觀。

知、好、樂一步深一步，愚謂好、樂非難，而知爲難。蓋好、樂者，知之盡境也，知之至，自住手不得。唯不知則日貿貿于離迷鬼蜮之場，居不知所爲，行不知所往，逐日飲，逐日食，不知飲食之味，其所以異于禽獸者幾何？

　　無念中忽起一念，而此念遂燎原，不可撲滅，皆緣平昔
貪妄雜慮多，思路慣熟，遂不能自主。法當究詰其何以發端，
何以歸結，真是以身試法，自當驚汗無地，雜慮漸少，則此
心清明漸復。困勉之功多如此。

　　能生君子之敬者，自能袪小人之侮，非誠愨端重、不苟
于言動者不能。①

　　吾人一點性靈，爲天地古今大主宰，只爭悟不悟耳。悟
則天之高明，吾性之高明，天高明之覆物，吾性之覆物也；
地之博厚，吾性之博厚也，② 地博厚之載物，吾性之載物也。
前乎此者幾千年，後乎此者幾千年，人賢愚，世治亂，總此
天地民物耳。③ 無庸納之吾性之中，欲推之于吾性之外，不
可得也。④ 唯不悟，則生不知生，死不知死，與草木同朽，
與禽獸同蠢，豈不可哀？

　　顏子有善未嘗不知，仲由喜聞過，此是聖學真血脈。陽
明謂其弟子曰："你私意蒙時，這一知處便是你的命根。"愚
謂學者千言萬語都不濟事，⑤ 只能克去己私，遷善改過，便
是立命功夫。

---

① 孫子遺書本本條目與上條"無念中忽起一念"合爲一條。
② "也"，孫子遺書本無此字。
③ "天"，孫子遺書本漫漶不清。
④ "不可"，孫子遺書本漫漶不清。
⑤ "事"，孫子遺書本作"時"。

卷　二

　　昔人謂人生只有這件事，凡生時不曾帶得來，死時不曾帶得去的，皆不須一毫著念，認爲己物。愚謂只有這件事是生之所以爲生，全而生之者無愧矣，死之所以爲死，全而歸之者無愧矣，不能完得此件，生也罔然，死也罔然。

　　問：世界多缺陷，人情多苦趣，不知如何方是圓滿，方得快樂？曰：若求無缺陷之時，天地有所不能。時有窮通，歲有豐儉，身有老少，隨緣順應，不作非分之想，任世界之缺陷而我不見有缺陷也，人見爲苦趣而我不見爲苦趣也，如斯而已矣。

　　水遇寒凝結成冰，冰遇暖消融成水，水之與冰原非二物，人心者一念之迷，道心者一念之覺，迷如寒之凝爲冰，覺如暖之融爲水，亦非有二物也。覺時即非迷，更無兩候。

　　問：百姓日用而不知？曰：誰能明叛于綱常名教之外？遇父亦知愛，遇兄亦知敬，遇親戚朋友亦知禮讓，此百姓日用于其中者也，而謂其知愛親之實以盡仁之道，知敬兄之實以盡義之道，知親友相接之實以盡禮讓之道，此賢知所不能者，烏敢望之于百姓乎？道之不行，由不明。孟子叙道統而歸于見知聞知，則知乃聖者事。民可使由，不可使知，民原知不得。

　　長生之説，久中于貪生者迷妄之心，結成誕幻之夢，不知人無百年不滅之形，而有千年不朽之心。堯、舜、湯、文、周、孔以至周、程、張、朱諸儒，其形之滅也久矣，而其心固炯然常留天地間也。二氏所謂長超生死，意亦如是。于此不悟，必欲苦苦存此殘喘之形軀，亦愚矣。試看暮年之人，志氣昏亂，似無知識之孺子。夫孺子之無知識，其天全；暮年之無知識，其神亡。神亡而形存，所以晚年多敗德耳，長生何益？

　　助君子，使必成其美，此固仁人長者之行，御小人使不罹于法，此尤天地父母之心。

　　余嘗言夢寐難對，蓋有是心，因有是夢。亦有絶無是心而竟有是夢者，甚訝之。隨于雞鳴平旦時簡點生平，今無是心矣，或壯年有之，或少年有之，其根猶在，故不覺其伺隙而竊發也。無盜賊之夢者，原無盜賊之心。種種情緣物欲，畢竟有戀而難割者在，是在人自搜剔耳。

　　盈天地間千條萬緒，紛陳于耳目前。其視之禮與非禮，目不能操其權，其聽之禮與非禮，耳不能操其權，總歸之于心。心主思，思其非禮者勿視勿聽，此謂先立其大。此處大有擇執功夫。思則得之而大立，立之久則紛陳吾前者各歸條理，思而還其無思之體，故曰天下何思何慮。認何思爲無思，何慮爲無慮，未免以食色爲性，其流弊將不可言。邇來學人多主此説，不知于近思、慎思、九思之旨當否，周公大聖且仰而思之，夜以繼日，方能不勉而中，不思而得。屛思絶思而未見其能得也，能中也。聖人從容中道，① 纔見天下何思何慮。

問：大人不失赤子之心？曰："不失"二字最有力，如盆中菊，赤子之不學不慮是根裏花，② 大人之不思不勉是梢頭花，③ 然滋息灌溉，④ 枝枝葉葉，毫無傷損，其用功也亦勤矣。苟得其養，無物不長；苟失其養，無物不消。知此，方可言不失赤子之心。

得之爲有財，而以天下儉其親，此名教罪人。然實無財，必以財爲孝，破廉喪恥，辱親實甚，故曰殮首裹形，未爲不孝。有情有文者，于親無恨，于心無恨。情至而文不至者，有愧于親，無愧于心。情文兩不至，乞墦登壠，務爲苟得，只虧體辱親而已矣。

問：自立之道？曰：必欲隨俗，入同流合污一路；必不隨俗，入索隱行怪一路：均非特立獨行之士。

①　"道"，孫子遺書本漫漶不清。
②　"之"，孫子遺書本無此字。
③　"之"，孫子遺書本無此字。
④　"滋"，孫子遺書本作"曰"。

問：人生何爲第一義？曰：知恥。不知恥，無論忠孝大節不能做，即小廉曲謹之事亦不肯做。

從來謂潛與見爲兩局，闇與章爲二境。愚謂君子潛固潛，[1] 即見也，仍不離潛之體，總歸于潛而已；君子闇固闇，即章也，仍不離闇之用，總歸于闇而已。君子之所不可及者，其惟人之所不見乎？潛與闇之謂也。

教雖多術，然不離誘掖、磨練兩法。誘掖爲初發心者設，磨練爲久發心者設。初發心，但據見在一念，多方接引，絕不苟求，孔子成就互鄉童子一項人、孟子引齊宣王是也。久發心，則必通照其平時細加簡點，毫不假借，孔子成就及門諸弟子、孟子謂樂正子徒哺餟是也。涇陽云：“兩法兼用，纔可大可久。”

問：過去者不能不沾滯，未來者不能不將迎，此病應如何？曰：不必然之沾滯，不必然之將迎，當下立斷。然亦有過去未來與當下相關者，則過去未來皆當下也。孔子忘食忘寢以思周公，仰而思之，夜以繼日，豈其沾滯于過去、將迎于未來者乎？懲前日之非，堅後來之是，皆從當下做起。

世運有古今，人知之。而一人之身，一生亦有古今焉，一日亦有古今焉。由孩提而稍長，而壯，而老，一生之古今也；由雞鳴而平旦，而晝，而夜，一日之古今也。一生之古

---

① 　下“潛”，孫子遺書本漫漶不清。

今，當于孩提稍長時，清其愛敬之真念，勿令有初者鮮終。一日之古今，當于雞鳴而起時，清其有善無利之本念，勿令出此而入彼。一刻悠忽，遂成堕落，可不勉諸？

從來做聖賢做豪傑，眼界欲空，脚跟欲實。眼界不空則識趣卑陋，開手便差；脚跟不實，則操修影響，到頭彌惑。孔子登泰山小天下，眼界之所以空也。君子之志于道也，不成章不達，脚跟之所以實也。

張侗初云："人須生能死得，死能生得，方會了生死。"此言形生非生，形死非死，有所以超于生死之外者在。有元客云："若要生此身，除非死此心。此心若不死，此身安得生？"涇陽聞而擊節稱善。賡之曰："若要生此心，除非死此身。此身若不死，此心安得生？"繼而思之，須是生死一齊放下。《易》不云乎"窮理盡性，以至于命"？窮理便識得生死，盡性便了得生死，至命便造得生死，如此便無生死可言，所謂一齊放下者，亦成剩語矣。

王文成曰："只存得此心常見在，便是學。"愚謂"常見在"三字極平常，極高遠。孔子之"時習"，孔子之"常見在"也；曾子之"日省"，曾子之"常見在"也；顏子之"四勿"，顏子之"常見在"也；孟子之"勿助勿忘"，孟子之"常見在"也；子思之"戒慎不睹，恐懼不聞"，子思之"常見在"也。無一刻不在，便是至誠之無息，天道之不已。稍雜物欲，則此心時在時不在；全爲物欲所錮蔽，則此心一放而不復在矣。只一心不在，便不可以爲人。"求放心"三字，是起死回生之手。①

以聖賢豪傑爲必不可能，甘心爲不肖者，此無志之凡民也。指悟頭爲了頭，認見成爲聖賢，不事學修之功，謬以食色爲性，竊自負爲不世之豪傑，不知只成一無忌憚之小人而已矣。

問：因果有無？曰：因果有無，俱不必論，第謂忠臣義士含冤地下便以爲殃，而無作善之報，則非也；亂臣賊子含笑九原，便以爲祥，而無作惡之報，則非也。天既成之爲忠臣義士，則忠義便能立命，祥有大焉者乎？天既俾之爲亂臣賊子，則亂賊便是定案，殃莫殃于此矣。一時之賞罰可逃，千秋之衮鉞難掩，② 凛乎可畏，③ 竊莫咎積善不靈也。

邇有讀鹿伯順《説約》者，極服其快論，然謂其論猛，其氣勝，予曰："誠然。"鹿子服膺不降其志，不辱其身，且與人相砥礪，居然鳳翔千仞，俯視流俗。其發金花也，觸神皇帝之怒，而神皇帝不能奪其志；其上書葉首揆座師也，觸首揆之怒，④ 而首揆不能奪其志；其疏辨馬御史也，觸舉朝臺省之怒，而舉朝臺省不能奪其志。嘗題聯官署云："官要錢

---

① 孫子遺書本無本條目。
② "衮鉞"，孫子遺書本作"人也"。
③ "凛"，孫子遺書本作"懔"。
④ "觸"，孫子遺書本作"之"。

瞞不過吏，不怕對天對地對神明，只怕對吏；士無恥成不得人，漫言做聖做賢做豪傑，且言做人。"陸子之喊天喊地，孟子之塞天塞地，鹿子身有之，故其言如此。

謂諸子曰：日悠忽而自謂無事者，不知有本分事也，知有本分事，則耳目精神何日是苟安之日。日經營而自苦多事者，不能無願外心也。能無願外心，則晦明風雨何時非受享之時？諸子請問曰："所求乎子以事父，所求乎弟以事兄，是謂本分事；居也而無求安，食也而無求飽，是無願外心，請益。"曰：親吾親以及人之親，長吾長以及人之長，非願外也。己無求安而願與人共安，己無求飽而願與人共飽，實本分也。素位而行者須不願外。不願乎外者，須行素，此方是君子。于此通徹，纔可言學。

學之頭腦要在識"仁"，學之下手須先求"信"。蓋"仁"者五德之始，所以統四德也；"信"者五德之終，所以成四德也。幾希之仁義禮智，人恒有之，患在不實有諸己耳。

天地間氣有聚散，物因而有成敗。無散而復聚之氣，則無敗而復成之理。先儒亦云："物之敗也，其氣遂盡，無復本厚之理。"造化又焉用此既散之氣耶？①

問：處人之道？曰：不失己，自不失人。敬在君子，而能起君子之敬者，不在君子也；侮在小人，而能卻小人之侮

---

① "散"，孫子遺書本漫漶不清。

者，不在小人也，于己取而已矣。

范景龍昔爲予題一聯云：“樂道人之善，惡稱人之惡。”今逾三十年矣。默自循省，揚善庶其自勉，而隱惡甚愧未能。蓋賦性褊急，是非之心不能混淆，故多不能容。即強爲容矣，非其中之所恬也。① 古人有言：“聞人過失，如聞父母之名。”此豈無當于義而故爲含宏哉？君子一于求己，故不暇責人也。顧厨俊及之禍，正不明其默足容之義，皆所謂不知學者耳。連日覺有口過，書以志警，並告教小子。

戴岩犖來書云：“閑邪固是終始要領，然克治時如此，不知靜中存養時，其實實下手處若何光景？至所云‘勿助無忘’如何節候？”答云：紫陽靜而存養，動而省察，此是真實下手做工夫處。然動靜卻不容分，時時動，動中有靜，時時靜，靜中便有動，所謂動靜無端，陰陽無始。于無念中而忽起一念，此便是動。當省察此念之從理從欲，理則存而欲則克，此是惟精工夫。到得無欲之可克，理不待存，而自無不存，② 此便是惟一工夫。省察在此，存養在此，非謂精矣遂無粗，一矣遂無二。人心道心共域，一罔念遂是人心，一克念遂是道心，道愈高而魔愈大，閑邪是始終要領，而存誠即在閑邪中。君子深造之以道，欲其自得之也，全是省察克

---

① “恬”，孫子遺書本作“適”。

② “不”，原脱，據畿輔叢書文集本補。按，上文有云“省察此念之從理從欲，理則存而欲則克”，則此處“無不存”的肯定表述更加符合文意。

治，而居安資深逢源，便是靜中存養光景。此時亦不必太著力，然深造自得之時，卻不容得一念忽忘、一毫正助，忘與助即邪也。僕嘗聞之“學先不睹不聞地，功在勿忘勿助間”，此實工夫、① 真節候也。無時不戒慎，無時不恐懼，是存養，是不忘戒慎，而非著力，無欲速，是勿助。孔子到從心所欲不逾矩，只是如此存養省察之功，然後有未發之中，中節之和，觀喜怒哀樂未發氣象，此際正可想見存養。

帝降而王，王降而霸，至今日而霸業亦絕響矣，然王風帝德未嘗不浮寄于天覆地載之間。孔、孟有志三代，道雖未行，而道未嘗不明。孔明有儒者氣象，伯淳有王佐才，昔人嘗稱之。予謂陽明之學術事功、真儒名士合并爲一，一洗腐儒曲士之陋習矣。

陽明在贛，諸寇平捷，上設酒，勞諸生曰：“以此相報。”諸生瞿然，陽明曰：“自吾大征及登堂賞罰，直至與諸生相對並較，無少增損，此即諸生之助。”尹吉甫中興歸而飲御，乃在張仲孝友亦此意。益信革車百兩，無異疏水曲肱。②

《大學》“心廣體胖”，《論語》“説樂不愠”，《中庸》“無入不自得”，《孟子》“睟面盎背”，③ 千古至聖大賢，其

---

① “工”，孫子遺書本爲墨丁。
② “疏”，畿輔叢書文集本作“蔬”。
③ “睟”，畿輔叢書文集本作“粹”。

所受享，只有這些子。① 然非可襲取而僞爲也，心廣體胖須本誠意，説樂不愠須本時習，無入不自得須本素位，睟面盎背須本仁義禮智，② 根心隨取隨足，常用常效，不取不足，不用不效。索影于形之外，求響于聲之外，此必不得之數也。

人生自少而壯而老，必先有主張，欲作何等人，欲做何等事，方不惑于他歧，夫子所謂自志學、而立、而不惑者也。到知命時，日用皆天則之流行，神無方，易無體，變動不居，不可爲典要。孔子從心不逾矩，與大舜由仁義行非行仁義，是一個境界。

道不離器，離器何處覓道？性不離形，離形何處覓性？六十四卦之中無一卦非太極也，三百八十四爻之内無一爻非太極也。謝上蔡曰：“灑掃應對，便是形而上者，是在學者自悟耳。”

吾人一日之間，能討得個境閒心靜，便是羲皇以上人。莫看得容易。貧賤人役役于衣食，境固不閒，心何能靜？富貴人擾擾于名利，境愈不閒，心何能靜？非真實見道，安能享此閒靜之福？境非以無事爲閒，心非以無事爲靜，直能行所無事而已，此所以爲難。

人有言“學問要看臘月三十日”，謂此日爲一年之結局

---

① “子”，孫子遺書本作“了”。
② “睟”，畿輔叢書文集本作“粹”。

也。又有言"下棋千盤，末後一著"，謂此著爲一生之結局也。人生難得盡善，此著結得好，從前不善可無論；生平雖多可述，此著結得不好，從前之善亦可無論。微乎危乎，可容一息不慎乎？

不容不思，不容不慮，但思其所當思，慮其所當慮，則思慮漸省矣。不容不講，不容不説，講其所當講，説其所當説，則講説漸省矣。不容不是，不容不非，但是不必于己，非不必于人，則是非漸省矣。

不睹不聞，寂然不動之體。此時無有與之對者，即所謂惟一也。然須無時不戒慎，無時不恐懼，此寂然不動者方無間雜，是之謂惟精。精矣而又覺其粗也；一矣而又覺其二也。文王望道未見之心，孔子何有于我之念，到底是如此。一倦則全體俱非，安有寂然不動之時？

或問：以禮節之，與發皆中節恐不同？曰：未嘗不同，但有安勉之分耳。以禮去節，所謂君子以制數度議德行；發皆中節，所謂樂節禮樂，有從心不逾矩之意。及其知之一也，及其成功一也。

是非好惡，乃士君子行己持世之大端。韓魏公不分黑白，語到小人傾己處，氣益和平，矯與僞俱非也。蓋是非者，致知之源，存其是而去其非，非一味別白于人也。好惡者，力行之實，不使尚，而不使加，亦豈爲人哉？魏公器量過人，澄不清，淆不濁，乃能養國家和平之福，不見顧廚俊及名成而國受其敗者，以虛名受禍，季世君子多犯此病，其默足容，正其沈潛于是非，而不浮動于好惡耳。求己求人，不可不辨。

昔人謂天地之性即我之性，豈有死而遽亡之理？此説亦未爲非，但不知天與我以性，我果能盡，則形雖亡，而此一段精氣神理當自常存于宇宙間。若不能盡，則當生時而神理已亡矣。"朝聞夕可"，謂不聞則罔生耳，與腐草何異？

虞廷授受曰"中"，孔門傳習曰"仁"。克己之己，由己之己，總是一個己，非別有一個己代替此一個己也。人心之心，道心之心，總是此一個心，非又有一個心換去此一個心也。克復而天下歸仁，精一而允執厥中，正非有二意。

明道曰："天理二字，是自己體貼出來。"是無時無處，莫非天理之流行也。精一執中，是堯、舜自己體貼出來；無可無不可，是孔子自己體貼出來；主靜無欲，是周子自己體貼出來；良知，是陽明自己體貼出來。能有此體貼便是其創獲，便是其聞道，恍惚疑似，據不定，如何得聞？從來大賢大儒，各人有各人之體貼，是在深造自得之耳。

激烈不平之氣，皆人心之天理，賢者發之，不肖者絶焉，衆人偶觸而輒散。所貴乎學者，常令此心之天理，既不至絶而散，亦不可過爲奮激。過爲奮激，便流入于俠人節士。憑理不憑氣，認性不認情，此不可不解。

康節云："一動一靜之間，天地人之至妙者。"此語急宜理會。蓋"靜"之一字，殊未易言，而動中習靜，尤未易

致。《易》曰"艮其背""行其庭"。艮背者，心止其所而得靜
也；行庭者，心行而不離乎靜也。見靜非寂然不動，而習靜
正不得離動。考亭稱濂溪爲政精密嚴恕，務盡道理。陽明平
叛猺，擒宸濠，羽檄倥傯之際，但以靜行之，蓋不靜則神浮
氣躁，過則叢脞，不及則遺忘，安能有濟？謝顯道宰應城，
胡安國以典學使者過之，入門見吏卒植立庭中，如土木偶人，
肅然起敬，謂顯道能化及此輩，遂稟學焉。古人云輪刀上
陣，① 時有老衲坐禪消息。凡事到手，隨時隨應，如雁過長
空，影不留痕。所云一動一靜之間，天地人之至妙者，殆庶
幾焉。余耄矣，有志未遂，切有望于同人。

　　不可爲而不爲，安其本分之常，賢者皆知自勉。不可爲
而仍爲，力挽江河之運，非大聖人豈能任？任當其才，則千
鈞可加；任違其常，則一毫亦乖。② 士當自量，不可輕借口，
力不能縛雞，而妄思搏虎，其不爲所噬者幾希。

　　人有言："雅懷每絀于俗慮，濁福不降于清流。"余謂既
牽俗慮，便非雅懷，業名清流，安得濁福？原無兩生之道，
除一分俗，添一分雅，去一分濁，添一分清。以清雅自負而
仍溺于俗慮，享此濁福者，此天下人之同情，奚足當豪傑
之士？

---

　　① "陣"，原作"陳"，據畿輔叢書文集本改。按，《壇經·自序品第一》："思
量即不中用，見性之人，言下須見，若如此者，輪刀上陣，亦得見之。"
　　② "乖"，孫子遺書本爲墨丁。

有包舉一世之意，然後可以尚論一世之人；有包舉千古之意，然後可以尚論千古之人。九德爲天子，六德爲諸侯，三德爲大夫。須九德可位置六德，六德可位置三德，三德可位置一節一藝。如以不忠不孝之人而位置真忠真孝之事，豈能明是非而定功罪乎？曲學豎子未可輕饒舌也。

問：孔子分于道謂之命，形于一謂之性，此何説也？後子思子、孟子俱論性命，其旨與此同與、否與？曰：道渾沌無名。自子分天，丑分地，寅分人，至分人而命始屬于人，故曰分于道謂之命，形于一謂人。各受陰陽剛柔之性，故曰形于一也。《中庸》一言以備之，曰"天命之謂性"，固即夫子之旨耳。然命與性同時畀賦，《孟子》謂"命也有性"，①"性也有命"，亦豈有異于夫子哉？《易》曰："盡性以至命謂性。"② 可以自主而命仍屬之于天，故至誠至聖，功夫只是一盡性。

問：聖人達天下萬世之情而無滯，將何所學而能乎？曰：聖人蓋學于天者也。天有典禮，聖人因而惇庸之，自身而家、而國、而天下，自一世而百世、而萬世。其典禮同則惇庸同，循此是謂大順，倍此是謂大逆。順則家齊國治而天下平，③

---

① "性"上，畿輔叢書文集本有一墨丁。

② "至"，畿輔叢書文集本作"致"。

③ "家"，原作"下"，據畿輔叢書文集本改。按，下文有云"逆則家破國亡而天下喪"，此處對文"順則家齊國治而天下平"符合文意。

逆則家破國亡而天下喪，若響之隨聲、影之隨形，此不易之
理也。

　　觀人之法有三。于人之所不敢爲者，而孟浪爲之，此雖
過當，然其氣不靡；于人之所不堪受者，而俯首受之，此雖
隱忍，然其氣不躁；有情雖不容已，勢必不能赴而宛轉圖維，
務求其達，此雖委折，然其氣更雄。此三者不可以觀無心胸
之庸人，而可以觀有血性之男子。

　　伊川云：“有德之言，如聖人說聖人事也；造道之言，如
賢人說聖人事也。”聖人說聖人事，只是家常茶飯，① 唯其有
之，故其言之親切而有味。賢人說聖人事，則明布條教，望
以爲的，兢兢然惟恐其失墜焉。孟子以後，儒者垂訓立言，
大約皆賢人說聖人事也。

　　張子厚見世人污漫無守，故教人以禮爲先，欲其正容謹
節，有所持循。明道則不然，先教學者窮得物理，理卻從敬
上涵養出來。一從流處溯源，一從源處溯流，此中不無差
別耳。

　　每到事有難處，便覺神思昏惰，氣意消沮，此之咎在心
體未透，用功未純。故有事與無事分，小事與大事分，體不
足以運用，而用每至于遷體。果能深造自得，當無此病痛。

　　大臣當國，須有一段沈深博大之氣，不止容君子，並能

────────────

① “茶”，孫子遺書本爲墨丁。

容小人；不止容小人，幷能化小人爲君子，纔是聖賢心腸，豪傑作用。輕分門户，先橫己見，奪小人應得之物，予小人難堪之名，無惑乎彼之無復顧忌，而恣其反噬之毒也。仁人君子有教養之責者，俱宜念兹。

士未以清節著稱，猶可隨俗俯仰，得一當以策勛立事。至素行皎然者，斷不可苟于榮禄、偷取一時。如漢之唐林、唐尊俱以潔履著名于成、哀之世，號爲“二唐”，後皆仕莽，前修謂何？左思曰：“二唐潔己，乃點乃污。”豈獨莽能污人哉？士君子不可不嚴自律也。

人動嗔，人之欺我，而怪其不情。予曰：第求我不欺人而已矣。我不欺人，亦第平其情而已矣。世人之狙詐相高、詐僞萌生者，總之自見其情而不顧人之情。一平情自無欺人之事，無欺人之語，天下歸無事矣。平情自近情始，能近情則處己不苟，亦不貽人以不安，此中僞不得。

古人論事，辭不合經，事不師古，斷不敢輕與人爭。余謂即有實際本領，可以爭勝于言下，然與其激言之，不如其婉言之。蓋激則廢，婉則成，故理貴直而氣貴平也。不獨君臣朋友之際，父子兄弟之間，俱宜如此。

古人一取一與，各有攸當，非可苟焉而已也。與之當，不唯使人感恩，亦能使人自愛。閔、貢不以一片猪肝累安邑，廉士固未易與也。辭受取與之道，叔世鮮克由禮。大凡與者、取者總一貨之而已矣。

以物讓人者，當示之以可受，而勿貽人以不安；以度容人者，當勿露其所短，而不使人有所愧。貽人不安，人不見德；使人有愧，人且思中矣。

士君子處亂世須以識爲主，不能識微而猥以雄才自負，[①]好士而不能擇人，則浮動之意氣，輕罹法網，從來有心人以此取敗者不少，咎只在不能耐。

郭林宗是大有心人，未嘗忘救世，而極自愛其身，潛用其心目于眾人之中，獎訓士類，唯恐失一士。當時猶有范冉鄙其爲人者。識趣不同，好尚如此，然正不足爲林宗病。顧冉何人，見雖自僻，亦不可無此人立衰俗中。

陳太邱獨弔張讓，康對山往詣劉瑾，二事同類，所爲辱其身以爲人者也。中人後生輩，自不無范冉之見。此等熱腸婆心，亦只可自惬而不必告人，若有矯然好名之心，便顧忌不肯前矣。

庸人只見己之有能，全不見己之有過，所以爲庸人；賢人全見己之有過，絕不見己之有能，所以爲賢人。

處事之道，才、識、膽三者缺一不可，然識爲甚。胸中不先具達識，則才必不充，而膽亦不堅。蜀孟光語任正曰："天下未定，智意爲先，以淳古之風，而當末流之會，了一身一家之事而不足，如何能出而問天下承千古耶？"

---

　　① "雄才"，孫子遺書本爲兩墨丁。

　　竹林諸公縱情于酒，以曠達自負。迹其生平，見魏、晋之際名士少全者，乃始遺落世事，以酣飲爲常，作用不同，皆由全身一念出之，而“達”之一字實未易言。山巨源浮沈稽、阮之中，居世則賢奸共賞，居身則仕隱兼收，是大有權術人。孫綽嘗鄙之，言其仕不仕，隱不隱，亦確論也。王戎一貪鄙巧詐之人耳，富貴已極，而黄壚數語强欲分竹林之席，人且見其肺肝矣。嗣宗負濟世之志，而又有其才，然勸進之事將無不可乎？① 叔夜竟以才高識寡不免于禍，反不若向子期、劉伯倫輩之得以天年終也。豈識果不伯倫輩若耶？以叔夜之才用之以叔夜之識，不足；以伯倫輩之識用之以伯倫之才，有餘。然其苦心極慮，不過曰“苟全性命于亂世”而已矣。達之爲言，恐諸公未可以將就承當也。

　　善居己之長者切不可露人之短，不露人短則人人皆長矣，集衆長爲一長，則其所長也不亦大乎？彼沾沾以長自見，而故以形人，薄道也，非享福之氣。

　　執行路之人而語之曰：“汝欺心也。”彼必不甘受。就英人知士而頌之以“謹獨”，彼亦退然不敢自承。夫不甘受者何心？而不承者又何心也？此豈有真假耶？蓋本心元不自欺，行路不甘受，可驗人心之皆有戒慎工夫，即須臾不離道之君子，到底無歇手之時。彼自謂能謹獨者，皆所謂將就冒認

① “勸”，畿輔叢書文集本作“勤”。

者耳。

《乾》之不能不爲《姤》也，《坤》之不能不爲《復》也。《姤》所積漸而往，勢必至于《坤》；《復》所積漸而往，勢必至于《乾》。此陰陽消息，自然之理，雖聖人不能違。若是，聖人不幾于無權乎？非也。帝降而王，王降而霸，春秋之時霸功且漸微矣。孔子祖堯、舜而憲文、武，春秋之世雖不能轉而爲唐、虞三代，而唐、虞三代之大經大法，千萬世賴孔子而不墮，所謂配天配地配無疆。聖人之太極也，豈隨陰陽之氣數消俱消，而息俱息乎？從古來大聖大賢皆于盈虛消息之中，而有履滿守謙之道，彼不能持世而轉于世者，何足爲有無重輕哉？

問：聞譽而喜，聞毀而怒，何法以破之？曰：我本不能是而譽至，是過情也，① 將抱愧之不暇，胡可喜？我本無是事而毀至，是求全也，將進修之益力，胡可怒？是譽與毀皆足爲益我之地。此便是真實爲己之學，此處不加學力，則鵲噪鴉鳴，皆應發嗔喜矣。

學之淺深卜于藏，玉韞于石，龍蟄于淵，聖夷于愚，故夫子曰：②“不患莫己知。”遁世不知而不悔，爲不厭，③ 誨不

---

① “情”，孫子遺書本作“清”。
② “夫”，孫子遺書本漫漶不清。
③ “爲”，畿輔叢書文集本作“人”。

倦，① 總歸于一默，此中境趣，非等閒人所能窺測也。

不慕榮禄，則心常優閒，優閒則學也常篤；一慕榮禄則心多冗劇，冗劇則學也常疏。故欲俟功成名遂而始從事于學者，天下豈復有實學？豈復有廉吏哉？舉業即在舉業上學，簿書即在簿書上學，便是體用一源。

吾見有爲生計者矣，未見有爲死計者也，爲死計則必思所以全而歸之矣。吾見有爲子孫計者矣，未見有爲身計者也，爲身計則必思所以全而生之矣。人有可以建天地者，天地亦助之；有可以質鬼神者，鬼神亦避之。全生全歸而已矣。

此心無多地，迷悟之介，所關甚大。一悟則上下古今皆爲故物，窮通得喪俱是浮雲，内聖外王，于此取之而足矣。一迷則父子兄弟盡成胡越，耳目肝膽皆爲戈戟，頑冥蠢愚，去禽獸幾何哉？

大凡語言文字到極快意時，便有背道傷教之弊。左氏去先王之教不遠，其所述諸賢議道、② 講禮、憲典、陳法猶有懿德大雅之風，但多言明變，近謡近誣，衰世之文濫觴于兹矣。韓子以謹嚴稱《春秋》，以浮誇加《左氏》，豈誣也哉？《戰國策》或以虞卿作，③ 矯詐蜂出，猶有兵氣。申、韓卑卑名實，事謡詞巧，岻蠣激肆，蕩如于義矣。莊、列之倫，離

---

① “倦”，畿輔叢書文集本漫漶不清。
② “其”，孫子遺書本無此字。
③ “策”，孫子遺書本作“等”。

經畔常，皆亂世之文哉！獨六經、四子之言深淳渾灝，閱古
今而光彩如新，① 真天地古今之至文也。立義不本于經書
者，② 未有不流弊于異日者也。

　士君子處三代之後，不敢望其生而賢聖，或瑕瑜不相掩，
或始瑕而終瑜，皆仁人君子之所不忍棄也。即史册中氣概儼
然，足爲天下後世標表，而細究其生平，不厭人意者亦多。
嘉其改過，則當恕其前愆。嘗見人評古今人物，每以疑信之
心施之悔罪之士，令蒙死竭知之腸猶爲招疑樹愆之幟，豈天
地生生之意，聖人與人爲善之心哉？

　天下無不可爲君子之人，而有不能爲君子之勢。習與衆
君子居，則難乎其爲小人也，非甚庸愚，即欲不爲君子，不
可得也。習與衆小人居，則難乎其爲君子也，非甚明睿，即
欲不爲小人，不可得也。《易》“内君子而外小人”，但使君
子在上，小人在下，則順以從君子，君子不獨爲君子，小人
且恥其爲小人。明王治天下，聖人平人情，如斯而已矣。故
君子之待小人，亦未嘗疾之已甚也。

　先天之學，道之體也。體非可言傳，故曰心由心出，迹
之學也。後天之學，道之用也。用有形可見，故曰迹因迹求，
心之學也。出入有無死生者，道也。出而有爲生，入而無爲

---

① “而”，孫子遺書本無此字。
② “于”，孫子遺書本無此字。“者”，孫子遺書本無此字。

死，此皆陰陽屈伸之所爲，故曰一陰一陽之謂“道”。

《易》之大綱曰：“聖人貴未然之防。”蓋古今治亂，只在君子小人。《復》言“七日來復”，是闗之于未然；《臨》言“八月有凶”，是闗之于未然。故邵子曰：“《易》者，聖人長君子、消小人之具也。”

問：日用間接人待物只覺怗滯。① 曰：此便是未難而先計獲也。吾人心體與天地同流，一爲私欲隔斷，接人待物安得遂合天則？故物來順應非難，而寂然不動爲難；發而中節非難，而未發之中爲難；天下歸仁非難，而一日克復爲難；安人安百姓非難，而修己以敬爲難；不憂不懼非難，而内省不疚爲難；居安資深非難，而深造自得爲難。學者但置力于其難，而不謀利不計功，則“易”者即在其中矣。

人看聖賢太高，便不能合下承當。只今世人所戀而不能割者，一刀兩斷，便是大知大勇，所謂克念作聖是也。明知其不是，而前瞻後顧，有“載胥及溺”耳，于人乎何尤？

孔、顔學術，堯、舜事業，只是個隨分盡心而已。果能隨分盡心，無一毫欺僞，則窮達皆有位育在。

家運之盛衰，天不能操其權，人不能操其權，而己實自操之。父慈子孝，兄友弟恭，男正乎外，女正于内，即貧窶終身，而身型家範爲古今所仰，盛莫盛于此矣。如身無可型

---

① “怗”，畿輔叢書文集本作“粘”。

而家不足範，當興隆之時而識者已早窺其必敗矣。

問：如何使不性急，不負氣？曰：我最怕世人不性急，不負氣也。見善當喜，聞惡當怒。有一種不性急之人，不唯善不喜惡不怒，且有喜人所怒、怒人所喜者，此性之急與不急之驗也。見賢當思齊，見不賢當自省。有一種不負氣之人，不唯不思齊不自省，且忌人之勝我，而妒人之不如我，此氣之負與不負之驗也。子能急所當急，如飢而食，寒而衣，則善矣；負所當負，如升諸天，如墜諸淵，則善矣。

問：繼善、成性作何分別？曰：在造化爲善，在人物爲性，繼之者善，誠之源也；成之者性，誠斯立焉。文清薛子曰："繼之者善，其理一；成之者性，其分殊。"

人心虛靈，最不可有先入之見，然不可不以六經、四書爲先入之見。心有主始不爲旁門曲學所亂，亦所謂先立乎大，則其小者不能奪也。

無血性不可以爲人，有血性終不可以語成人。大凡憤激節烈之事，① 皆從血性而出，到得文之以禮樂，則無知廉勇藝之可名矣。至誠至聖，與天同體，與天同用，歸結於身，不過一喜怒哀樂中節而已，② 憤激節烈之事，未免猶有意在。

問：陽明子謂博約是一齊事，人多病其失序。曰：子十

---

① "之"，畿輔叢書文集本爲空格。
② "一"，畿輔叢書文集本爲空格。

年讀書，將前五年專用之博文，後五年專用之約禮耶？抑隨博隨約，隨約隨博耶？隨博隨約，博中約也；隨約隨博，約後博也。故陽明之言曰："約禮必在於博文，而博文乃所以約禮。二之而分先後焉者，是聖學之不明，而功利異端之説亂之也。"知此，則致良知以格物，格物以致其良知，又何疑焉？

境一換而頓失其故，恒人之情也；閲萬變而不改其常，至人之心也。至人之心與天同運，風雨露雷，晦明寒暑，無日不轉換，而於穆之體自如，純亦不已。非天不足以擬至誠，非至誠不足以同天。天與至誠，一而已矣。

君子所性，雖大行不加，窮居不損，分定故也。識得此分原定，則我大而物小，無處非素位也，大行可，窮居亦可。不識此分原定，則我小而物自大，無處非願外也，窮居不可，大行更不可。同此樂育之乾坤，不能履道坦坦，而自貽伊戚，可哀也。

嘗讀《泰》卦"内君子而外小人"，只此一言，用之不盡。不獨君王借賢人以共治，即士大夫而得一良朋益友以托身托家，則道德有於己而家世平康，[1] 其義不亦重乎？其聚不亦樂乎？故曰："身無一賢曰窮，朋來四方曰達。"

《復》其見天地之心乎？從此葆而勿失，存存不息，自

---

[1] "平"，畿輔叢書文集本作"乎"。

然光輝發越，還我天然完具之體，此所謂誠之者之事。盡人以合天，全恃這些靈露。孟子論夜氣平旦之好惡，與人相近，正謂此也。

一陰一陽之謂道。有陰陽，則不能無剛柔；有剛柔，則不能無善惡；有善惡，則不能無君子小人。然其道以陽統陰，則陰皆爲陽之用；以君子統小人，化枉爲直，則小人皆爲君子之用。故擧皋陶而不仁者遠，擧伊尹而不仁者遠。聖人參贊天地，大功用全在轉小人爲君子。經世宰物之人，不明於此義，不足言用世。

凡物自無而有曰始，自有而無曰終。如一日有一日之終始，一人有一人之終始。知一日一人之終始，則知千百世千萬人之終始。因始而究極其所無始，因終而究極其所無終，總是此一個消息。白沙云：“無極老人無欲教，一番捻動一番新。”其識此消息者乎？

學問先要見出大總腦。總腦不清，則時時有難處之事，在在有難處之人；總腦清，則天下之物盡在我，而不足以增損我。故得喪榮辱俱不足驚吾神、擾吾慮，而日用飲食之間，盡皆性命流行之會。然非閑邪存誠，不足與語此。

天地間極怪異事，皆極平常事，見爲怪異則怪異而已，見爲平常則平常而已。究之，晦冥終不足損乾坤之色，風雨何嘗敗日月之明，天君泰然，一切錯愕震蕩不必留滯。即焕焉爛焉，可垂竹帛而銘鐘鼎，亦與本性無涉也，巍巍乎有天下而不與，只是我大而物小，故能超脱自在。陶公坐高秋，俗士不敢入，陶公自平常，俗士見之，或以爲怪異耳。

　　天地之道，一陰陽盡之矣；陰陽之道，一消長盡之矣。自《復》而《臨》而《泰》而《大壯》而《夬》，以至於《乾》，陽以漸而長也；自《姤》而《遯》而《否》而《觀》而《剥》，以至於《坤》，陰以漸而長也。《復》者陽之息，《乾》者陽之盈；《姤》者陽之消，《坤》者陽之虚；《姤》者陰之息，《坤》者陰之盈；《復》者陰之消，《乾》者陰之虚。消、息、盈、虚，四字循環無端，遂成終古，舉人世一切進退、存亡、始終、生死、大小、長短，皆造化自然之數，一定之理。夫豈有外焉者乎？彼妄言長生者，不能居易俟命，是欲獨立乾坤之外，長爲陰陽之立，此必不得之數也。

　　皇極列五福，而壽居其一。夫壽之所以爲福者，在進德最大，在改過尤急。若過不知悔，悔不及改，只與草木同朽，豈不罔生？子年八十有三，① 一日不填溝壑，一日不敢暴棄。已往之失，務要改圖；方來之愆，定不誤入，聊以答天地之生成，報父母之劬勞。不然日月悠忽，是老而不死，何福之有？書置座右，用以自警。

　　變化氣質，當在持志上醖釀。

　　道可一朝而見，不能一見而熟，此從心不逾矩，必有待

---

① "子"，畿輔叢書文集本與孫子遺書本作"予"。

于七十之時。

昔人謂敦行功小、明學功大，蓋敦行者只得一人爲君子，明學者可令人人爲君子，所以有小大之別。

學不透性，根本不固，一有敗露，便成僞儒矣，戒哉！

學人須是自己作主張，① 得失榮辱，② 如風雨晦明，於太虛有何干涉？

學無自得，剽竊他人，一知半解，強謂了然。如此之病，最難醫治。

天成就人，全在拂意處驗學力。

孔伯問：“儒學本天，釋學本心，心無二理，何以與吾儒異？”曰：心無善無不善，此禪宗也，釋氏本心之説也。性命於天，自是至善無惡，孟子所以道性善，此聖學本天之説也。本天以天地萬物爲一體，故能兼善天下；本心只了當一己，故謂之自私自利。有統體之理，有一偏之理，理有偏全，學術自別。

天地間凡有竅而鳴者，脣舌齒齶以及百族呼號是也；無竅而亦鳴者，③ 雷霆風雨是也；金石絲竹之類，不得人則聲不出，所謂無情待有情也。聖人之用，千古上下，無不生動，能令無情者皆有情、無用者皆有用，所謂天下無棄物無棄

---

① “主”,孫子遺書本作“之”。
② “得失”,畿輔叢書文集本作“失得”。
③ “鳴”,原作“鳴”,據孫子遺書本改。

人也。

　　無極而太極，無而未嘗無也；太極本無極，有而未嘗有也。有而未嘗有，是真有也；無而未嘗無，是真無也；見而未嘗見，是真見也。故陽明曰："無聲無臭，而乾坤萬有基焉。"是無而未嘗無也。又曰："不離日用常行內，[①]直造先天未畫前。"是有而未嘗有也。無而未嘗無，故視聽言動于天則，欲罷而不能；有而未嘗有，故天則穆然，無方無體，欲從而末由。茲顏子之所以爲真也，所以謂能發前人之蘊。彼滯于有而耽于無者，胥失之矣。

　　孩提之不學不慮，即聖人之不思不勉，但要識得不學慮如何是不思勉。[②]日用之共睹共聞，即道體之不睹不聞，但要識得共睹聞如何是不睹聞。聖人一生功力全在此處用，非一識得便了事也。盡人以合天，誠之者之事，生安卻靠不得。大人不失赤子，不知有多少存養在，君子道不可離，不知有多少戒懼在。

　　變動周流，虛以適變，無思無爲，寂以通感，大《易》之訓也。顏子之有若無，實若虛，虛實有無，自不容分之爲兩。學者不能于此參透，不入于二氏，則流爲腐儒矣。

　　道機洋溢，盈天塞地，其循人而現，各因其大小廣狹，

---

　　①　"常"，畿輔叢書文集本作"嘗"。
　　②　"要"，孫子遺書本無此字。

總在己取之而已矣。道不得尸其權，人無所用其力。如有堯、舜之智量，道即循堯、舜之智量而滿；有湯、武、孔、孟之智量，道即循湯、武、孔、孟之智量而滿；以至千秋萬世，智、愚、賢、不肖，莫不各循其智量而滿。無有揀擇，無有遺漏。株而守之，莫非日用之百姓；擴而充之，乃爲君子之中庸。牿亡戕伐，則其違禽獸也不遠矣。聖賢千言萬語，苦心極慮，只是教人不爲禽獸，而人莫之念聽也，哀哉！

《詩》稱文王"不識不知，順帝之則"，正《中庸》所謂"不勉而中，不思而得，從容中道，聖人也"。一有知識，則有思勉，非愚不肖之不及，則又爲賢知之過矣，烏能順帝之則乎？帝之則，"中"也；順帝之則，"和"也。一有知識，則"中"固未易執，"和"固未易致也。然則知識既病道，而知識又不能去心，天下豈有無知無識之人，始可任道乎？是合并其知識，以爲進德修業之用，而開其故運，① 則知識皆爲德性矣。

無志於學問者不必論，有志者又以憤激迫就，不能優游寬裕，終不得心逸日休之趣。夫心之所以逸而休者，宇宙間只有此理，此理苟明，則日用之間，② 靜處應事，讀書接人，莫非性命流行，所謂居安資深而左右逢源。逸莫逸于此，休

---

① "故運"，孫子遺書本爲兩墨丁。
② "間"，原作"間"，據畿輔叢書文集本與孫子遺書本改。

莫休于此矣。優游寬裕莫視爲閒曠。此中至健至嚴，自不費
力耳。

　　生安之人不廢學問，困勉之人果能學問，便與生安同歸，
則學問一事，真飢食渴飲之事。夫子所以好古敏求，發憤忘
食如不及，而猶恐失者，蓋有所深嗜於中，君子之所以自強
不息也。如是爲學，所以時習而説，朋來自遠，遯世無悶。
今人言學，求名聲，較勝負，恃才智，矜功能，大頭既没于
利欲，不能挺拔，安望其養一世之太和，得志而澤加于民，
不得志而修身見于世乎？世所以鮮真儒也。

　　真實學者只平心和易，不求名聲，不逞才智，隨分自盡，
則無時無處非浸灌培益，鞭策磨勵之功，而人亦默受吾浸灌
培益，鞭策磨勵而不覺，此便是有體有用、成己而兼能成物
者也。一味好勝，每事要強人，要人點檢不得，不知此意已
與古人背馳矣。

　　嘗見人有好自匿其情者，以爲隱深之地，人莫予窺也，
吾且托之以自安，[①] 不知人已如見其肺肝矣。聽其言也，觀
其眸子，僞原有不容僞之時，莽、操之奸到底欺不過一人，
小人枉做小人耳。孔明嘗以此料人多中，人奇其智，不知彼
只是於當日人情世故了然于中，故不甚費揣量也。若夫子之
不逆億而先覺，則又進於是矣。至誠之道可以前知，道固如

―――――――――

　　① "托"，孫子遺書本作"記"。

此。康節又於數上精細一番，明道又以爲不必多此耳。①

人莫不艷稱長生，② 夫子獨曰"朝聞夕可"，蓋聞道即長生也，不聞道是謂夭死。古今同此天地，古今同此萬物。我爲天地中之一人，則我聽天地；我爲人中之天地，則天地聽我。我爲萬物中之一物，即自育而不足；我爲一物中之萬物，則育萬物而有餘。天地民物，萬古常新，人亦何爲必欲戀世，以蔽此耳目心思哉？羅文恭"只作一彩雲過目，無心結覽"，真見道之言。

學有根本，有枝葉。在根本上做功最簡要，心逸日休；在枝葉上做功最煩瑣，心勞日拙。

求放心，功夫在慎獨。慎獨是集義，不慎獨是義襲。

慎獨是一統的功夫，千聖萬賢總只是這一件事，無內外，無精粗，無大小，一以貫之。

孔、顏之樂，總只是理義之悦心。人不能有悦心之理義，亦只因有害心之飢渴。出彼入此，出此入彼，雞鳴而起，③人可不慎其所爲哉？

學不長進，病痛只在心不虛。心一不虛，直、諒、多聞之友日在側，而我不能受其益也。舜之好問好察，顏子之問不能、問寡，是實見其皆有師資之益。舜之舍己，顏之克己，

---

① "多"下，孫子遺書本有"如"字。
② "稱"，孫子遺書本漫漶不清。
③ "鳴"，原作"嗚"，據孫子遺書本改。

此處正可想見。

天以窮困拂鬱於我者，正以厚我之生，成我之大也。我不以爲德而反怨天，此之負天也實甚。凡人有德於我者而我不敢忘，卻敢於忘天，真愚人之心也夫。

天地秉氣以生養萬物，而自爲氣之主；心秉氣以管攝萬物，而亦自爲氣之主。心或不定，煩躁瞶亂，① 隨氣浮沈，此之謂役於物者也。從古豪傑之士，只不爲物役而已矣。

學者須先識得此心是何物，此氣是何物，心主得氣是如何氣象，氣役乎心是如何景象，此必用慎獨功夫。

德潤身，心廣體胖，仁義禮智根於心，睟面盎背。樂斯二者，則不知手舞足蹈，此等受用俱不可以言語形容。夫子之樂在其中，顏子之不改其樂，於此可想。周茂叔教二程子尋孔、顏樂處，殆庶幾乎？

《西銘》云：“乾吾父，坤吾母，民吾同胞，物吾與也。”此是“心廣體胖”“睟面盎背”“手舞足蹈”的注疏，學者要須識得。

人刻刻與天相爲流通，蓋吾身之氣無一處不是造化氣機流動，可想“茂對時育萬物”之妙。

常存不滅者，道也，天地生生之機也。人不聞道，形存

---

① “躁”，畿輔叢書文集本作“燥”，孫子遺書本爲墨丁。“瞶”，畿輔叢書文集本與孫子遺書本作“瞶”。按，“瞶”古同“瞶”，意皆作耳聾。

而生理亡矣。苟聞道，則我之動靜語默渾是一道，道在而人在矣。或問：道何以聞？曰：博學，審問，慎思，明辨，篤行，是聞道之工夫。問：聞道後如何？曰：仁義禮智，根心生色，睟面盎背，是聞道之光景。

學者先要有把柄，則日用間著衣吃飯，應事接物，一一都有歸著；無把柄，則茫茫然無所適從，心不能爲身主，身焉能爲事物主？日月空馳，流光虛度，真可惜也。莫不飲食，鮮能知味；誰不由戶，莫由斯道，只是如此。

老夫九十矣，往時見鹿伯順談見利思義，[①] 渠管新餉便不私一文；談見危授命，渠發金花便慷慨認罪，略無引避；談久要不忘，渠一言許從孫閣部入關，便辭吏部司官而赴危疆。此之學在躬行而不在口語者也。邇來談學者口裏極精密，而身上愈疏漏，即自命爲知學於宋儒荆棘林中掉臂橫行者，吾未敢輕信也。

達天德者必固聰明睿知，聰明睿知不固，則不足以達天德矣。故其道從闇而章，的然則日亡矣。戒懼慎獨，遯世不見知而不悔，《易》所云："貞正而固也。"固之時義大矣哉。

人生如逆旅，寧幾何時？不亟自豎立，[②] 思所以不生而存、不死而亡者，以答天地父母生我此身一場。到的啓手啓

---

①　"時"，畿輔叢書文集本無此字。
②　"自"，孫子遺書本作"目"。"豎"，畿輔叢書文集本作"豆"，孫子遺書本作"樹"。

足之際，我所攜之而來者，絕無所攜之而去，①此之生也真
罔生，而死亦徒死耳，豈不可憐？子曰"朝聞夕可"，蓋急
望人之有聞也，又曰："四十五十而無聞，斯不足畏。"顏子
好學，有進無止，使稍爲悠忽三十二歲瞬息過矣，願我同人
互相策勵。

　　古人有一分道德，自有一分氣象，無庸表暴，自不容掩。
封人一見夫子而知其爲天之木鐸，此固封人眼界非常，正見
聖人過化存神之妙。不獨大聖，黃叔度令人鄙吝盡消，魯仲
連、李太白令人不敢言名利事，皆氣象有大過人者。彼不足
起人敬而令人畏者，乃躬自菲薄，非人之咎也。

　　人有三等：上智、下愚與中人。上智、下愚少而中人多。
上智不廢學力而不恃學力，此心常得空明。下愚不知學力爲
何事，此心放逸已久，所謂視不見、聽不聞、食不知味，非
不移也，難移也。獨此中人，乘於物感，不能不恣爲情識，
膠於意見，不能不執爲勝氣，紛紛雲擾，翳我空明。此時而
加意提撕，則空明自若，不然積蔽日深，漸至昏昧，遂成不
移之愚，可不慎哉？上智不費學力，朱子所云"略綽提撕"，
言用力之無多也。人一己百，人十己千，日日提撕，時時提
撕，則愚可明，弱可強矣。學力之時義大矣哉。

　　問：下學即上達，卑邇即高遠，如何？曰：吾夫子一生，

---

　　①　"去"，原作"云"，據畿輔叢書文集本與孫子遺書本改。

日用起居，接人應物，莫非下學，至其精義入神，達天知命，則總在下學卑邇之中，所謂"不離日用常行内，直造先天未畫前"，若分何時爲下學，何時爲上達，何處爲卑邇，何處爲高遠，便於道理割裂。即此推之，形色亦天性，糟粕亦神奇。説心在事上見，説體在用上見，約禮在博文上見，致知在格物上見，内聖外王，一以貫之，原無許多頭緒。

望雅問："鹿先生嘗云五經、四書只一句話可以了當？"曰：千聖萬賢俱是發明此理，只一個隨時隨事體認此理，則五經、四書皆我注脚，還有甚不了當處？然此理包天地，貫古今，歷從來多少帝王賢聖發揮不盡，卻一一全備於我之一身，故曰："讀有字的書，要識無字的理。"有不能領會處，試默默向自身上體驗，便自了當。

友人問：如何是道學？曰：日用間，凡行一事，接一人，無有不當理中情之處，此所謂道也，即所謂學也。必待聚衆上坐開講，擬程擬朱，恐其名是而實非。道學之實不可無，道學之名正不必有。

學問無自得處，到底是襲取，徒切心勞。然非深造，決無自得。果熟則甘香出其中，非覓而得之也。

學問到自得處，便不膠於一轍。雷雖行雨，亦能催晴。認定喜主生，怒主殺，既不得情，烏能知性？

人情難平。惡其不平也，極欲平之，相激相搏，其不平也轉甚，何如靜以俟之？駭浪排天，因風作勢，風恬則浪自寂矣。

　　身隱者無濁名，神隱者無清名。古今抱道之士不必有抱道之名，皆所稱神隱者也。

　　吾心偶得一時之沈靜，便生一時之虛明，此際全無不善念頭，純是一團天理，但善念初發，幾布微眇，游移莫定，急宜培養而擴充之，務令固執，莫使感遇搖撼得動。工夫到此，把持勿用而德成矣。不能如此用力，一念浮雜，便生煩躁，苟且亂動，昏迷縱肆，將何所不至哉？靜躁之分，利害之間，人禽之介也。

　　人生最係戀者過去，最冀望者未來，最悠忽者見在。夫過去已成逝水，勿容係也；未來茫如捕風，無可冀也。獨此見在之頃，或窮或通，時行時止，自有當然之道、應盡之心，乃悠悠忽忽，姑待之異日，諉責於他人，歲月虛擲，壯懷空老，良可浩嘆。

　　子曰：“《乾》《坤》，其《易》之門耶？”能出入是門者，羲、文、周、孔外，顏、曾、思、孟殆庶幾焉，元公、純公、康節亦可謂開關啓籥之人。是道也，非體天地之撰，通神明之德，未可輕以語此。

　　天之明命，無一刻不流行於人倫事物中，能於日用食息真見其流行不已，便自有下工夫處。明道以“鳶飛魚躍”與“必有事焉勿正”之意同者，正謂於飛躍見流行之體，而工夫在勿忘勿助之間。

天有五行，曰：水、火、木、金、土。地有五方，曰：東、西、南、北、中。人有五德，曰：仁、義、禮、知、信。仁之德於五方爲東宫，於五行爲木。義之德於五方爲西宫，於五行爲金。禮之德於五方爲南宫，於五行爲火。知之德於五方爲北宫，於五行爲水。信之德於五方爲中宫，于五行爲土。① 此人所以能參天兩地而稱爲三才，大哉人乎！故《中庸》曰："待其人而後行。"

無執見者多入俗，有執見者又成拗，此好學所以難其人也。

人豈能無意？倏忽間念起念滅，不知凡幾。純乎天而人不與，聖人也。天人參焉者，賢知也。庸愚則知故萌生，情識橫出，間有善念，不能自認，終歸汩没。所賴賢父兄良師友訓迪啓牖，乘其一念之明而夾持之，擴充之，愚可明，柔可强，況質非甚暗，仁可自由，諒不肯自甘暴棄而歸咎於下愚不移。

聖人之性與愚人之性一也，聖人能盡而愚者牿焉。聖人之情與愚人之情一也，聖人能制而愚者縱焉。盡性以制情，所謂性其情也；縱情而牿性，所謂情其性也。聖人之心與釋氏之心，聖人之性與釋氏之性一也，聖人性其心，釋氏心其性，亦所謂毫釐之差，千里之謬耳。

---

① "土"，孫子遺書本爲墨丁。

朱子白鹿洞規條目

整理説明

一、作者生平和主要著述

王澍（1668—1743），江南金壇人。字若林，號虛舟，是清初著名學者，其書法亦堪稱一絕。

王澍於康熙五十一年（1712）中進士，選庶吉士，散館授翰林院編修，累遷户科給事中。工書，善刻印，尤以書名。康熙時以善書，特命充五經篆文館總裁官。雍正初年，改吏部員外郎。兩年後告歸，告歸後益耽書，名播海内。四種書體皆善，特別致力於唐欧阳詢、褚遂良兩家。

晚年書法益工，遠近士大夫家，以金幣請者無虛日。其篆書立軸，結字勻稱端莊，法度分明，規整森嚴。筆劃雖纖細，但筆力内凝，入規出矩。字字結構穩健，火候純熟，頗有法度，乃爲一代書法高手。他凝重醇古的藝術個性，被世人所稱道。清代書法家翁方綱謂其篆書得古法，行書次之，正書又次之，其評價是十分恰當的。

《清史稿》卷五百三有王澍傳。王澍著有《淳化閣帖考

正》《古今法帖考》《虚舟題跋》《竹雲題跋》等。其傳世書
迹較多，其中《篆書軸》，紙本墨迹，縱 123.3 釐米，横
47.2 釐米，藏於故宫博物院。

　　在學術方面，著有《四書集益》六卷，嘉慶四年刊，金
壇于光華編。此外，還有《大學困學録》《中庸困學録》《學
案》（輯）等。

二、《白鹿洞規條目》的主要内容

　　該書是一部儒家著作，儘管輯合衆説，卻條理清晰，内
容詳盡，涉及封建社会家庭倫理道德、個人修養、宦仕爲官
等内容，上至君主，下至普通百姓，都可以從書中獲得寶貴
的政治或人生經驗，是封建社會不同階層的人生修養寶典。

　　《白鹿洞規條目》（以下簡稱《洞規》）特別重視"孝"。
中國歷來提倡孝道，"百善孝爲先"，該書將"父子有規"作
爲開卷第一條目，體現了作者對孝道的重視。

　　首先，作者引用趙岐的話，指出了什麼是"不孝"："於
禮有不孝者三事：阿意曲從，陷親不義，一也。家貧親老，
不爲禄仕，二也。不取無子，絶先祖祀，三也。三者之中，
無後爲大。"關於"孝"的這些提法，對於穩定家庭關係、
增加封建社會家庭成員，都是有益處的。

　　接着，作者轉引了如何做到"孝"。那就是對父母要有

"和氣"。卷一云："孝子之有深愛者，必有和氣；有和氣者，必有愉色；有愉色者，必有婉容。孝子如執玉，如奉盈，洞洞屬屬然如弗勝，如將失之。嚴威儼恪，非所以事親也。"

該書又説，要有孝心，就要有一顆恭敬之心。卷一引孔子曰："今之孝者，是謂能養。至於犬馬，皆能有養；不敬，何以別乎?"

作者認爲"孝"是穩定封建社會的前提和基礎，這和先秦儒家精神是一脈相承的。

對於君主如何治理國家，該書也有很多論述。

該書提倡君主必有道，認爲君主先要正心誠心，君主之心正，是處理好天下之事的重要前提。即：人主心正，則天下事無不正，如卷二云："天下之事，千變萬化，其端無窮而無一不本於人主之心者，此自然之理也。故人主之心正，則天下之事無一不出於正。人主之心不正，則天下之事無一得由於正。"

同時，認爲君主一定要重用賢人，任人唯賢是治理好國家的根本所在。卷二云："自古聖王未有不以求任輔相爲先者也，求任之道，以慎擇爲本。擇之慎，故知之明。知之明，故信之篤。信之篤，故任之專。任之專，故禮之厚而責之重。當之者，自知禮尊而任專，責深而勢重，則挺然以天下爲己任，故能稱其職也。雖有奸諛巧佞，知其交深而不可間，勢重而不可搖，亦將息其邪謀，歸附於正矣。"這些話都是很有見地的。

關於爲臣之道的論述也頗爲獨到。作者認爲臣子爲國君做事，一定是在國君禮盡之後方可，否則不會取得國君足够的信任和恭敬，日後自己的建議就不容易被國君采納。該書卷二引程子言曰："賢者在下，豈可自進以求於君？苟自求之，必無能信用之理。古人之所以必待人君致敬盡禮而後往者，非欲自爲尊大，蓋其尊德樂道之心不如是，不足與有爲也。"

中國儒家歷來十分重視婚姻在社會中的重要作用。因爲婚姻是社會的細胞，婚姻的幸福穩定對於整個封建社會的穩定是非常有益的。

該書對婚姻十分重視，認爲選擇對象不要貪戀富貴，要重視對方的能力與人品，因爲當下的富有並不代表將來一定會富有，而對方的能力和人品是受用終生的。卷三引司馬温公的話説："凡議婚姻，當先察其婿與婦之性行及家法如何，勿苟慕其富貴。婿苟賢矣，今雖貧賤，安知異日不富貴乎？苟爲不肖，今雖富盛，安知異日不貧賤乎？婦者，家之所由盛衰也。苟慕一時之富貴而取之，彼挾其富貴，鮮有不輕其夫而傲其舅姑，養成驕妒之性，異日爲患，庸有極乎？借使因婦財以致富，依婦勢以取貴，苟有丈夫之志氣者，能無愧乎？"

爲了保證婚姻的純潔性，該書對男女如何相處也十分重視。卷三引《禮記注疏》卷二十七云："男不言内，女不言外。非祭非喪，不相授器。其相授，則女授以筐。其無筐，則皆坐，奠之，而後取之。外内不共井，不共湢浴，不通寢席，不通乞假。男女不通衣裳。内言不出，外言不入。男子入内，不嘯不指，夜行以燭，無燭則止。女子出門，必擁蔽其面，夜行以燭，無燭則止。道路，男子由右，女子由左。"這些規定看起來有些嚴格，今天幾乎没有人這樣做了，但是却給我們非常重要的啓示：男女有别，男人女人相處要有分寸，不論是婚前還是婚後，男女都要严格要求自己，这對於保證婚姻的純潔性，都是很有必要的。

對於如何處理家庭關係也有精彩的論述。卷三引《家人》象辭曰："父父子子，兄兄弟弟，夫夫婦婦而家道正，正家而天下定矣。"具體来説，"凡卑幼於尊長，晨亦省問，夜亦安置。坐而尊長過之，則起；出遇尊長於途，則下馬。不見尊長經再宿以上，則再拜；五宿以上，則四拜。賀冬至正旦，六拜；朔望，四拜。凡拜數或尊長臨時減而止之，則從尊長之命"。又引程子曰："正倫理，篤恩義，家人之道也。"

關於如何對待奴婢，也有所論述。卷四云："凡女僕年滿不願留者，縱之；勤奮少過者，資而嫁之；其兩面二舌，飾虚造讒，離間骨肉者，逐之；屢爲盜竊者，逐之；放蕩不謹者，逐之；有離叛之志者，逐之。"

該書對於學習的論述最多，可見該書對學習的重視。

卷六引《學記》説明學習的重要性：“玉不琢，不成器。人不學，不知道。”卷六云：“雖有嘉肴，弗食，不知其旨也；雖有至道，弗學，不知其善也。是故，學然後知不足，教然後知困。知不足，然後能自反也；知困，然後能自强也。”

該書也論述了道德和學習的關係，卷六云：

　　問：“涵養致知，以何爲先？”曰：“涵養本原思索義理，須用齊頭做，方能互相發。若不涵養而專於致知，則是徒然。思索若專於涵養而不致知，則卻又鶻突去了。正當交相爲用，而各致其功耳。”

該書對學習方法也有很多論述，卷六引程子曰：“凡看文字，先須曉其文義，然後可求其意。未有文義不曉，而見意者也。”卷六又云：“公要知爲學，須是讀書。書不必多看，要知其約。多看而不知其約，書肆耳。頤緣少時讀書貪多，如今多忘了。須是將聖人言語玩味，入心記著，然後力去行之，自有所得。”讀書要知大要的方法是非常重要的，至今仍具有重要的啓示意義。

强調讀書要多設疑，並通過思考得到答案。卷六引張子的話：“書須成誦。精思多在夜中，或靜坐得之，不記則思不起，但通貫得大原後，書亦易記。所以觀書者，釋己之疑，明己之未達，每見每知新益，則學進矣，於不疑處有疑，方是進矣。”

該書強調思考的重要性。卷八引周子的話："不思則不能通微，不睿則不能無不通。是則無不通生於通微，通微生於思。故思者，聖功之本，而吉凶之機也。”

該書十分講求讀書的内容及方法。中國的書籍很多，明確應該讀什麼書以及該如何讀書，是很有意義的事情。卷六引藍田吕氏曰："大抵後生爲學，先須理會所以爲學者何事。一行，一住，一語，一默，須要盡合道理。學業則須是嚴立課程，不可一日放慢。每日須讀一般經書、一般子書，不須多，只要令精熟。須靜室危坐，讀取二三百遍，字字句句須要分明。又每日須連前三五授，通讀五七十遍，須令成誦，不可一字放過也。史書，每日須讀取一卷或半卷以上，始見功。須是從人授讀，疑難處便質問，求古聖賢用心，竭力從之。夫指引者，師之功也；行有不至，從容規戒者，朋友之任也。決意而往，則須用己力，難仰他人矣。”該書卷六又引蘇東坡《與王郎書》語："少年爲學者，每一書皆作數次讀之。如欲求古今興亡治亂、聖賢作用，且只作此意求之，勿生餘念。又别作一次，求事迹文物之類，亦如之，他皆放此。若學成，八面受敵，與涉獵者不可同日而語。”

該書強調"居敬"的重要性，認爲居敬持志是讀書之本。卷六引朱子上疏言：“爲學之道，莫先於窮理。窮理之要，必在於讀書。讀書之法，莫貴於循序而致精。而致精之本，則又在於居敬而持志，此不易之理也……此居敬、持志，所以爲讀書之本也。”

對於讀書先後次序，該書有明確的説明。卷六云：“讀書，先讀《大學》，以定其規模；次讀《論語》，以立其根本；次讀《孟子》，以觀其發越；次讀《中庸》，以求古人之微妙處。……句句字字，涵泳切己，看得透徹，一生受用不盡。”

對於對待讀書中出現的問題，強調要多問善問。卷七引《學記》曰：“善問者如攻堅木，先其易者，後其節目，及其久也，相説以解。不善問者反此。善待問者如撞鐘，叩之以小者則小鳴，叩之以大者則大鳴，待其從容，然後盡其聲。不善答問者反此。”卷七又引程子曰：“恥不知而不問，終於不知而已。以爲不知而必求之，終能知之矣。”又卷十云：“質敏不學，乃大不敏。有聖人之資必好學，必下問。若就自家杜撰，更不學，更不問，便已是凡下了。聖人之所以爲聖，也只是好學下問。舜自耕稼陶漁以至於帝，無非取諸人以爲善，況當人乎？”①

同時，強調在學習過程中堅持和積累的重要作用。卷十

---

① “當”字，底本不清，似作“當”，誤。聖人、常人作對比，當作“常”。

云：“學者，自強不息則積少成多；中道而止則前功盡棄。”

　　該書認爲學習的一個非常重要的作用，是能使學者變化氣質。卷十引藍田呂氏曰：“君子所以學者，爲能變化氣質而已。德勝氣質，則愚者可進於明，柔者可進於強。不能勝之，則雖有志於學，亦愚不能明，柔不能立而已矣。蓋均善而無惡者，性也，人所同也；昏明強弱之禀不齊者，才也，人所異也。誠之者所以反其同而變其異也。夫以不美之質，求變而美，非百倍其功，不足以致之。今以鹵莽滅裂之學，或作或輟，以變其不美之質，及不能變，則曰天質不美，非學所能變。是果於自棄，其爲不仁甚矣！”

　　《洞規》對人的行爲有所規定。人立於世間，該如何規範自己的行爲，歷來是一件非常重要的事情，這關涉到了人的素質培養問題。《洞規》輯了許多這方面的內容。卷十二云：“毋側聽，毋噭應，毋淫視，毋怠荒。游毋倨，立毋跛，坐毋箕，寢毋伏，斂髮毋髢。冠毋免，勞毋袒，暑毋褰裳。”又該卷引《曲禮》曰：“坐如屍，立如齊。”又引：“登城不指，城上不呼。將適舍，求毋固。將上堂，聲必揚。戶外有二屨，言聞則入，言不聞則不入。將入戶，視必下。入戶奉扃，視瞻毋回。戶開亦開，戶闔亦闔。有後入者，闔而勿遂。毋踐閾，毋踖席，摳衣趨隅，必慎唯諾。”“帷薄之外不趨，堂上不趨，執玉不趨。堂上接武，堂下布武。室中不翔，並坐不橫肱。授立不跪，授坐不立。”“凡視，上於面則傲，下於帶則憂，傾則奸。”

《洞規》十分關注人的身心健康。現在，我國提倡素質
教育，關注人的全面發展，這是非常必要的。《洞規》對人
的健康問題不僅有所論及，而且討論得非常詳細。例如，人
生氣是必然的，不可避免的，但是人要想辦法抑制自己的憤
怒。卷十三云：“人之情，易發而難制者，惟怒爲甚。第能於
怒時，遽忘其怒，而觀理之是非，亦可見外誘之不足惡，而
於道亦思過半矣。”該書還認爲大禍都是來自不忍，主張與人
相處要忍讓。卷十三又引和靖尹氏曰：“莫大之禍，起於須臾
之不忍，不可不謹。”又云：“須是慈祥和厚爲本。”

又如，人雜念多了對於身心健康不利，如何克制人的雜
念？《洞規》有所論述。卷十四云：

　　問：“人之思慮，大段邪僻者卻容易制。惟是許多無
頭面不緊要之思慮，不知何以制之？”曰：“此亦無他，
只是覺得不當思量底，便莫要思量，便從腳下做將去。
久久純熟，自然無此等思慮矣。若更加以讀書窮理底工
夫，則去那般不正當底思慮，又何難之有！”

　　問：“居常苦私意紛擾，雖既覺悟而痛抑之，然竟不
能得潔淨。”曰：“惟其此心無主宰，故爲私意所勝。若
常加省察，使良心常在，見破了這私意只從外面入。縱
饒有所發動，自家這裏亦容他不得。此事須是平日著工

夫，若待他起後方省察，殊不濟事。"

　　《洞規》還有很多關於誡子的言論。卷十四引柳直清誡子弟曰："壞名災己，辱先喪家。其失尤大者五，宜深志之。其一，自求安逸，靡甘淡泊。苟利於己，不恤人言。其二，不知儒術，不悦古道。懵前經而不恥，論當世而解頤。身既寡知，惡人有學。其三，勝己者厭之，佞己者悦之，惟樂戲談，莫思古道。聞人之善嫉之，聞人之惡揚之。浸漬頗僻，銷刻德義，簪裾徒在，廝養何殊。其四，崇好優游，耽嗜麴蘖。以啣杯爲高致，以勤事爲流俗。習之已荒，覺已難悔。其五，急於名宦，暱近權要，一資半級，雖或得之，衆怒群猜，鮮有存者。餘見名門右族，莫不由祖先忠孝勤儉以成立之，莫不由子孫頑率奢傲以覆墜之，成立之難如升天，覆墜之易如燎毛，言之痛心，爾宜刻骨。"這些對於我們今天的家庭教育都有重要借鑑意義。

　　《洞規》告誡人們不要有太多物欲，提倡勤儉，這一點對於當今社會仍具有重要意義。卷十四云："人於外物奉身者，事事要好，只有自家一個身與心卻不要好。苟得外面物好時，卻不知道自家身與心已先不好了也。"又該卷引司馬温公曰："儉德之共也，侈則多欲。君子多欲則貪慕富貴，枉道速禍。小人多欲則多求妄用，敗家喪身，是以居官必賄，居鄉必盗。故曰：侈，惡之大也。"

　　《洞規》又引胡文定公曰："人須是一切，世味澹泊方好，不要有富貴相。孟子謂：'堂高數仞，食前方丈，侍妾數百人，我得志弗爲。學者須先除去此等，常自激昂，便不到得墜墮。'"該卷又引張文節公曰："由儉入奢易，由奢入儉難。"又引汪信民曰："人常咬得菜根，則百事可做。"又引河津薛氏曰："人之饗用，當各量其分，薄功而厚饗，鮮不仆矣。人欲無涯而物力有限，不以禮節之，安知所窮極乎？"該卷又云："衣食之類，本爲養生之具，不可闕者，故聖人爲治，必開衣食之源，以厚民生。故衣食飽暖足矣。若過求華麗之衣，極口腹之欲，是養小失大，君子不爲也。蓋衣食取足，天理之公。過爲華侈者，人欲之私，君子謹之。"

　　人要善於改過。例如卷十六：

　　　問："氣質昏蒙，作事多悔：有當下便悔時，有過後思量得不是方悔時，又有經久所爲因事機觸得而悔時。方悔之際，惘然自失，此身若無所容！有時恚恨至於成疾。"朱子曰："既知悔時，第二次莫恁地便了，不消得常常地放在心下。"又曰："'悔'字難説。既不可常存在胸中以爲悔，又不可不悔。若只説不悔，則今番做錯且休，明番做錯又休，不成説話。"問："如何是著中底道理？"曰："不得不悔，但不可留滯。既做錯此事，他時更遇此事，或與此事相類，便須懲戒，不可再做錯了。"

對於如何處事，如何待人接物，《洞規》也有較多論述。卷十八引程子曰："今人主心不定，視心如寇賊而不可制，不是事累心，乃是心累事。當知天下無一物是合少得者，不可惡也。"又云："略有與人計較短長意，即是渣滓消鎔未盡。""人遇拂亂之事，愈當動心忍性，增益其所不能，所行有窒礙處，必思有以通之，則智益明。""人譽己，果有善，但當持其善，不可有自喜之心，無善則增修焉，可也。人毀己，果有惡，即當去其惡，不可有惡聞之意，無惡則加勉焉，可也。"這些話至今仍具有一定的教育意義。

反對封建迷信，處處體現出無神論者的風采。

首先，認爲人死後没有天堂地獄之分，反對佛教天堂地獄之説。卷一云："爲死者滅罪資福，使生天堂，受諸快樂。不爲者，必入地獄，剉燒春磨，受諸苦楚。殊不知，死者形既朽滅，神亦飄散，雖有剉燒春磨，且無所施。又況佛法未入中國之前，人固有死而復生者，何故都無一人誤入地獄，見所謂十王者邪？此其無有而不足信也明矣。"

反對世上有神仙鬼神之説。卷九引河津薛氏曰："萬物始終，乃陰陽造化自然之理。神仙者，必欲超出陰陽造化以長存……何千百年不見一人在世邪？"又引程子曰："今日雜信鬼怪異説者，只是不先燭理。若於事上一一理會，則有甚盡期？須只於學上理會。"又引張子答範巽之書曰："所訪物怪神奸，此非難語，顧語未必信耳。孟子所論'知性''知天'，學至於

107

知天，則物所從出，當源源自見。知所從出，則物之當有當無，莫不心諭，亦不待語而後知。諸公所論，但守之不失，不爲異端所劫。進進不已，則物怪不須辨，異端不必攻。不逾期年，吾道勝矣。若欲委之無窮，付之以不可知，則學爲疑撓，智爲物昏，交來無間，卒無以自存而溺於怪妄必矣。"卷九云："聖人順天理而盡人倫，釋氏逆天理而滅人倫。身體髮膚受之父母，不敢毁傷，人之大孝也。夫婦、配偶所以承先世之重，延悠遠之緒，人之大倫也。釋氏乃使人禿其髮，絶其配，不孝絶倫之罪大矣。釋氏逃世滅倫以爲潔正，猶仲子辟兄離母以爲廉也。是安可以其小者信其大者哉？"

《洞規》也有一些糟粕。孝，是中華民族的傳統美德，該書中有很多精彩論述，但是也存在一些封建糟粕思想，例如認爲"孝"要"逆來順受"，卷一引《内則》曰："父母有過，下氣怡色，柔聲以諫。諫若不入，起敬起孝。説則復諫。不説，與其得罪於鄉黨州閭，寧孰諫。父母怒，不説，而撻之流血，不敢疾怨，起敬起孝。"《洞規》有些言論還明顯表現出對婦女的歧視，如三從四德，七出三不出，餓死事小、失節事大等，在今天看來，不免有些迂腐。

三、學術價值

首先，該書輯合宋儒及孔孟等先賢的言論，條理清晰，不漏不繁，不重複，不紛亂，結構清晰，科學合理。正如王澍在《自序》三中説："無怪然學者不欲學聖人則已，欲學聖人，則格物不可以不盡，讀書不可以不力，程朱之書不可以不講。欲窮程朱之書而不始於讀書格物，即終不得其門而入。於是雜取其説，用輔氏漢卿集朱子讀書法例，捃摭簡括，分流別派，舉綱張目，而各從其類。不漏不繁，不複不亂，循是以窺程朱之大全，更循是以窺聖賢之奧突。"

其次，《洞規》在内容上具有非常重要的價值，上可以治理天下，下可以修身齊家。正如王澍在《自序》一中所説："上之所以教，下之所以學，舍是即亡，所用舉而行之，雖以治天下，可也。""《洞規》事天之學也，以是爲學，盡性也；以是爲教，修道也。人能修道盡性以達於天，雖以之爲堯舜，可也。"又於《自序》二云："儻有力學之士，略其僭妄之愆，以謂頗有芻蕘之一得，舉凡持身應物，出入起居，一以此書爲案，身體而力行之，務期一動一言俱可與此書相質證而後已。體驗之久，功力熟精，俾心與理相涵，身與道爲一，則其所造，豈特如世俗偏長一曲之學已哉？"

再次，該書是儒學入門之階梯。王澍在《自序》三云："譬升高山，此爲其階；譬入暗室，此爲其炬。舍此求進，吾蓋未之見也已。""夫布指可以知寸，布手可以知尺，布心可以知天下之權衡。不由是也，其不盲於心矣乎？"

　　另外，《洞規》的教育思想具有非常重要的學術價值，尤其是其教育目的在於改變人的氣質，促進人的全面發展的提法，至今仍然值得我們借鑑和學習。我認爲，在促進人的全面發展方面，古人有很多深入的思考。他們不僅關注到了如何學習知識，更關鍵的是關注到了人的全面發展，包括人的身心健康，這是非常重要的事情。我們現在的教育，在某種程度上，需要借鑑古人的成功經驗。

　　此書傳世版本只有清乾隆年間金壇王氏所刻《積書嚴六種》本，國家國書館、首都圖書館、安徽省圖書館、清華大學國書館所藏皆爲此本。清華大學藏本由齊魯書社於1997年收入《四庫全書存目叢書》影印出版，此次點校即以此影印本爲底本。

　　校本主要利用了臺灣商務印書館影印《文淵閣四庫全書》中的《晦庵集》《四書蒙引》《禮記大全》《理學類編》《御定小學集注》《性理大全書》《御纂性理精義》《豫章文集》《讀書録》《册府元龜》《説郛》《四書或問》《讀書分年日程》《朱子讀書法》《西山讀書記》等，此外還利用了中華書局1979年影印清阮元《十三經注疏》中的《孟子注疏》《周易正易》《禮記正義》等，以及上海古籍出版社2012年版《朱子近思録》、中華書局1986年版《朱子語類》等。

　　本書的整理主要做了如下工作：

　　一、標點全書。《洞規》迄今未見今人標點本，底本亦無斷句。此次整理用現代標點符號對全書做了標點。

　　二、校勘異同。因爲《洞規》是輯合衆家之作，因此在校勘過程中，如果能找到原書的，都和原書内容做了比對，發現異同時，不校改該書文句及字詞，只是在頁下注出異同，以便讀者比較。

　　三、底本漫漶不清之處，都和所引據之原書做了比較，之後分析辨認確定《洞規》的文句。

　　本書完成過程中，在查找資料、文字校對等方面得到宋繼孔、畢麗麗、陳姍姍、吳江、劉女娘、張晶晶、劉靖雯等研究生的幫助，在此對他們表示衷心的感謝！

自序一

　　人之所以爲人者，性而已矣。學者所以成性也，教則所以興學者也。先王之世，黨有庠，術有序，國有學，故其时教化翔洽，風淳俗美。父父子子，兄兄弟弟，夫夫婦婦，莫不各得其性而一于理。人知有學，家知有教，邪說滅息，奸僞不起，此繇教化漸劘之深，非獨風氣淳麗故也。及至于秦，銷刻德義，尊用名法，廢先王之道，燔列聖之經，上不知教，下不知學，棼棼泯泯，民無所措手足，三代聖人教育之方，于是大壞。漢興，承秦之弊，得之馬上而不能治，《詩》《書》之氣，厄塞屏絕，民志無所興起，延百餘年。至于文景之間，兵革不試，太平無事，乃稍稍破除故習，開挾書之禁，引用儒生，先聖遺經于是間出于煨燼之餘矣。而賈董之徒，抱殘守闕，未窺先聖緼奧，零星補綴，千創百孔，專一不通，于世教民心，終不能大有補益。晋唐以下亦無聞焉。至于有宋，天起生民，真儒並出，濂洛關閩諸子，後先接迹，互爲維持，開盲聾，起僵仆，導清源，遏狂流。三代聖人之道，千數百年之間所厄塞屏絕不興于民者，至於兹而始得大明也，於虖可謂盛也已矣。朱子生濂洛後，遠本先聖遺經，近守周程明教，與其徒反覆講切，轉相倡導，《六經》《四子》，外如《小學》《近思》，其尤深切著明者也。而其簡而該，詳而密，切而有條者，尤莫如《白鹿洞規》。上之所以教，下之所以學，舍是即亡，所用舉而行之，雖以治天下，可也。澍生也晚，學殖荒略，未窺朱子牆壁，顧嘗讀《白鹿洞規》，以爲雖聖人復起不能易也。乃竊取《小學》《近思》成例，捃拾先聖賢之言，以《洞規》爲綱，中分支派，從類條析，勒成二十卷。始自戊寅四月，迄癸未十月中。更六年，三易稿而定名，曰《白鹿洞規條目》。吾聞之，道之大，原出于天。天命不已，人事日起而有功。聖人知天之不可棄也，是故等倫有辨，學問有序，教養有方，動作有守，以一其民，民亦不強而從之，代天之工而已矣。後世道術不明，不因天而開人，但因心以立制。推之無本，行之不恕，意非不勤，知營力取，去人性遠矣。《洞規》事天之學也，以是爲學，盡性也；以是爲教，修道也。人能修道盡性以達于天，雖以之爲堯舜，可也。金壇王澍書。

自序二

　　予始得饒仲元先生所定《學規》，以《朱子白鹿洞規》爲首，而以程、董二先生《學則》繼之。一提其綱，一詳其目，本末相須，巨細畢舉，所以示人入德之方，用力之要者，無所不備矣。既而得真西山先生《教子齋規》，與程、董《學則》大致相似，而其間亦互有異同，不欲于其後更多贅設。故敢竊取《教子齋規》之所詳，補《學則》之所略，更復參之《小學》，暨有宋先儒緒説，以備二書之遺，兼以疏通《白鹿洞規》大旨。既又見顧涇陽先生《東林書院會約》，以《白鹿洞規》舉似同人，[①] 而於其前，特揭孔子并顏、曾、思、孟四賢以爲之標準，而一其趣。向其吃緊爲人之意，又有倍加深切而著明者。獨其所標舉一聖四賢之精微，頗覺未盡，不揣固陋，輒復補而詳之。更念敬者，聖賢始終之要，古昔聖賢之所以爲諸己、教諸人者，舉不外此。因復以朱子《敬齋箴》殿於其後，以爲一書之樞紐而示學者，以執簡御

----

　　① "似"，或"示"之誤，底本亦作似。存疑，不妄改。必音同而誤。

繁之功。士希賢，賢希聖，其綱領之要，節目之詳，具列于
此。儻有力學之士，略其僭妄之愆，以謂頗有芻蕘之一得，
舉凡持身應物，出入起居，一以此書爲案，身體而力行之，
務期一動一言俱可與此書相質證而後已。體驗之久，功力熟
精，俾心與理相涵，身與道爲一，則其所造，豈特如世俗偏
長一曲之學已哉？良常王𥌓書。

自序三

　　大學之教，格物爲先，讀書其要也。欲入聖人之門而不由是，即不得其門而入。程子、朱子已爲之抽關啓鑰矣。顧學者苦其汗漫不見端緒，終以廢棄程朱之書，本學者之所苦。格致之説，自王伯安以來病之矣，而其説又汗漫不見端緒，則其望而卻走，不能審詰指歸也。無怪然學者不欲學聖人則已，欲學聖人，則格物不可以不盡，讀書不可以不力，程朱之書不可以不講。欲窮程朱之書而不始于讀書、格物，即終不得其門而入。於是雜取其説，用輔氏漢卿集《朱子讀書法》例，捃摭簡括，分流別派，舉綱張目，而各從其類。不漏不繁，不複不亂，循是以窺程朱之大全，更循是以窺聖賢之奥突。譬升高山，此爲其階；譬入暗室，此爲其炬。舍此求進，吾蓋未之見也已。夫布指可以知寸，布手可以知尺，布心可以知天下之權衡。不由是也，其不盲于心矣乎？癸未中秋後一日，金壇王澍書。

朱子白鹿洞規

父子有親

君臣有義

夫婦有別

長幼有序

朋友有信

右五教之目，堯舜使契爲司徒，敬敷五教，即此是也。學者學此而已，而其所以學之之序，亦有五焉，其別如左。

博學之

審問之

慎思之

明辨之

篤行之

右爲學之序。學問思辨，所以窮理也。① 若夫篤行之事，則自修身以

---

① 此段引文見中華書局 1930 年版《四部備要》本《五種遺規·養正遺規》卷上《白鹿洞揭示》第 1 頁，"所以"上有"四者"二字。以下凡引此書皆爲此本，一律簡稱《白鹿洞揭示》，不再標注版本。

至處事接物，亦各有要，其別如左。

　　言忠信

　　行篤敬

　　懲忿

　　窒欲

　　遷善

　　改過

　　右修身之要

　　正其誼，不謀其利。

　　明其道，不計其功。

　　右處事之要

　　己所不欲，勿施於人。

　　行有不得，反求諸己。

　　右接物之要

　　熹竊觀古昔聖賢所以教人爲學之意，莫非使之講明義理，以修其身，然後推以及人。非徒欲其務記覽，爲辭章，[①] 以釣聲名、取利禄而已也。今之爲學者，則既反是矣。然聖賢所以教人之法，具存于經。有志之士，固當熟讀深思而問辨之。苟知理之當然，[②] 而責其身以必然，則夫規矩禁防之具，

---

① 《白鹿洞揭示》第 1 頁，"辭"作"詞"。

② 《白鹿洞揭示》第 2 頁，"理"上有"其"字。

豈待他人設之，而後有所持循哉。近世于學有規，其待學者
爲已淺矣。而其爲法，又未必古人之意也。故今不復以施于
此堂，而特取凡聖賢所以教人爲學之大端，條列如右，而揭
之楣間。諸君其相與講明遵守，而責之于身焉，則夫思慮云
爲之際，其所以戒謹恐懼者，① 必有嚴于彼者矣。其有不然，
而或出於此言之所棄，則彼所謂規者，② 必將取之，固不得
而略也。諸君其亦念之哉！

---

① 《白鹿洞揭示》第 2 頁，"恐懼"上有"而"字。
② 《白鹿洞揭示》第 2 頁，"謂"作"爲"。

卷之一

王澍類編

父子有親

《列女傳》曰：古者婦人妊子，寢不側，坐不邊，立不蹕，不食邪味。割不正不食，席不正不坐，目不視邪色，耳不聽淫聲，夜則令瞽誦《詩》，道正事。如此，則生子形容端正，才過人矣。

《內則》曰：凡生子，擇於諸母與可者，必求其寬裕慈惠，温良恭敬，慎而寡言者，使爲子師。子能食食，教以右手；能言，男“唯”女“俞”。男鞶革，女鞶絲。六年，教之數與方名。七年，男女不同席，不共食。八年，出入門戶，及即席飲食，必後長者，始教之讓。九年，教之數日。十年，出就外傅，居宿於外，學書計；衣不帛襦袴；禮帥初，朝夕學幼儀，請肄簡、諒。十有三年，學《樂》，誦《詩》，舞《勺》。成童，舞《象》，學射御。二十而冠，始學禮，可以衣裘帛，舞《大夏》，惇行孝弟，博學不教，内而不出。三十而有室，始理男事，博學無方，孫友視志。四十始仕，方物出謀發慮，道合則服從，不可則去。五十命爲大夫，服官政。七十致事。女子十年不出，姆教婉娩聽從，執麻枲，治絲繭，織紝組紃，學女事，以共衣服。觀於祭祀，納酒漿、籩豆、菹醢，禮相助奠。十有五年而笄，二十而嫁。有故，二十三年而嫁。聘則爲妻，奔則爲妾。

子婦有勤勞之事，雖甚愛之，姑縱之，而寧數休之。子婦未孝未敬，勿庸疾怨，姑教之；若不可教，而後怒之；不可怒，子放婦出，而不表禮焉。

《曲禮》曰：幼子常視毋示同毋誑，立必正方，不傾聽。

《弟子職》曰：先生施教，弟子是則。温恭自虛，所受是極。見善從之，聞義則服。温柔孝弟，毋驕恃力。志無虛邪，行必正直。游居有常，必就有德。顔色整齊，中心必式。夙興夜寐，衣帶必飭。朝益莫習，小心翼翼。一此不懈，是謂學則。

孔子曰：愛之，能勿勞乎？忠焉，能勿誨乎？

《孟子》曰：中也養不中，才也養不才，故人樂有賢父兄也。如中也棄不中，才也棄不才，則賢不肖之相去，其間不能以寸。

公孫丑曰："君子之不教子，何也？"孟子曰："勢不行也。教者必以正。以正不行，繼之以怒。繼之以怒，則反夷矣。夫子教以正，① 夫子未出於正也，則是父子相夷也。父子相夷，則惡矣。古者易子而教之，父子之間不責善，責善則離，離則不祥莫大焉。”

石礄曰：愛子者，教之以義，方弗納於邪。

《顏氏家訓》曰：父子之嚴，不可以狎；骨肉之愛，不可以簡。簡則慈孝不接，狎則怠慢生焉。

程子曰：古人生子，自能食能言而教之。大學之法，以豫爲先。人之幼也，知思未有所主，便當以格言至論日陳於前，雖未曉知，且當薰聒，使盈耳充腹，久自安習，若固有之。雖以他言惑之，不能入也。若爲之不豫，及乎稍長，私意偏好生於内，衆口辨言鑠於外，② 欲其純完，不可得也。

張子曰：教小兒先要安詳恭敬。今世學不講，男女從幼便驕惰壞了，到長益凶狠。只爲未嘗爲子弟之事，則於其親已有物我，不肯屈下。病根常在，又隨所居而長，至死只依舊。爲子弟，則不能安灑掃應對；接朋友，則不能下朋友；有官長，則不能下官長；爲宰相，則不能下天下之賢。甚則至於狥私意，義理都喪也，只爲病根不去，隨所居所接而長。

---

① 此段引文見中華書局 1979 年影印清阮元《十三經注疏》本《孟子注疏》第 2722 頁中，“教”下有“我”字。以下凡引此書皆爲此本，一律簡稱《孟子注疏》，不再標注版本。

② 此段引文見上海古籍出版社 2012 年版《朱子近思録》卷十一第 115 頁，“辨”作“辯”。以下凡引此書皆爲此本，一律簡稱《朱子近思録》，不再標注版本。

　　朱子曰：君子之學以誠其身，非直爲觀聽之美而已。古之君子以是行之其身，而推之以教其子弟，莫不由此。此其風俗所以淳厚，而德業所以崇高也。近世之俗不然。父兄所以教其子弟，固已使之假手程文，以欺罔有司矣。新學小生，自爲兒童時，習見其父兄之誨，因恬不以爲愧，而安受其空虛無實之名。內以傲其父兄，外以驕其閭里，終身不知自力。以至卒，就小人之歸者，未必不由此也。故凡爲父兄有愛其子弟之心者，[①]　當爲求明師良友，使之究義理之指歸，而習爲孝弟馴謹之行，以誠其身而已。爵祿之不至，[②]　名譽之不聞，非所憂也，何必汲汲使之俯心下首，務欲因人成事，以倖一朝之得，[③]　而詒終身之羞哉！

　　新安陳氏曰：父之於子，正身率之以責善，望師友固也。然遇不肖之子，[④]　不得已亦當教戒之。[⑤]　若懼傷恩，而全不教戒，及其不肖，徒諉曰："其子之賢不肖，皆天也。"此所謂慈而敗子矣。右父道。

---

　　①　此段引文見臺灣商務印書館1986年影印清文淵閣四庫全書本《晦庵集》卷七十四，第1145冊第515頁，"凡爲"作"今勸諭縣之"。以下凡引此書皆爲此本，一律簡稱《晦庵集》，不再標注版本。

　　②　《晦庵集》卷七十四，第1145冊第515頁，"爵祿"作"祿爵"。

　　③　《晦庵集》卷七十四，第1145冊第516頁，"倖"作"幸"。

　　④　此段引文見臺灣商務印書館1986年影印清文淵閣四庫全書本《四書蒙引》卷十二，第206冊第565頁，"肖"作"賢"。以下凡引此書皆爲此本，一律簡稱《四書蒙引》，不再標注版本。

　　⑤　《四書蒙引》卷十二，第206冊第565頁，"當"下有"自"字，"戒"後無"之"字。

《内則》曰：子事父母，雞初鳴，咸盥漱，櫛、縰、笄、總、拂髦、冠、緌、纓、端、韠、紳，搢笏。左右佩用。偪屨，著綦。婦事舅姑，如事父母。雞初鳴，咸盥漱，櫛、縰、笄、總、衣紳。左右佩用，① 衿纓，綦屨。以適父母舅姑之所。及所，下氣怡聲，問衣燠寒；疾痛苛癢，而敬抑搔之。出入，則或先或後，而敬扶持之。進盥，少者奉槃，長者奉水，請沃盥，盥卒，授中。② 問所欲而敬進之，柔色以溫之。男女未冠笄者，雞初鳴，咸盥漱，櫛、縰、拂髦，總角，衿纓，皆佩容臭。昧爽而朝，問何食飲矣。若已食，則退；若未食，則佐長者視其。③ 父母舅姑將坐，奉席請何鄉；將衽，長者奉席請何趾，少者執牀與坐。御者舉几，斂席與簟，縣衾，篋枕，斂簟而襡之。父母舅姑之衣、衾、簟、席、枕、几，不傳；杖、屨，祇敬之，勿敢近；敦、牟、卮、匜，非餕莫敢用；與恒飲食，④ 非進，⑤ 莫之敢飲食。在父母舅姑之所，有命之，應唯，敬對。進退周旋慎齊，升降出入揖游。不敢噦噫、嚏咳、欠伸、跛倚、睇視，不敢唾洟。寒不敢襲，

---

① 此段引文見中華書局 1979 年影印清阮元《十三經注疏》本《禮記正義》卷二十七第 1461 頁中，"佩用"作"紛帨"。以下凡引此書皆爲此本，一律簡稱《禮記正義》，不再標注版本。

② 《禮記正義》卷二十七第 1461 頁下，"中"作"巾"。

③ 《禮記正義》卷二十七第 1462 頁上，"其"作"具"。

④ 《禮記正義》卷二十七第 1462 頁上，"飲食"作"食飲"。

⑤ 《禮記正義》卷二十七第 1462 頁上，"進"作"餕"。

癢不敢搔。不有敬事，不敢袒裼。不涉不撅。褻衣衾不見裏。父母唾洟不見。冠帶垢，和灰請漱；衣裳垢，和灰請澣；衣裳綻裂，紉箴請補綴。少事長，賤事貴，共帥時。

子婦孝者敬者，父母舅姑之命，勿逆勿怠。若飲食之，雖不耆，必嘗而待；加之衣服，雖不欲，必服而待；加之事，人代之，[1] 己雖不欲，[2] 姑與之而姑使之，而後復之。

子婦無私貨，無私畜，無私器，不敢私假，不敢私與。婦或賜之飲食、衣服、布帛、佩帨、茝蘭，則受而獻諸舅姑；舅姑受之，則喜，如新受賜；若反賜之，則辭；不得命，如更受賜，藏以待乏。婦若有私親兄弟，將與之，則必復請其故，賜而後與之。

父母有婢子，若庶子庶孫，甚愛之，雖父母沒，沒身敬之不衰。子有二妾，父母愛一人焉，子愛一人焉，繇衣服飲食，繇執事，毋敢視父母所愛，雖父母沒不衰。子甚宜其妻，父母不說，出；子不宜其妻，父母曰："是善事我，子行夫婦之禮焉。"沒身不衰。

舅沒則姑老，冢婦所祭祀賓客，每事必請於姑。介婦請於冢婦。舅姑使冢婦，毋怠、不友、無禮於介婦。舅姑若使介婦，毋敢敵耦於冢婦，不敢並行，不敢並命，不敢並坐。

---

① 《禮記正義》卷二十七第 1462 頁下，"代"作"待"。
② 《禮記正義》卷二十七第 1462 頁下，"不"作"弗"。

凡婦，不命適私室，不敢退。婦將有事，大小必請於舅姑。

《曲禮》曰：凡爲人子之禮，冬溫而夏凊，昏定而晨省。出必告，反必面；所游必有常，所習必有業；恒言不稱老。

凡爲人子者，居不主奥，坐不中席，行不中道，立不中門。食饗不爲概，祭祀不爲尸。聽於無聲，視於無形。不登高，不臨深，不苟訾，不苟笑。

父召無諾，先生召無諾，唯而起。

父子不同席。

父母存，不許友以死。

爲人子者，父母存，冠衣不純素。孤子當室，冠衣不純采。

《坊記》曰：父母在，不敢有其身，不敢私其財，示民有上下也。饋獻不及車馬，示民不敢專也。

《玉藻》曰：父命呼，“唯”而不“諾”，手執業則投之，食在口則吐之，走而不趨。親老，出不易方，復不過時。親癠，色容不盛，此孝子之疏節也。

親在，行禮於人，稱父；人或賜之，則稱父拜之。

《士相見禮》曰：凡與大人言，始視面，中視抱，卒視面，毋改，衆皆若是。若父則游目，毋上於面，毋下於帶。若不言，立則視足，坐則視膝。

《祭儀》曰：孝子之有深愛者，必有和氣；有和氣者，必有愉色；有愉色者，必有婉容。孝子如執玉，如奉盈，洞洞屬屬然如弗勝，如將失之。嚴威儼恪，非所以事親也。

子游問孝。孔子曰："今之孝者，是謂能養。至於犬馬，皆能有養；不敬，何以別乎？"

子夏問孝。曰："色難。有事，弟子服其勞；有酒食，先生饌，曾是以爲孝乎？"

父母在，不遠游，游必有方。

父母之年，不可不知也。一則以喜，一則以懼。

曾子曰：孝子之養親也，[1] 樂其心，不違其志，樂其耳目，安其寢處，以其飲食忠養之。是故父母之所愛亦愛之，父母之所敬亦敬之。至於犬馬盡然，而況於人乎？

孟子曰：世俗所謂不孝者五：惰其四支，不顧父母之養，一不孝也；博奕好飲酒，[2] 不顧父母之養，二不孝也；好貨財，私妻子，不顧父母之養，三不孝也；從耳目之欲，以爲父母戮，四不孝也；好勇鬥狠，以危父母，五不孝也。

劉向曰：父母怒之，不作於意，不見於色，深受其罪，使可哀憐，上也；父母怒之，不作於意，不見於色，其次也；父母怒之，作於意，見於色，下也。

揚雄曰：事父母自知不足者，其舜乎？不可得而久者，事親之謂也，故孝子愛日。

---

① 《禮記正義》卷二十八第 1467 頁下，"親"作"老"。
② 《孟子注疏》卷八下第 2731 頁中，"奕"作"弈"。

趙岐曰：於禮有不孝者三事：阿意曲從，陷親不義，一也。家貧親老，不爲祿仕，二也。不娶無子，絕先祖祀，三也。三者之中，無後爲大。

司馬温公曰：凡爲人子者，有賓客不敢坐於正廳，升降不敢由東階上，下馬不敢當廳。凡事不敢自擬於其父。

凡子受父母之命，必籍記而佩之，時省而速行之，事畢則反命焉。或所命有不可行者，則和色柔聲，具是非利害而白之，待父母之許，然後改之；若不許，苟於事無大害者，亦當曲從。若以父母之命爲非，而直行己志，雖所執皆是，猶爲不順之子，況未必是乎？

張子曰：舜之事親有不悅者，爲父母頑嚚，① 不近人情。若中人之性，其愛惡若無害理，② 必姑順之。③ 若親之故舊，④ 所喜，⑤ 當極力招致，賓客之奉，⑥ 當極力營辦，務以悅親爲事，⑦ 不可計家之有無。⑧ 然又須使之不知其勉強勞

---

① 《朱子近思録》卷六第83頁，"父母頑嚚"作"父頑母嚚"。
② 《朱子近思録》卷六第83頁，"若"作"略"。
③ 《朱子近思録》卷六第83頁，"必姑"作"姑必"。
④ 《朱子近思録》卷六第83頁，"親"上無"若"字。
⑤ 《朱子近思録》卷六第83頁，"喜"下有"者"字。
⑥ 《朱子近思録》卷六第83頁，"賓客之奉"上有"以悅其親凡於父母"八字。
⑦ 《朱子近思録》卷六第83頁無此句，"當"作"必"。
⑧ 《朱子近思録》卷六第84頁，此句作"亦不計家之有無"。

苦,① 苟使見其爲而不易,則不安矣。②

羅仲素論瞽瞍底豫,而天下之爲父子者定。云:"只爲天下無不是底父母。"了翁聞而善之,曰:"唯如此,而後天下之爲父子者定。彼臣弑其君,子弑其父,常始於見其有不是處耳。"

問:"人不幸處繼母異兄弟不相容,當如何?"朱子曰:"從古者有這樣子。③ 只看舜如何。④ 只是'爲人子,止於孝'。"

《內則》曰:父母有過,下氣怡色,柔聲以諫。諫若不入,起敬起孝。說則復諫。不說,與其得罪於鄉黨州閭,寧孰諫。父母怒,不說,而撻之流血,不敢疾怨,起敬起孝。

《曲禮》曰:子之事親也,三諫而不聽,則號泣而隨之。

孔子曰:事父母幾諫,見志不從,又敬不違,勞而不怨。

曾子曰:君子之所謂孝者,先意承志,諭父母於道。

伊川先生《易傳》曰:"幹母之蠱,不可貞。"子之於母,當以柔巽輔導之,使得於義,不順而致敗蠱,則子之罪也。從容將順,豈無道乎?若伸己剛陽之道,遽然矯拂則傷

---

① 《朱子近思錄》卷六第83頁,"然"下有"爲養"二字,無"之"字。
② 《朱子近思錄》卷六第84頁,"則"下有"亦"字。
③ 此段引文見中華書局1986年版《朱子語類》卷十三第232頁,"者"作"來自"。以下凡引此書皆爲此本,一律簡稱《朱子語類》,不再標注版本。
④ 《朱子語類》卷十三第232頁,"只"作"公"。

恩，所害大矣，亦安能入乎？在乎屈己下意，巽順相承，使之身正事治而已。剛陽之臣事柔弱之君，義亦相近。

《曲禮》曰：父母有疾，冠者不櫛，行不翔，言不惰，琴瑟不御，食肉不至變味，飲酒不至變貌，笑不至矧，怒不至詈，疾止復故。

君有疾，飲藥，臣先嘗之。親有疾，飲藥，子先嘗之。醫不三世，不服其藥。

程子曰：疾臥於牀，① 委之庸醫，比之不慈不孝。事親者，亦不可不知醫。

司馬溫公曰：凡父母舅姑有疾，子婦無故不離側，親調嘗藥餌而供之。父母有疾，子舍置餘事，專以迎醫、檢方、合藥爲務，疾已復初。

《曲禮》曰：居喪之禮，毀瘠不形，視聽不衰，升降不由阼階，出入不當門隧。頭有創則沐，② 身有瘍則浴，有疾則飲酒食肉，疾止復初。不勝喪，乃比於不慈不孝。

《玉藻》曰：父没而不能讀父之書，手澤存焉爾；母没而杯圈不能飲焉，口澤之氣存焉爾。

子游問喪具。孔子曰：“稱家之有亡。”

---

①　《朱子近思録》卷六第 82 頁，“疾”作“病”。

②　此段引文見臺灣商務印書館 1986 年影印清文淵閣《四庫全書》本《禮記大全》卷一，第 122 冊第 35 頁，“頭有創則沐”上有“居喪之禮”句。以下凡引此書皆爲此本，一律簡稱《禮記大全》，不再標注版本。

子貢問喪。曰：“敬爲上，哀次之，瘠爲下；顏色稱其情，戚容稱其服。”

《雜記》曰：喪食雖惡，必充飢。飢而廢事，非禮也；飽而忘哀，亦非禮也。視不明，聽不聰，行不正，不知哀，君子病之。

有服，人召之食，不往。

司馬溫公曰：古者父母之喪，既殯食粥、齊衰、疏食、水飲，不食菜果。既虞，卒哭，疏食、水飲，不食菜果。期而小祥食菜果，又期而大祥食醯醬。中月而禫，禫而飲醴酒。始飲酒者，先飲醴酒。始食肉者，先食乾肉。古人居喪，無敢公然食肉飲酒者。今之士大夫居喪，食肉飲酒無異平日，又相從宴集，靦然無愧人，亦恬不爲怪。禮俗之壞，習以爲常，悲夫！乃至鄙野之人，或初喪未斂，親賓則齎酒饌往勞之，主人亦自備酒饌，相與飲啜，醉飽連日，及葬亦如之。甚者，初喪作樂以娛尸，及殯葬，則以樂導輀車而號泣隨之。亦有乘喪即嫁娶者。噫，習俗之難變，愚夫之難曉，乃至此乎。凡居父母之喪者，大祥之前皆未可飲酒食肉。若有疾暫須食飲，疾止亦當復初。必若素食不能下咽久而羸憊，恐成疾者，可以肉汁及脯醢或肉少許助其滋味，不可恣食珍羞盛饌及與人燕樂。是則雖被衰麻，其實不行喪也。惟五十以上，血氣既衰，必資酒肉扶養者，則不必然耳。

父母之喪，中門外擇樸陋之室爲丈夫喪次，斬衰寢苫，枕塊，不脱經帶，^① 不與人坐焉。婦人次於中門之内別室，撤去帷帳衾褥華麗之物。男子無故不入中門，婦人不得輒至男子喪次。

父母之喪不當出。若爲喪事，及有故不得已而出，則乘樸馬，布裹鞍轡。

世俗信浮屠誑誘，凡有喪事，無不供佛飯僧。云："爲死者滅罪資福，使生天堂，受諸快樂。不爲者，必入地獄，剉燒舂磨，受諸苦楚。"殊不知，死者形既朽滅，神亦飄散，雖有剉燒舂磨，且無所施。又況佛法未入中國之前，人固有死而復生者，何故都無一人誤入地獄，見所謂十王者邪？此其無有而不足信也明矣。

程子曰：卜其宅兆，卜其地之美惡也，非陰陽家所謂禍福者也。父子祖孫同氣，^② 彼安則此安，彼危則此危，亦其理也。而拘忌者，惑以擇地之方位，決日之吉凶，不亦泥乎？甚者不以奉先爲計，而專以利後爲慮，非孝子之用心也。^③

---

① 此段引文見臺灣商務印書館 1986 年影印清文淵閣《四庫全書》本《御定小學集注》卷五，第 699 册第 572 頁，"經"作"経"。以下凡引此書皆爲此本，一律簡稱《御定小學集注》，不再標注版本。

② 此段引文見臺灣商務印書館 1986 年影印清文淵閣《四庫全書》本《理學類編》卷八，第 709 册第 839 頁，"子祖"作"祖子"。以下凡引此書皆爲此本，一律簡稱《理學類編》，不再標注版本。

③ 《理學類編》卷八，第 709 册第 839 頁，"孝子"下有"安厝"二字。

惟五患者，不得不謹：① 須使他日不爲道路，② 不爲城郭，不爲溝池，不爲貴勢所奪，不爲耕犁所及也。

《祭儀》曰：祭不欲數，數則煩，煩則不敬；祭不欲疏，疏則怠，怠則忘。是故霜露既降，君子履之，必有凄愴之心，非其寒之謂也。春雨露既濡，君子履之，必有怵惕之心，如將見之。致齊於内，散齊於外。齊之日：思其居處，思其笑語，思其志意，思其所樂，思其所耆。③ 齊三日，乃見其所爲齊者。祭之日，入室，僾然必有見乎其位。周還出户，肅然必有聞其容聲。出户而聽，愾然必有聞其嘆息之聲。是故先王之孝也，色不忘乎目，聲不絶乎耳，心志嗜欲，不忘乎心。致愛則存，致慤則著。著存不忘乎心，夫安得不敬乎？

《曲禮》曰：君子將營宮室，宗廟爲先；凡家造，祭器爲先。君子雖貧，不粥祭器；雖寒，不衣祭服。爲宮室，不斬於丘木。

《王制》曰：大夫祭器不假。祭器未成，不造燕器。

《少儀》曰：未嘗不食新。

《祭統》曰：君子之祭也，必身親涖之，有故則使人，可也。

---

① 《朱子近思録》卷九第 103 頁，"謹"作"慎"。
② 《朱子近思録》卷九第 103 頁，"他"作"異"。
③ 《禮記正義》卷二十四第 1592 頁，"耆"作"嗜"。

夫祭也者，必夫婦親之，所以備内外之官也。① 官備則具備。

程子曰：冠、昏、喪、祭，禮之大者，今人都不理會。豺獺皆知報本，今士大夫家多忽此，厚於奉養而薄於先祖，甚不可也。某嘗修六禮，大略：家必有廟，本注庶人立影堂。廟必有主，高祖以上即當祧也。主式見《文集》。又云：今人以影祭，或一髭髮不相似，則所祭已是別人，大不便。月朔必薦新，薦後方食。時祭用仲月，止于高祖。旁親無後者，祭之別位。冬至祭始祖，冬至，陽之始也；始祖，厥初生民之祖也。無主，於廟中正位設一位，合考妣饗之。立春祭先祖，立春，生物之始也。先祖，始祖而下，高祖而上，非一人也。亦無主，設兩位分饗考妣。季秋祭禰，季秋，成物之時也。忌日遷主，祭於正寢。凡事死之禮，當厚於奉生者。人家能存得此等事數件，雖幼者，可使漸知禮義。

《内則》曰：父母雖没，將爲善，思貽父母令名，必果。將爲不善，思貽父母羞辱，必不果。

孔子曰：父在觀其志，父没觀其行，三年無改於父之道，可謂孝矣。

孟武伯問孝，曰："父母，唯其疾之憂。"

順乎親有道，反諸身不誠，不順乎親矣。

君子無不敬也，敬身爲大。身也者，親之枝也，敢不敬

---

① 《禮記正義》卷四十九第 1602 頁，"内外"作"外内"。

與？不能敬其身，是傷其親；傷其親，是傷其本；傷其本，枝從而亡。

事親者，居上不驕，爲下不亂，在醜不爭。居上而驕則亡，爲下而亂則刑，在醜而爭則兵。三者不除，雖日用三牲之養，猶爲不孝也。

曾子曰：天之所生，地之所養，惟人爲大，① 父母全而生之，子全而歸之，可謂孝矣。不虧其體，不辱其身，可謂全矣。故君子頃步而不敢忘孝也。一舉足而不敢忘父母，一出言而不敢忘父母。一舉足而不敢忘父母，是故道而不徑，舟而不游，不敢以先父母之遺體行殆。一出言而不敢忘父母，② 是故惡言不出於口，忿言不及於身，③ 不辱其身，不羞其親，可謂孝矣。

身也者，父母之遺體也。行父母之遺體，敢不敬乎？居處不莊，非孝也。事君不忠，非孝也。蒞官不敬，非孝也。朋友不信，非孝也。戰陳無勇，非孝也。五者不遂，災及於親，敢不敬乎？

孟子曰：事，孰爲大？事親爲大。守，孰爲大？守身爲大。不失其身而能事其親者，吾聞之矣；失其身而能事其親者，吾未之聞也。孰不爲事？事親，事之本也。孰不爲守？

---

① 《禮記正義》卷四十八第 1599 頁中，“惟”作“無”。
② 《禮記正義》卷四十八第 1599 頁中，以上幾句“一”字均作“壹”。
③ 《禮記正義》第四十八第 1599 頁中，“及”作“反”。

守身，守之本也。

孔子曰：身體髮膚，受之父母，不敢毀傷，孝之始也。立身行道，揚名於後世，以顯父母，孝之終也。夫孝，始於事親，中於事君，終於立身。愛親者，不敢惡於人，敬親者，不敢慢於人。愛敬盡於事親，而德教加於百姓，刑于四海，此天子之孝也。[1] 非先王之法服不敢服，非先王之法言不敢道，非先王之德行不敢行，然後能保其宗廟，[2] 此卿大夫之孝也。[3] 以孝事君則忠，以敬事長則順，忠順不失，以事其上，然後能守其祭祀，此士之孝也。[4] 用天之道，因地之利，[5] 謹身節用，以養父母，此庶人之孝也。故自天子至於庶人，孝無終始。而患不及者，未之有也。

曾子曰：孝有三：大孝尊親，其次弗辱，其下能養。

程子曰：人無父母，生日當倍悲痛，更安忍置酒張樂以爲樂。若具慶者，可矣。右子道。

---

　　① 此段引文見中華書局 1979 年影印清阮元《十三經注疏》本《孝經注疏》卷二第 2547 頁，"此"作"蓋"。以下凡引此書皆爲此本，一律簡稱《孝經注疏》，不再標注版本。

　　② 《孝經注疏》卷二第 2547 頁，"其"作"守"。

　　③ 《孝經注疏》卷二第 2547 頁，"此"作"蓋"。

　　④ 《孝經注疏》卷二第 2548 頁，"此"作"蓋"。

　　⑤ 《孝經注疏》卷三第 2549 頁，"因"作"分"。

卷之二

君臣有義

禹曰：后克艱厥后，臣克艱厥臣，政乃乂，黎民敏德。

伊尹曰：奉先思孝，接下思恭。視遠惟明，聽德惟聰。

孔子曰：其身正，不令而行。其身不正，雖令不從。

周子曰：治天下有本，身之謂也；治天下有則，家之謂也。本必端，端本，誠心而已矣；則必善，善則，和親而已矣。家難而天下易，家親而天下疏也。治天下觀於家，治家觀身而已矣。身端，心誠之謂也；誠心，復其不善之動而已矣。不善之動，妄也；妄復，則無妄矣；無妄，則誠焉。

程子曰：君道以至誠仁愛爲本。

君道大要，以正心窒欲、求賢育才爲先。

君道稽古正學，明善惡之歸，辨忠邪之分，曉然趨道之至正。君志定而天下之治成矣。夫義理不先定，則多聽而易惑，志意不先定，則守善而或移必也。聖人之訓爲必當從，

137

以先王之治爲必可法。不爲後世駁雜之政所牽滯，不爲流俗因循之論所遷改。信道極於篤，自知極於明，去邪勿疑，任賢勿貳，必期致治如三代之隆而後已也。然患常生於忽微，而志亦惑乎漸習。① 故古之人君，雖從容燕閒，必有誦訓箴諫，左右前後，罔非正人輔成德業，誠能尊禮老成，訪求儒學之士，不必勞以官職，俾日親便坐，講論道義，又博延俊秀，② 陪侍法從，朝夕延見，講磨治體，則睿知益明，王猷允塞矣。

君子居上，爲天下之儀表，必極其莊敬。勿使誠意少散。則天下莫不盡其孚誠，顒顒然仰之矣。③

朱子曰：帝王之學，必先格物致知，以極夫事物之變，使夫事物之過乎前者，義理所存，纖微畢照，則自然意誠心正，而所以應天下之務者得矣，至於記誦華藻，非所以探淵源而出治道，虛無寂滅，非所以貫本末而立大中也。

人君修德之實，在乎去人欲，存天理。欲不必聲色、貨利之娛，宮室、觀游之侈也，但存諸心者，小失其正，便是人欲。必也存祇懼之心以畏天，擴寬弘之度以盡下。不敢自

---

① 此段引文見臺灣商務印書館 1986 年影印清文淵閣《四庫全書》本《性理大全書》卷六十五，第 711 冊第 404 頁，"惑"作"戒"字。以下凡引此書皆爲此本，一律簡稱《性理大全書》，不再標注版本。

② 《性理大全書》卷六十五，第 711 冊第 404 頁，"秀"作"彦"。

③ 《朱子近思錄》卷八第 94 頁，無"顒"字，"仰"上有"瞻"字。

是而欲人必己同。不徇偏見而謂衆無足取,① 不甘受佞人而外敬正士,不狃於近利而昧於遠猷,出入起居,發號施令,念兹在兹,不敢忘怠。而又擇端人正士、剛明忠直、能言敢諫者,② 朝夕與居左右,不使近習便利捷給之人得以窺伺間隙,承迎指意,污染習氣,惑亂聰明。務使此心虛明廣大,平正中和,表裏洞然,無一毫私意之累。然後爲德之修,而上可以格天,下可以感人。凡所欲爲,無不如志。

天下之事,千變萬化,其端無窮而無一不本於人主之心者,此自然之理也。故人主之心正,則天下之事無一不出於正。人主之心不正,則天下之事無一得由於正。此大舜所以有惟精惟一之戒,孔子所以有克己復禮之云,皆所以正吾此心,而爲天下萬事之本也。然邪正之驗著於外者,莫先於家人,而次及於左右,然後有以達於朝廷,而及於天下焉。若宮闈之內,端莊齊肅,攜僕奄尹,各恭其職,內自禁省,外徹朝廷,洞然無有毫髮私邪之間,則紀綱以振,政事以修,而治道畢矣。是以古先聖王兢兢業業持守此心,雖在紛華波動之中,幽獨得肆之地,而所以精之一之,克之復之者,未嘗敢有須臾之怠,然猶恐其隱微之間,或有差失,而不自知也。是以建師保之官,以自開明;列諫諍之職,以自規正。

---

　　① 《性理大全書》卷六十五,第711冊第415頁,“徇”作“循”。
　　② 《性理大全書》卷六十五,第711冊第415頁,“言敢諫者”作“直言極諫”。

使其左右前後，一動一靜，無有纖芥之隙、瞬息之頃，得以隱其毫髮之私。此先王之治，所以由内及外，自微至著，精粹純白，無少瑕翳，可以爲後世法程也。

孔子曰：君使臣以禮，臣事君以忠。

大臣不可不敬也，邇臣不可不慎也。君毋以小謀大，毋以遠言近，毋以内圖外，則大臣不怨，邇臣不疾，而遠臣不蔽矣。

程子曰：爲宗社生靈長久之計，惟是輔養上德；而輔養之道，非徒涉書史、攬古今而已，要使跬步不離正人，乃可以涵養薰陶，成就盛德。

自古聖王未有不以求任輔相爲先者也，求任之道，① 以慎擇爲本。擇之慎，故知之明。知之明，故信之篤。信之篤，故任之專。任之專，故禮之厚而責之重。當之者，自知禮尊而任專，責深而勢重，則挺然以天下爲己任，故能稱其職也。雖有奸諛巧佞，知其交深而不可間，勢重而不可搖，亦將息其邪謀，歸附於正矣。

當世之務，所尤先者有三：一曰立志，二曰責任，三曰求賢。今雖納嘉謀，陳善算，非君志先立，其能聽而用之乎？君欲用之，非責任宰輔，其孰承而行之乎？君相協心，非賢

---

① 此段引文見臺灣商務印書館 1986 年影印清文淵閣《四庫全書》本《御纂性理精義》卷十一，第 719 册第 774 頁，"求"作"圖"。以下凡引此書皆爲此本，一律簡稱《御纂性理精義》，不再標注版本。

者任職，其能施於天下乎？此三者，本也；制於事者，用也。三者之中，復以立志爲本。所謂立志者，至誠一心，以道自任，以聖人之訓爲可必信，先王之治爲可必行，不狃滯於近規，不遷惑於衆口，必期致天下，如三代之世也。

伊尹訓於太甲曰：有言逆於汝心，必求諸道。有言遜於汝志，必求諸非道。

豫章羅氏曰：人君納諫之本，先於虛己。右君道。

《玉藻》曰：將適公所，宿齊戒，居外寢，沐浴。史進象笏，書思對命，既服，習容，觀玉聲，乃出。

凡君召，在官不俟屨，在外不俟車。

君賜車馬，乘以拜；賜衣服，服以拜賜。君未有命，弗敢即乘服也。君賜，稽首，據掌，致諸地。酒肉之賜弗再拜。

《曲禮》曰：大夫士出入君門，由闑右，不踐閾。

賜果於君前，其有核者懷其核。御食於君，君賜餘，器之溉者不寫，其餘皆寫。

凡爲君使者，已受命君，言不宿於家。君言至，則主人出拜君言之辱。使者歸，則必拜送於門外。若使人於君所，則必朝服而命之，使者反，則必下堂而受命。

成王戒卿士曰：位不期驕，禄不期侈。恭儉惟德，無載爾偽。作德心逸日休，作偽心勞日拙。

居寵思危，罔不惟畏，弗畏入畏。

孔子曰：事君，敬其事而後其食。

豫章羅氏曰：士之立朝，要以正直忠厚爲本。正直則朝廷無過失，忠厚則天下無嗟怨。二者不可偏廢也。[①]　一於正直而不忠厚，則漸入於刻。一於忠厚而不正直，則流入於懦。

立朝之士，當愛君如愛父，愛國如愛家，愛民如愛子。

河津薛氏曰：人臣事君，當竭忠盡誠，雖細事不可欺，雖曲禮皆當謹。

不欺君自不欺心始。

子路問事君。孔子曰：勿欺也而犯之。

君子之事君也，進思盡忠，退思補過，將順其美，匡救其惡，故上下能相親。

子游曰：事君數，斯辱矣。朋友數，斯疏矣。

孟子曰：責難於君謂之恭，陳善閉邪謂之敬，吾君不能謂之賊。

人不足與適也，政不足間也，[②] 惟大人爲能格君心之非。君仁，莫不仁；君義，莫不義；君正，莫不正。一正君而國定矣。

君子之事君也，務引其君以當道，志於仁而已。

晏子曰：君所謂可，而有否焉，臣獻其否以成其可；君

─────────────

① 此段引文見臺灣商務印書館 1986 年影印清文淵閣《四庫全書》本《豫章文集》卷十一，第 1135 册第 747 頁，"也"上無"廢"字。以下凡引此書皆爲此本，一律簡稱《豫章文集》，不再標注版本。

② 《孟子注疏》卷七第 2723 頁，"間"上有"與"字。

所謂否，而有可焉，臣獻其可以去其否。

程子曰：夫鐘，怒而擊之則武，悲而擊之則哀，誠意之感而入也。告於人亦如是，古人所以齋戒而告君也。若使營營於職事，紛紛其思慮，待至上前，然後善其辭說，徒以煩舌感人，不亦淺乎？

人臣以忠信善道結於君心，必自其所明處乃能入也。人心有所蔽，有所通，通者，明處也，當就其明處而告之，求信則易也。且如君心蔽於荒樂，惟其蔽也，故爾雖力詆其荒樂之非，如其不省何？必於所不蔽之事，推而及之，則能悟其心矣。自古能諫其君者，未有不因其所明者也。故訐直強勁者，率多取忤；而溫厚明辯者，其說多行。非唯告於君者如此，爲教者亦然。夫教，必就人之所長，所長者，心之所明也。從其心之所明而入，然後推及其餘，孟子所謂成德達才是也。

朱子曰：誠以天下之事爲己任，則當自格君心之非始。欲格君心，則當自身始。右臣道。

《曲禮》曰：公事不私議。

孔子曰：道之以政，齊之以刑，民免而無恥；道之以德，齊之以禮，有恥且格。

不在其位，不謀其政。

子張問政。曰：“居之無倦，行之以忠。”

子路問政。曰：“先之，勞之。”請益。曰：“無倦。”

子夏爲莒父宰問政。曰："無欲速，無見小利。欲速，則不達；見小利，則大事不成。"

寬則得衆，信則民任焉。敏則有功，公則説。

子張問於孔子曰："何如斯可以從政矣？"曰："尊五美，屛四惡，斯可以從政矣。"子張曰："何謂五美？"曰："君子惠而不費，勞而不怨，欲而不貪，泰而不驕，威而不猛。"子張曰："何謂惠而不費？"曰："因民之所利而利之，斯不亦惠而不費乎？擇可勞而勞之，又誰怨？欲仁而得仁，又焉貪？君子無衆寡，無小大，無敢慢，斯不亦泰而不驕乎？君子正其衣冠，尊其瞻視，儼然人望而畏之，斯不亦威而不猛乎？"子張曰："何謂四惡？"曰："不教而殺謂之虐；不戒視成謂之暴；慢令致期謂之賊；猶之與人也，出納之吝謂之有司。"

程子曰：論治者，貴識體。

治道亦有從本而言，亦有從事而言。從本而言，唯是格君心之非，正心以正朝廷，正朝廷以正百官。若從事而言，不救則已，若救之，① 必須變，大變則大益，小變則小益。

教人者，養其善心而惡自消；治民者，道之敬讓而爭自息。②

欲當大任，須是篤實。

_____

① 《朱子近思録》卷八第 97 頁，"救"上有"須"字。
② 《朱子近思録》卷八第 97 頁，"道"作"導"。

職事不可以巧免。

呂氏《童蒙訓》曰：事君如事親，事官長如事兄，與同僚如家人，待群吏如奴僕，愛百姓如妻子，處官事如家事，然後能盡吾之心。① 如有毫末不至，皆吾心有所未盡也。

當官者，先以暴怒爲戒。事有不可，當詳處之，必無不中，若先暴怒，只能自害，豈能害人。

當官之法，惟有三事：曰清、曰慎、曰勤。知此三者，則知所以持身矣。

後生少年乍到官守，多爲猾吏所餌，不自省察，所得毫末，而一任之間，不復敢舉動。大抵作官嗜利，所得甚少，而吏人所盜不貲矣。以此被重譴，良可惜也。

當官處事，但務著實。如塗擦文字，② 追改日月，重易押字，萬一敗露，得罪反重，亦非所以養誠心，事君不欺之道也。

延平李氏曰：治道必以明天理、正人心、崇節義、厲廉恥爲先。

或問："爲政必當以寬爲本，③ 而以嚴濟之？"朱子曰："某謂當以嚴爲本，而以寬濟之。《曲禮》謂'蒞民行法，④

---

① 《御纂性理精義》卷十一，第 719 冊第 787 頁，"能"上有"爲"字。
② 《性理大全書》卷六十八，第 711 冊第 485 頁，"字"作"書"。
③ 《朱子語類》卷一百八第 2689 頁，"政"下有"者"字，"當"上無"必"字。
④ 《朱子語類》卷一百八第 2689 頁，"民"作"官"。

非威嚴不行'①。須令行禁止。② 若曰令不行，禁不止，而以是爲寬，則非也。"

爲政如無大利害，不必議更張。則所更之事未成，③ 必闋然成擾，④ 卒未已也。

三十年一番經界方好。

於天下之事有可否，則斷以公道，而勿牽於內顧偏聽之私。於天下之議有從違，則開以誠心，而勿誤以陽開陰合之計。則庶乎德業盛大，表裏光明，中外遠邇，心悦誠服。

省刑罰，薄税斂，此二者仁政之大目也。

凡天下疲癃殘疾、惸獨矜寡，皆吾兄弟之顛連而無告者也。君子爲政且要主張這一等人。

自古救荒只有兩説：一是感召和氣，以致豐穰；其次只有儲蓄之計。若待他飢餓時理會，⑤ 更有何策？

河津薛氏曰：爲政當以公平正大行之，是非毀譽，皆所不恤。必欲曲徇人情，使人人譽悦，則失公正之體，非君子之道也。

正以處心，廉以律己，忠以事君，恭以事長，信以接物，

---

①　《朱子語類》卷一百八第 2689 頁，"威"上有"禮"字，作"非禮，威嚴不行"。

②　《朱子語類》卷一百八第 2689 頁，"令"上有"是"字。

③　《性理大全書》卷六十六，第 711 册第 438 頁，"之"作"一"。

④　《性理大全書》卷六十六，第 711 册第 438 頁，"擾"上有"紛"字。

⑤　《朱子語類》卷一百六卷十一第 2643 頁，"時"上無"餓"字。

寬以待下，敬以處事，居官之七要。養民生，復民性，禁民非，治民之三要。① 不欺君，不賣法，不害民，持己之三要。

清而有容，乃不自見其清。清而不能容，是自有其清，而心反爲其所累矣。

爲官者，切不可厭煩惡事。苟視民之冤抑一切不理，曰我務省事，則民不得其死者多矣。可不戒哉！

爲政以通下情爲急，須集眾人之耳目，爲一己之耳目，方可。

當官者，宜正大明白，不可有一毫偏向，有則人必窺而知之。

爲官常如不能盡其職，② 則過人遠矣。

視民如傷，當銘諸心。

以己之欲知人之欲，亦猶是以己之勞知人之勞，亦猶是當推以同之。③

季康子問："使民敬、忠以勸，如之何？"孔子曰："臨之以莊，則敬；孝慈，則忠；舉善而教不能，則勸。"

劉安禮問臨民，程子曰："使民各得輸其情。"問御吏，

---

① 此段引文見臺灣商務印書館 1986 年影印清文淵閣《四庫全書》本《讀書錄》卷三，第 711 册第 594 頁，"民"作"天下"。以下凡引此書皆爲此本，一律簡稱《讀書錄》，不再標注版本。

② 《讀書錄》卷九，第 711 册第 681 頁，"爲"作"作"，"如"作"知"。

③ 《讀書錄》卷九，第 711 册第 681 頁，上二句"猶"均作"由"。

曰："正己以格物。"

河津薛氏曰："待下固當謙和，和而無節，① 反納其侮。惟和而莊，人自愛而畏。"②

名節至大，一字不可輕與人，一言不可輕許人，一笑不可輕假人。

程子曰：古者鄉田同井，而民之出入相友，故無爭鬥之獄。今郡邑之訟，往往出於愚民，以戾氣相搆，善爲政者勿聽焉可也。又時取強暴而好譏侮者痛懲之，則柔良者安，鬥訟可息矣。

朱子曰：今人獄事，只管理會要從厚。不務是非善惡，③只務從厚，豈不長奸惠惡？大凡事付之無心，因其所犯，考其情實，④ 輕重厚薄，付之當然，可也。

魯齊許氏曰：革人之非，不可但革其事，⑤ 要當先革其心，既革，⑥ 其事有不言而自革者。

河津薛氏曰：治獄有四要：公、慈、明、剛。公則不偏，慈則不刻，明則能照，剛則能斷。

情可矜，雖從寬典，又當使之不知其寬。

① 《讀書録》卷一，第711 冊第555 頁，"和"上有"謙"字。
② 《讀書録》卷一，第711 冊第555 頁，"人"上有"則"字。
③ 《朱子語類》卷一百六第2657 頁，"不務"作"不知不問"。
④ 《朱子語類》卷一百六第2657 頁，"情實"作"實情"。
⑤ 《性理大全書》卷六十六，第711 冊第441 頁，"革"上無"但"字。
⑥ 《性理大全書》卷六十六，第711 冊第441 頁，"既"上有"其心"二字。

程子曰：今之守令，惟制民之産一事不得爲，其他在法度中甚有可爲者，患人不爲耳。

今之監司，多不與州縣一體，監司專欲伺察，州縣專欲掩蔽。不若推誠心與之共治，有所不逮，可教者教之，可督者督之。至於不聽，擇其甚者去一二，使足以儆衆可也。

或問：“簿，佐令者也。簿所欲爲，令或不從，奈何?”曰：“當以誠意動之。今令與簿不和，只是爭私意。令是邑之長，若能以事父兄之道事之，過則歸己，善則惟恐不歸於令，積此誠意，豈有不動得人。”右治道。

《乾》初九文言曰：不易乎世，不成乎名；遯世無悶，不見是而無悶；樂則行之，憂則違之，確乎其不可拔。

《繫辭》曰：君子藏器於身，待時而動。

知幾其神乎！君子上交不諂，[1] 下交不瀆，[2] 其知幾乎? 幾者動之微，吉之先見者也。故君子見幾而作，不俟終日。

孔子曰：大臣以道事君，不可則止。

危邦不入，亂邦不居。天下有道則見，無道則隱。邦有道，貧且賤焉，恥也。邦無道，富且貴焉，恥也。

事君難進而易退，則位有序；易進而難退，則亂也。故

---

[1]　此段引文見中華書局 1979 年影印清阮元《十三經注疏》本《周易正義》卷八第 76 頁，“諂”作“諂”。以下凡引此書皆爲此本，一律簡稱《周易正義》，不再標注版本。

[2]　《周易正義》卷八第 76 頁“瀆”作“瀆”。

君子三揖而進，一辭而退，以遠亂也。

《孟子》曰：居天下之廣居，立天下之正位，行天下之大道；得志，與民由之；不得志，獨行其道。富貴不能淫，貧賤不能移，威武不能屈，此之謂大丈夫。

士窮不失義，達不離道。窮不失義，故士得己焉；達不離道，故民不失望焉。古之人，得志，澤加於民；不得志，修身見於世。窮則獨善其身，達則兼善天下。

有官守者，不得其職則去；有言責者，不得其言則去。

王蠋曰：忠臣不事二君，烈女不更二夫。

程子曰：賢者在下，豈可自進以求於君？苟自求之，必無能信用之理。古人之所以必待人君致敬盡禮而後往者，非欲自爲尊大，蓋其尊德樂道之心不如是，不足與有爲也。

夫人不能自安於貧賤之素，則其進也，乃貪躁而動，求去乎貧賤耳，非欲有爲也。既得其進，驕溢必矣。賢者則安履其素，其處也樂，其進也，將有爲也。故得其進則有爲而無不善。若欲貴之心與行道之心交戰於中，豈能安履其素乎？

不正而合，未有久而不離者也；合以正道，自無終睽之理。故賢者順理而安行，智者知幾而固守。

《睽》之九二，當睽之時，君心未合，賢臣在下，竭力盡誠，期使之信合而已。至誠以感動之，盡力以扶持之，明義理以致其知，杜蔽惑以誠其意，如是宛轉以求其合也。"遇"非枉道逢迎也，"巷"非邪僻由徑也，故《象》曰：

"遇主於巷，未失道也。"

人之止，難於久終，故節或移於晚，守或失於終，事或廢於久，人之所同患也。《艮》之上九，敦厚於終，止道之至善也，故曰："敦艮，吉。"

朱子曰：士大夫之辭受出處，非獨其身之事而已。其所處之得失，乃關風俗之盛衰，故尤不可以不審也。

直己守道，所以濟時。枉道徇人，徒爲失己。

程子曰：大人於否之時，守其正節，不雜亂於小人之群類，身雖否而道之亨也。若不以道而身亨，乃道否也。

君子當困窮之時，既盡其防慮之道而不得免，則命也，當推致其命，以遂其志。知命之當然也，則窮塞禍患不以動其心，行吾義而已。苟不知命，則恐懼於險難，隕穫於窮厄，所守亡矣，安能遂其爲善之志乎？

寒士之妻，弱國之臣，各安其正而已。苟擇勢而從，則惡之大者，不容於世矣。

感慨殺身者易，從容就義者難。

聖賢之於天下，雖知道之將廢，豈肯坐視其亂而不救？必區區致力於未極之間，強此之衰，艱彼之進，圖其暫安。苟得爲之，孔、孟之所屑爲也。

椒山楊氏曰：欲幹天下之事，當思如何下手，如何收煞。死生雖不計，畢竟果不徒死否？且斂鋒蓄銳，俟時可爲，則轟烈一場，勿徒盡其心而不計事之成否，人皆知致身爲忠，不知爲天下愛其身，尤忠之大者。

程子曰：人多説某不教人習舉業，某何嘗不教人習舉業也。人若不習舉業而望及第，卻是責天理而不修人事。但舉業既可以及第即已，若更去上面盡力求必得之道，是惑也。

或謂科舉事業奪人之功，是不然。且一月之中，十日爲舉業，餘日足可爲學。然人不志於此，必志於彼。故科舉之事，不患妨功，惟患奪志。

問："家貧親老，應舉求仕，不免有得失之累，何修可以免此？"曰："此只是志不勝氣，若志勝，自無此累。家貧親老，須用禄仕，然得之不得爲有命。"曰："在己固可，爲親奈何？"曰："爲己爲親，也只是一事。若不得，其如命何？孔子曰：'不知命，無以爲君子。'人苟不知命，見患難必避，遇得喪必動，見利必趨，其何以爲君子？"

陸遜《與全琮書》云："子弟苟有才，不憂不用，不宜輕出以要榮利。[①] 若其不佳，終爲取禍。右出處。

_____

① 此段引文見臺灣商務印書館 1986 年影印清文淵閣《四庫全書》本《册府元龜》卷三百二十，第 907 册第 504 頁，"輕"作"私"，"榮"後無"利"字。以下凡引此書皆爲此本，一律簡稱《册府元龜》，不再標注版本。

卷之三

王澍類編

夫婦有別

《曲禮》曰：男女非有行媒，不相知名，非受幣，不交不親。故日月以告君，齊戒以告鬼神，爲酒食以召鄉黨僚友，以厚其別也。取妻不取同姓，故買妾不知其姓，則卜之。

《郊特牲》曰：夫昏禮，萬世之始也。取於異姓，所以附遠厚別也。幣必誠，辭無不腆。告之以直信，信，事人也；信，婦德也。一與之齊，① 終身不改，故夫死不嫁。男子親迎，男先於女，剛柔之義也。天先乎地，君先乎臣，其義一也。執摯以相見，敬章別也。男女有別，然後義生；② 義生，然後禮作；禮作，然後萬物安。無別無義，禽獸之道也。婿親御授綏，親之也。出乎大門而先，男帥女，女從男，夫婦

---

① 《禮記正義》卷二十六第 1456 頁中，"一"作"壹"。
② 《禮記正義》卷二十六第 1456 頁，此句前有"然後父子親；父子親"句。

153

之義，由此始也。

《士昏禮》曰：父醮子，命之曰："往迎爾相，承我宗事，勗帥以敬，先妣之嗣，若則有常。"子曰："諾。惟恐弗堪，不敢忘命。"父送女，命之曰："戒之敬之，夙夜無違命。"① 母施衿結帨，曰："勉之敬之，夙夜無違宮事。"庶母及門内，施鞶，申之以父母之命，命之曰："敬共聽，② 宗爾父母之言，夙夜無愆，視諸衿鞶。"

孔子曰：婦人，伏於人也。是故無專制之義，有三從之道。在家從父，適人從夫，夫死從子，無所敢自遂也。教令不出閨門，事在饋食之間而已矣。是故女及日乎閨門之内，不百里而奔喪。事無擅爲，行無獨成。參知而後動，可驗而後言，晝不游庭，夜行以火，所以正婦德也。女有五不取：逆家子不取，亂家子不取，世有刑人不取，世有惡疾不取，喪父長子不取。婦有七去：不順父母去，無子去，淫妬去，有惡疾去，多言去，盜竊去。有三不去：有所取無所歸，不去；與更三年喪，不去；前貧賤後富貴，不去。凡此聖人所以順男女之際，重婚姻之始也。

匡衡曰：妃匹之際，生民之始，萬福之原。婚姻之禮正，然後品物遂而天命全。

---

① 《儀禮注疏》卷六第 972 頁，"無"作"毋"。
② 《儀禮注疏》卷六第 973 頁，"共"作"恭"。

王吉曰：夫婦，人倫大綱，夭壽之萌也。世俗嫁娶太蚤，未知爲人父母之道而有子，是以教化不明，而民多夭。

文中子曰：婚取而論財，夷虜之道也，君子不入其鄉。古者，男女之族各擇德焉，不以財爲禮。

蚤婚少聘，教人以倫。妾勝無數，教人以亂。且貴賤有等，一夫一婦，庶人之職也。

司馬溫公曰：凡議婚姻，當先察其婿與婦之性行及家法如何，勿苟慕其富貴。婿苟賢矣，今雖貧賤，安知異日不富貴乎？苟爲不肖，今雖富盛，安知異日不貧賤乎？婦者，家之所由盛衰也。苟慕一時之富貴而取之，彼挾其富貴，鮮有不輕其夫而傲其舅姑，養成驕妒之性，異日爲患，庸有極乎？借使因婦財以致富，依婦勢以取貴，苟有丈夫之志氣者，能無愧乎？

安定胡氏曰：嫁女必須勝吾家者，勝吾家，則女之事人必敬必戒。① 取婦必須不若吾家者，② 不若吾家，則婦之事舅姑必執婦道。

程子曰：世人多慎於擇婿而忽於擇婦。其實婿易見，婦難知，所繫甚重，豈可忽哉？

---

① 此段引文見臺灣商務印書館 1986 年影印清文淵閣《四庫全書》本《說郛》卷七十下，第 880 冊第 48 頁，"敬"作"欽"。以下凡引此書皆爲此本，一律簡稱《說郛》，不再標注版本。

② 《說郛》卷七十下，第 880 冊第 48 頁，"取"作"娶"。

　　或問：“孀婦，於理似不可取，如何？”曰“然。凡取以配身也。若取失節者以配身，是已失節也。”又問：“或有孤孀貧窮無托者，可再嫁否？”曰：“只是後世怕寒餓死，故有是説。然餓死事極小，失節事極大。”右婚姻。

　　《家人》象辭曰：女正位乎内，男正位乎外，男女正天地之大義也。

　　《内則》曰：禮始於謹夫婦，爲宫室，辨内外。男子居外，女子居内，深宫固門，閽寺守之，男不入，女不出。男女不同椸枷，不敢縣於夫之楎椸，不敢藏於夫之篋笥，不敢共湢浴。夫不在，斂枕篋、簟席、襡器而藏之。少事長，賤事貴，咸如之。

　　男不言内，女不言外。非祭非喪，不相授器。其相授，則女受以篚。其無篚，則皆坐，奠之，而後取之。内外不共井，① 不共湢浴，不通寢席，不通乞假。男女不通衣裳。内言不出，外言不入。男子入内，不嘯不指，夜行以燭，無燭則止。女子出門，必擁蔽其面，夜行以燭，無燭則止。道路，男子由右，女子由左。

　　《曲禮》曰：男女不雜坐，不同椸枷，不同巾櫛，② 不親授。嫂叔不通問，諸母不漱裳。女子許嫁，纓。非有大故，

---

① 《禮記正義》卷二十七第 1462 頁，“内外”作“外内”。
② 《禮記正義》卷二第 1240 頁，“中”作“巾”。

不入其門。姑、姊、妹、女子子，已嫁而反，兄弟弗與同席而坐，弗與同器而食。

寡婦之子，非有見焉，弗與爲友。

《顏氏家訓》曰：婦主中饋，惟事酒食衣服之禮耳，國不可使與政，①家不可使幹蠱；如有聰明才智，識達古今，正當輔佐君子，勸其不是，②必毋牝雞晨鳴，③以致禍也。

司馬溫公曰：男治外事，女治內事，男子晝無故不處私室，婦人無故不窺中門。男僕非有繕修及大故不入中門，入中門婦人必避之，不可避，亦必以袖遮其面。女僕無故不出中門，有故出中門，亦必擁蔽其面。鈴下、蒼頭但主通內外之言，傳致內外之物，毋得輒升堂室，入庖廚。

程子曰：人心所從，多所親愛者也。常人之情，愛之則見其是，惡之則見其非。故妻孥之言，雖失而多從；所憎之言，雖善爲惡也。苟以親愛而從之，④則是私情所與，豈合正理？

男女有尊卑之序，夫婦有倡隨之禮，此常理也。若徇情肆欲，惟說是動，男牽欲而失其剛，婦狃說而忘其順，則凶

---

①　此段引文見吉林文史出版社 1998 年版《顏氏家訓譯注》卷一《治家》第五，第 54 頁，"與"作"預"。
②　《顏氏家訓譯注》卷一《治家》第五第 54 頁，"勸"作"助"，"是"作"足"。
③　《顏氏家訓譯注》卷一《治家》第五第 54 頁，"毋"作"無"。
④　《朱子近思錄》卷十第 107 頁，"從"作"隨"。

而無所利矣。

《歸妹》九二：守其幽貞，未失夫婦常正之道。世人以媒狎爲常，故以貞靜爲變常，不知乃常久之道也。

朱子曰：《家人卦》九五、六二，外内各得其正，故爲家人利女貞者，欲先正乎内也，内正則外無不正矣。

西山真氏曰：夫之道在敬身以率其婦，婦之道在敬身以承其夫。右男女。

卷之四

長幼有序

《曲禮》曰：謀於長者，必操几杖以從之。長者問，不辭讓而對，非禮也。

見父之執，不謂之進，不敢進；不謂之退，不敢退；不問不敢對。

年長以倍，則父事之。十年以長，則兄事之。五年以長，則肩隨之。

長者與之提攜，則兩手奉長者之手。負劍辟咡詔之，則掩口而對。

從於先生，不越路而與人言。遭先生於道，趨而進，正立拱手。先生與之言則對，不與之言則趨而退。

從長者而上丘陵，則必鄉長者所視。

凡爲長者糞之禮，必加帚於箕上，以袂拘而退其塵。不及長者，以箕自鄉而扱之。

將即席，容毋怍，兩手摳衣，去齊尺。衣毋撥，足毋蹶。先生書策、琴瑟在前，坐而遷之，戒勿越。坐必安，執爾顔，長者不及，毋儳言。正爾容，聽必恭。毋剿説，毋雷同，必則古昔，稱先王。

侍坐於先生，先生問焉，終則對。請業則起，請益則起。

尊客之前不叱狗，讓食不唾。

侍坐於君子，君子欠伸，撰杖屨，視日蚤莫，侍坐者請出矣。

侍坐於君子，君子問更端，則起而對。

侍坐於君子，若有告者曰："少間，願有復也。"則左右屏而待。

侍食於長者，主人親饋，則拜而食。主人不親饋，則不拜而食。侍飲於長者，酒進則起，拜受於尊所。長者辭，少者反席而飲。長者舉未釂，少者不敢飲。

長者賜，少者、賤者不敢辭。

御同於長者，雖貳不辭。偶坐不辭。

侍於君子，不顧望而對，非禮也。

《王制》曰：父之齒隨行，兄之齒雁行，朋友不相逾。輕任并，重任分，斑白者不提挈。君子耆老不徒行，庶人耆老不徒食。

《少儀》曰：尊長於己逾等，不敢問其年。燕見不將命。遇於道，見則面，不請所之。侍坐弗使，不執琴瑟，不畫地。

手無容，不蹶也。寢則坐而將命，侍射則約矢，侍投則擁矢，勝則洗而以請。

孔子曰：侍于君子有三愆：言未及之而言，謂之躁；言及之而不言，謂之隱；未見顏色而言，謂之瞽。

孟子曰：徐行後長者，謂之弟；疾行先長者，謂之不弟。

司馬溫公曰：凡卑幼於尊長，晨亦省問，夜亦安置。坐而尊長過之，則起；出遇尊長於途，則下馬。不見尊長經再宿以上，則再拜；五宿以上，則四拜。賀冬至正旦，六拜；朔望，四拜。凡拜數或尊長臨時減而止之，則從尊長之命。

凡諸卑幼，事無大小，毋得專行，必咨稟於家長。右長幼。

孟子曰：孩提之童，無不知愛其親也。及其長也，無不知敬其兄也。

《顏氏家訓》曰：兄弟者，分形連氣之人也。方其幼也，父母左提右挈，前襟後裾，食則同案，衣則傳服，學則連業，游則共方。雖有悖亂之人，不能不相愛也。及其壯也，各妻其妻，各子其子。雖有篤厚之人，不能不少衰也。娣姒之比兄弟，則疏薄矣。今使疏薄之人，而節量親厚之恩，猶方底而圓蓋，必不合矣。惟友悌深至，不爲傍人之所移者，免夫！

程子曰：今人多不知兄弟之愛。且如閭閻小人，得一食必先以食父母，夫何故？以父母之口重於己之口也。得一衣必先以衣父母，夫何故？以父母之體重於己之體也。至於犬馬亦然，待父母之犬馬，必異乎己之犬馬也。獨愛父母之子，卻輕於己之子。甚者，至若讐敵，舉世皆如此，惑之甚矣。

問："事兄盡禮，不得兄之歡心奈何?"曰："但當起敬起孝，盡至誠，不求伸己，可也。"曰："接弟之道如何?"曰："盡友愛之道而已。"右兄弟。

《坤》初六《文言》曰：積善之家，必有餘慶；積不善之家，必有餘殃。臣弑其君，子弑其父，非一朝一夕之故，其所由來者，漸矣。由辨之不早辨也。《易》曰"履霜堅冰至"，蓋言慎也。①

《家人》彖辭曰：父父子子，夫夫婦婦，兄兄弟弟，② 而家道正，正家而天下定矣。

程子曰：正倫理，篤恩義，家人之道也。

人之處家，在骨肉父子之間，大率以情勝禮，以恩奪義。惟剛立之人，則能不以私愛失其正理。故《家人卦》，大要以剛爲善。

《家人》上九爻辭曰："有孚威如，終吉。"謂治家當有威嚴。而夫子又復戒云，當先嚴其身也。威嚴不先行於己，則人怨而不服。

---

① 《周易正義》卷一第 19 頁，"慎"作"順"。
② 《周易正義》卷四第 50 頁"夫夫婦婦，兄兄弟弟"作"兄兄弟弟，夫夫婦婦"。

凡人家，① 須月爲一會以合族。每有族人遠來，亦一爲之。吉凶嫁娶之類，更須相與爲禮，使骨肉之意常相通。骨肉日疏者，只爲不相見，情不相接爾。

司馬溫公曰：凡爲家長，必謹守禮法，以御群子弟及家衆。分之以職，授之以事，而責其成功。制財用之節，量入以爲出。稱家之有無，以給上下之衣食及吉凶之費，皆有品節，而莫不均一。② 裁省冗費，禁止奢華，常須稍存贏餘，以備不虞。

瞿塘來氏曰：處家之道，當威愛並行。若主於威而無愛，使婦子不能容，則反失處家之節矣。右家法。

《大傳》曰：別子爲祖，繼別爲宗，繼禰者爲小宗。有百世不遷之宗，有五室則遷之宗。百世不遷者，別子之後也。宗其繼別子者，③ 百世不遷者也；宗其繼高祖者，五世則遷者也。尊祖故敬宗。敬宗，尊祖之義也。

《喪服小記》曰：庶子不祭祖者，明其宗也。庶子不爲長子斬，不繼祖與禰故也。庶子不祭殤與無後者，殤與無後者，從祖祔食。庶子不祭禰者，明其宗也。

---

①　《朱子近思録》卷九第102頁，"家"下有"法"字。
②　此段引文見臺灣商務印書館1986年影印清文淵閣《四庫全書》本《家禮》卷一，第142册第534頁，"一"作"壹"。以下凡引此書皆爲此本，一律簡稱《家禮》，不再標注版本。
③　《禮記正義》卷三十四第1508頁上，"者"上有"之所自出"四字。

《內則》曰：適子庶子，祇事宗子宗婦。雖貴富，不敢以貴富入宗子之家。雖衆車徒，舍於外，以寡約入。不敢以貴富加於父兄宗族。

支子不祭，祭必告於宗子。

程子曰：管攝天下人心，收宗族，厚風俗，使人不忘本。須是明譜系，收世族，立宗子法。宗子法壞，則人不知來處，① 以至流轉四方，往往親未絕，不相識。

今無宗子，故朝廷無世臣。若立宗子法，則人知尊祖重本；人既重本，則朝廷之勢自尊。古者子弟從父兄，今父兄從子弟，由不知本也。

張子曰：古所謂"支子不祭"也者，惟使宗子立廟，主之而已。支子雖不得祭，至於齊戒，致其誠意，則與祭者不異；與，則以身執事；不可與，則以物助之，但不別立廟，爲位行事而已。後世如欲立宗子，當從此義。雖不與祭，情亦可安。右宗法。

《內則》曰：凡內外，雞初鳴，咸盥漱，衣服，斂枕簟。灑掃堂室及庭，② 布席，各從其事。

司馬溫公曰：凡內外僕妾，雞初鳴咸起。③ 男僕灑掃堂

① 《朱子近思録》卷九第 102 頁，"知"上有"自"字。
② 《禮記正義》卷二十七第 1462 頁上，"堂室"作"室堂"。
③ 《性理大全書》卷十九，第 710 册第 426 頁，"起"下有"櫛總盥漱衣服"句。

164

室及庭，① 鈴下、蒼頭灑掃中庭，女僕灑掃堂室，設椅桌，②
陳盥漱櫛靧之具。主父母既起，③ 則拂牀襞衾，侍立左右，
以備使令，退而具飲食。得閒，④ 則浣濯紉縫，先公後私。
及夜，則復拂牀展衾。當晝，内外僕妾，惟主人之命，⑤ 各
從其事，以供百役。

孔子曰：惟女子與小人爲難養也。近之則不遜，遠之
則怨。

司馬温公曰：凡婢僕務相雍睦，⑥ 其有爭鬥者，⑦ 主父母
聞之，⑧ 即呵禁之。不止，即杖之。理曲者杖多。一止一不
止，獨杖不止者。

凡男僕有忠信可任者，重其禄；能幹事者，⑨ 次之。其
專務欺詐、背公徇私、屢爲盜竊、弄權犯上者，逐之。

凡女僕年滿不願留者，縱之；勤奮少過者，資而嫁之；
其兩面二舌，設虛造讒，⑩ 離間骨肉者，逐之；屢爲盜竊者，

---

① 《性理大全書》卷十九，第710册第426頁，"堂室"作"聽事"。
② 《性理大全書》卷十九，第710册第426頁，"椅桌"作"倚卓"。
③ 《性理大全書》卷十九，第710册第426頁，"母"前有"主"字。
④ 《性理大全書》卷十九，第710册第426頁，"閒"作"間"。
⑤ 《性理大全書》卷十九，第710册第426頁，"命"作"令"。
⑥ 《性理大全書》卷十九，第710册第426頁，無"凡婢僕"三字。
⑦ 《性理大全書》卷十九，第710册第426頁，"爭鬥"作"鬥爭"。
⑧ 《性理大全書》卷十九，第710册第426頁，"母"上有"主"字。
⑨ 《性理大全書》卷十九，第710册第426頁，"事"上有"家"字，"事"後無
"者"字。
⑩ 《性理大全書》卷十九，第710册第426頁，"設"作"飾"。

逐之；放蕩不謹者，逐之；有離叛之志者，逐之。

　　張子曰：婢僕始至者，本懷勉敬之心。① 若到所提掇，更謹則加謹，慢則棄其本心，便習以性成。故仕者，入治朝則德日進，入亂朝則德日退，只觀在上者有可學無可學耳。②
右婢僕。

_____

① 《朱子近思録》卷六第 84 頁，"勉敬之心"作"勉勉敬心"。
② 《朱子近思録》卷六第 84 頁，"耳"作"爾"。

卷之五

王澍類編

朋友有信

孔子曰：無友不如己者。

居是邦也，事其大夫之賢者，友其士之仁者。

益者，三友；損者，三友。友直，友諒，友多聞，益矣。友便辟，友善柔，友便佞，損矣。

群居終日，言不及義，好行小慧，難矣哉。

曾子曰：君子以文會友，以友輔仁。

子夏曰：可者，與之；其不可者，拒之。

孟子曰：不挾長，不挾貴，不挾兄弟而友。友也者，友其德也，不可以有挾也。

程子曰：近世淺薄，以相歡狎爲相與，以無圭角爲相歡愛。如此者，安能久？若要久，須是恭敬，君臣朋友皆當以敬爲主也。

《曲禮》曰：君子不盡人之歡，不竭人之忠，以全交也。

　　子貢問友。孔子曰："忠告而善道之，不可則止，毋自辱焉。"

　　孟子曰：責善，朋友之道也。

　　程子曰：人之於朋友，修身誠意以待之，疏戚在人而已。不可巧言令色，① 曲從苟合，以求人之與己也，雖鄉黨親戚亦然。

　　朋友講習，更莫如"相觀而善"工夫多。

　　門人有曰："吾與人居，視其有過而不告，則於心有所不安；告之而不受，② 則奈何？"曰："與之處而不告其過，非忠也。要使誠意之交通，在於未言之前，則言出而人信矣。"

　　張子曰：孟子曰"人不足與適也，政不足間也。③ 惟大人爲能格君心之非。"非惟君心，至于朋游學者之際，彼雖議論異同，未足深較。④ 惟整理其心，使歸之正，豈小補哉！

　　問："與朋友交，知其不善，⑤ 欲絶，則傷恩；不與之絶，則又似'匿怨而友其人'。"朱子曰："此非匿怨之謂也。心有怨于人，而外與之交，則爲匿怨。若朋友之不善，情意自是當疏，但疏之以漸。若無大故，則不必峻絶之，所謂

---

　　① 《性理大全書》卷五十二，第 711 册第 172 頁，"不"下無"可"字。
　　② 《朱子近思録》卷十第 111 頁，"而"上有"人"字。
　　③ 《朱子近思録》卷十一第 118 頁，"間"上有"與"字。
　　④ 《朱子近思録》卷十一第 118 頁，"足"作"欲"。
　　⑤ 《朱子語類》卷十三第 234 頁，"知"上有"後"字。

'親者毋失其爲親，故者毋失其爲故'也。"①

五峰胡氏曰：能攻人實病者，至難也。能受人實攻者，爲尤難。人能攻我實病，我能受人實攻，朋友之義，其庶幾乎？不然，其不相陷而爲小人者，幾希矣！

朱子曰：朋友之交，責善所以盡吾誠，取善所以益吾德，非以相爲賜也，然各盡其道而無所苟焉，則麗澤之益，自有不能已者。右友道。

《學記》曰：凡學之道，嚴師爲難。師嚴然後道尊；道尊然後民知敬學。大學之禮，雖詔於天子無北面，所以尊師也。

記問之學，不足以爲人師。

孔子曰：溫故而知新，可以爲師矣。

中人以上，可以語上也；中人以下，不可以語上也。

不憤不啓，不悱不發，舉一隅不以三隅反，則不復也。

三人行，必有我師焉。擇其善者而從之，其不善者而改之。

有教無類。

孟子曰：人之患在好爲人師。

教亦多術矣，予不屑之教誨也者，是亦教誨之而已矣。

君子之設科也，往者不追，來者不拒。苟以是心至，斯

---

① 《朱子語類》卷十三第 234 頁，"也"上有"者"字。

受之而已矣。

程子曰：語學者以所見未到之理，不惟所聞不深徹，反將理低看了。

學者須是深思之，思而不得，然後爲他説便好。初學者，須是且爲他説，不然，非獨他不曉，亦止人好問之心也。

張子曰：《學記》曰："進而不顧其安，使人不由其誠，教人不盡其材。"人未安之，又進之；未喻之，又告之，徒使人生此節目。不盡材，不顧安，不由誠，皆是施之妄也。教人至難，必盡人之材，乃不誤人；觀可及處，然後告之。聖人之明，直若庖丁之解牛，皆知其隙，刃投餘地，無全牛矣。人之材足以有爲，但以其不由于誠，則不盡其材。① 若曰勉率而爲之，則豈有由誠者哉？

人教小童，亦可取益。絆己不出入，一益也；授人數數，己亦了此文義，二益也；對之，必正衣冠，尊瞻視，三益也；常以因己而壞人之材爲憂，② 則不敢惰，四益也。

朱子曰：學者議論工夫，當因其人而示以用工之實。若泛爲端緒，使人迫切而自求之，恐適資學者之病。③

教導後進，須是嚴毅，然亦須有以興起開發之，方得。只恁嚴，徒拘束之，亦不濟事。右師道。

---

① 《朱子近思録》卷十一第 118 頁,以上三句中"材"均作"才"。
② 《朱子近思録》卷十第 114 頁,"材"作"才"。
③ 《朱子語類》卷八第 146 頁,"恐適"作"適恐"。

《曲禮》曰：凡與客入者，每門讓于客，客至于寢門，則主人請入爲席，然後出迎客。客固辭，主人肅客而入。主人入門而右，客入門而左。主人就東階，客就西階。客若降等，則就主人之階。主人固辭，然後客復就西階。主人與客讓登，主人先登，客從之。拾給聚足，[1] 連步以上。

主人不問，客不先舉。

大夫、士相見，雖貴賤不敵，主人敬客，則先拜客，客敬主人，則先拜主人。

《表記》曰：君子於有喪者之側，不能賻焉，則不問其所費；於有病者之側，不能饋焉，則不問其所欲；有客不能館，則不問其所舍。故君子之接如水，小人之接如醴；君子淡以成，小人甘以壞。

孔子曰：君子不以色親人。情疏而貌親，在小人則穿窬之盜也與？右交際。

伊尹曰：立愛惟親，立敬惟長，始于家邦，終于四海。

《曲禮》曰：父之讎，弗與共戴天。兄弟之讎，不反兵。交游之讎，不同國。

《檀弓》曰：事親有隱而無犯，左右就養無方，服勤至死，致喪三年。事君有犯而無隱，左右就養有方，服勤至死，方喪三年。事師無犯無隱，左右就養無方，服勤至死，心喪三年。

---

[1] 《禮記正義》卷二第 1238 頁，"給"作"級"。

孔子曰：君子之事親孝，故忠可移于君；事兄弟，① 故順可移于長；居家理，故治可移于官。是以形成于内而名立於後世矣。

天子有爭臣七人，雖無道，不失其天下；諸侯有爭臣五人，雖無道，不失其國；大夫有爭臣三人，雖無道，不失其家；士有爭友，則身不離於令名；父有爭子，則身不陷于不義。故當不義，則子不可以弗爭於父，臣不可以弗爭於君。

曾子曰：官怠于宦成，病加于小愈，② 禍生于解惰，③ 孝衰于妻子。察此四者，慎終如始。詩云："靡不有初，鮮克有終。"

有子曰：其爲人也孝弟，而好犯上者，鮮矣；不好犯上，而好作亂者，未之有也。君子務本，本立而道生。孝弟也者，其爲仁之本與！右通論五教。

---

① 《孝經注疏》卷七第 2558 頁上，"弟"作"悌"。
② 此段引文見臺灣商務印書館 1986 年影印清文淵閣四庫全書本《曾子全書》，第 703 册第 480 頁，"小"作"少"。以下凡引此書皆爲此本，一律簡稱《曾子全書》，不再標注版本。
③ 《曾子全書》，第 703 册第 480 頁，"解"作"懈"。

卷之六

王澍類編

博學之

傅説曰：人求多聞，時惟建事，學於古訓，乃有獲。事不師古，以克永世，匪説攸聞。惟學遜志，務時敏，厥修乃來，永懷于兹，[①] 道積于厥躬。惟斅學半，念終始典于學，厥德修罔覺。

《學記》曰：玉不琢，不成器。人不學，不知道。

雖有嘉肴，弗食，不知其旨也；雖有至道，弗學，不知其善也。是故，學然後知不足，教然後知困。知不足，然後能自反也；知困，然後能自強也。

《大畜》象辭曰：君子多識前言往行，以畜其德。

孔子曰：君子博學于文，約之以禮，亦可以弗畔矣夫。

---

① 此段引文見中華書局 1979 年影印清阮元《十三經注疏》本《尚書正義》，第 175 頁，"永"作"允"。以下凡引此書皆爲此本，一律簡稱《尚書正義》，不再標注版本。

　　孟子曰：博學而詳説之，將以反説約也。右通論學。

　　程子曰：凡一物上有一理，須是窮致其理。窮理亦多端，或讀書，講明義理；或論古今人物，別其是非；或應事接物，① 而處其當否，② 皆窮理也。或問："格物者，必物物而格之邪？將止格一物而萬理皆通邪？"③ 曰："格一物而萬理皆通，雖顏子亦未至此。④ 惟今日而格一物焉，明日又格一物焉，積習既多，然後有貫通處耳。"⑤

　　所務于窮理者，非謂必盡窮天下之理，又非謂止窮得一理便到。但積累多後，自當脱然有悟處。⑥

　　格物非欲盡窮天下之理，但于一事上窮得盡，其他可以類推。⑦ 若一事上窮不得，且別窮一事，或先其易者，或先其難者，各隨人淺深，譬如千蹊萬徑，皆可以適國，但得一

---

　　① 《朱子近思録》卷三第 52 頁，"應事接物"作"應接事物"。
　　② 《朱子近思録》卷三第 52 頁，無"否"字。
　　③ 《朱子近思録》卷三第 52 頁，"格物者……萬理皆通邪？"句作"格物須物物格之，還只格一物而萬理皆知？"
　　④ 《朱子近思録》卷三第 52 頁，"格一物……未至此"句作"若只格一物便通衆理，雖顏子亦不敢如此道"。
　　⑤ 《朱子近思録》卷三第 52 頁，"惟今日……貫通處耳"句作"須是今日格一件，明日又格一件，積習既多，然後脱然自有貫通處"。
　　⑥ 此段引文見上海古籍出版社 2011 年版《二程遺書》第 94 頁，"所務于……有悟處"句作"所務于窮理者，非道須盡窮了天下萬物之理，又不道是窮得一理便到，只是要積累多后，自然見去"。
　　⑦ 《二程遺書》第 203 頁，"格物……類推"句作"格物窮理，非是要盡窮天下之物，但于一事上窮盡，其他可以類推"。

道而入則可。① 以推類而通其餘矣，蓋萬物各具一理，而萬理同出一原，此所以可推而無不通也。②

或問：“觀物察己者，豈因見物而反求諸己乎？”曰：“不必然也，物我一理，纔明彼即曉此，此合內外之道也。語其大，則天地之所以高厚，語其小，至一物之所以然，皆學者所宜致思也。”曰：“然則先求之四端可乎？”曰：“求之情性，固切于身，然一草一木，亦皆有理，不可不察。”

朱子曰：所謂致知在格物者，言欲致吾之知，在即物而窮其理也。蓋人心之靈莫不有知，而天下之物莫不有理，惟于理有未窮，故其知有不盡也。是以《大學》始教，必使學者即凡天下之物，莫不因其已知之理而益窮之，以求至乎其極。至于用力之久，而一旦豁然貫通焉，則衆物之表裏精粗無不到，而吾心之全體大用無不明矣。此謂物格，此謂知之至也。

天道流行，造化發育。凡有聲色貌象而盈于天地之間者，皆物也。既有是物，則其所以爲是物者，莫不各有當然之則，而自不容已，是皆得于天之所賦，而非人之所能爲也。今且

────────────

①　《二程遺書》第 203 頁，“若一事……入則可”句作“如一事上窮不得，且別窮一事，或先其易者，或先其難者，各隨人深淺，如千蹊萬徑，皆可適國，但得一道入得便可”。

②　《二程遺書》第 203 頁，“以推類……無不通也”句作“所以能窮者，只爲萬物皆是一理，至如一物一事，雖小，皆有是理”。

以其至切近者言之，① 則心之爲物，實主于身，其體則有仁義禮智之性，其用則有惻隱羞惡恭敬是非之情。渾然在中，隨感而應，各有攸當而不可亂也。② 次而及于身之所具，則有口鼻耳目四肢之用。又次而及于身之所接，則有君臣、父子、夫婦、長幼、朋友之常，是皆必有當然之則而自不容已，所謂理也。外而至于人，則人之理不異于己也。遠而至于物，則物之理不異于人也。極其大，則天地之遠、古今之變，③ 不能外也。盡于小，則一塵之微、一息之頃，不能違也，④ 但其氣禀有清濁偏正之殊，⑤ 物欲有淺深厚薄之異，是以人之與物，賢之與愚，相爲懸絶而不能同耳。以其理之同，故以一人之心而于天下萬物之理莫不能知；以其禀之異，故於理或有所不能盡窮也。⑥ 理有未窮，故其知有不盡；知有不盡，則其心之所發，必不能純於義理而無雜乎物欲之私，此其所以意有不誠、心有不正、身有不修，而家國天下不可得而治也。昔者聖人蓋有憂之，是以于其始，教爲之《小學》，而使之習于誠敬，則所以收其放心，養其德性者，已無所不

---

①　此段引文見臺灣商務印書館 1986 年影印清文淵閣《四庫全書》本《四書或問》卷二，第 197 册第 233 頁，“切”下有“而”字。以下凡引此書皆爲此本，一律簡稱《四書或問》，不再標注版本。

②　《四書或問》卷二，第 197 册第 233 頁，“當”作“主”。

③　《四書或問》卷二，第 197 册第 233 頁，“遠”作“運”。

④　《四書或問》卷二，第 197 册第 233 頁，“違”作“遺”。

⑤　《四書或問》卷二，第 197 册第 233 頁，“禀”作“質”。

⑥　《四書或問》卷二，第 197 册第 233 頁，“理”上有“其”字，“窮”上無“盡”字。

用其至矣。及其進乎《大學》，則又使之即夫事物之中，因其所知之理，推而究之，以各到乎其極，① 則吾之知識亦得以周遍精切而無不盡也。若其用力之方，則或考之事、爲之著，或察之念、慮之微，或求之文字之中、或索之講論之際，使于身心性情之德，人倫日用之常，以至天地鬼神之變，鳥獸草木之宜，自其一物之中，莫不各有以見其所當然而不容己，② 與其所以然而不可易者，必其表裏精粗無所不盡，而後益推其類以通之。③ 至於一日，脫然而貫通焉。則於天下之物，皆有以究其義理精微之所極。而吾之聰明睿知，亦皆有以極其心之本體，而無不盡矣。

凡人各有個見識，如“孩提之童，無不知愛其親；及其長也，無不知敬其兄”，以至善惡是非之際，亦甚分曉。但不推致充廣，故其見識終只如此。須是因此端緒從而窮格之。未見端倪發見之時，且只恭敬涵養；④ 有個端倪發見，直是窮格去，不是鑿空尋事物去格也。⑤

十事格得九事通，⑥ 一事未通透，不妨；一事格得九分

---

① 《四書或問》卷二,第 197 册第 233 頁,“到”作“造”。
② 《四書或問》卷二,第 197 册第 233 頁,“不”下無“各”字。
③ 《四書或問》卷二,第 197 册第 233 頁,“後”作“又”。
④ 《朱子語類》卷十八第 403 頁,“只”作“得”字。
⑤ 《朱子語類》卷十八第 403 頁,“不”上有“亦”字。
⑥ 《朱子語類》卷十五第 305 頁,“通”後有“透”字。

通,① 一分未通透,② 最不可。須窮到十分處。③

《答齊仲書》云：伊川雖謂眼前無非是物,④ 然其格之也，亦須有緩急、先後之序。如今爲學,⑤ 而不窮天理、明人倫、講聖言、通世故，乃兀然存心於一草一木一器用之間，此是何學問？以此爲學而求有得,⑥ 是炊沙而欲成飯也。⑦

學者須常存此心，漸將義理只管去灌漑。若卒乍未有進，且只把見成在底道理將去看認。⑧ 認來認去，更不放過,⑨ 便是自家底。⑩ 緣這道理，不是外來物事，只是自家本來合有底，但要常常檢點。⑪

窮理之初，如攻堅物，必從其罅隙可入之處,⑫ 乃從而擊之，則用力爲不難矣。

道理既知罅縫,⑬ 但當窮而又窮，不可安于小成而遽

---

① 《朱子語類》卷十五第 305 頁,此句作"一事只格得九分"。
② 《朱子語類》卷十五第 305 頁,"未通透"作"不透"。
③ 《朱子語類》卷十五第 305 頁,無此句。
④ 《晦庵集》卷三十九,第 1144 册第 127 頁,"雖"上有"意"字。
⑤ 《晦庵集》卷三十九,第 1144 册第 127 頁,"爲"後有"此"字。
⑥ 《晦庵集》卷三十九,第 1144 册第 127 頁,"以此爲學而求有得"作"如此而望有所得"。
⑦ 《晦庵集》卷三十九,第 1144 册第 127 頁,"成"上有"其"字。
⑧ 《朱子語類》卷九第 153 頁,"且"上有"即"字,"且"下無"只"字。
⑨ 《朱子語類》卷九第 153 頁,"不"作"莫","過"作"着"。
⑩ 《朱子語類》卷九第 153 頁,"便"下有"只"字。
⑪ 《朱子語類》卷九第 153 頁,"但"作"只是","要常常"作"常常要","檢點"作"點檢"。
⑫ 《朱子語類》卷十五第 289 頁,"從"作"尋"。
⑬ 《朱子語類》卷九第 157 頁,"罅縫"作"縫罅"。

止也。

看得一件是，未可便以爲是，且頓放一所，又窮他語。相次看得多，相比並，自然透得。

程子曰：格物莫若察之于身，其得之尤切。①

涵養須用敬，進學則在致知。

入道莫如敬。未有能致知而不在敬者。

致知在乎所養，養知莫過于寡欲。

朱子曰：天下之理，逼塞滿前，耳之所聞，目之所見，無非物也，若之何而窮之哉！須當察之于心，使此心之理既明，然後于物之所在從而察之，則不至於泛濫矣。

人之所以爲學，心與理而已矣。心雖主乎一身，而其體之虛靈，足以管乎天下之理。理雖散在萬事，②而其用之微妙，實不外乎一人之心。初不可以内外精粗而論也。③然或不知此心之靈，而無以存之，則昏昧雜擾，而無以窮衆理之妙。不知衆理之妙，而無以窮之，則偏狹固滯而無以盡此心之全。此其理勢之相須，蓋有必然者。是以聖人設教，使人默識此心之靈，而存之於端莊靜一之中，以爲窮理之本。使

---

① 《朱子語類》卷十八第 401 頁，無"之"字。

② 此段引文見臺灣商務印書館 1986 年影印清文淵閣《四庫全書》本《禮記集説》卷一百五十，第 120 册第 592 頁，"事"作"物"。以下凡引此書皆爲此本，一律簡稱《禮記集説》，不再標注版本。

③ 《禮記集説》卷一百五十，第 120 册第 592 頁，"論"作"辨"。

人知有衆理之妙，而窮之於學問思辨之際，以致其盡心之功，巨細相涵，動靜交養，初未當有内外精粗之擇，及其真積力久，而豁然貫通焉，① 則亦有以知其渾然一致，② 而果無内外精粗之可言矣。

格物之道，其惟敬乎！今人將持敬、致知看作兩事，似持敬時，只塊然獨坐，更不去思量道理，豈可如此？③ 但一面自持敬，一面自思量道理，卻不相妨。④ 蓋"敬"是徹上徹下工夫。未格物前，須是收斂其心，掃盡雜慮，令光明洞達，方能作得主宰，方能見理。既格物後，又須時時提醒，不使一毫私欲得以爲吾知之蔽，而知方在我。大抵居敬、窮理二者互相發。能窮理，則居敬工夫日益進；能居敬，則窮理工夫日益密。

問："涵養致知，以何爲先？"曰："涵養本原思索義理，須用齊頭做，方能互相發。若不涵養而專于致知，則是徒然思索。若專于涵養而不致知，則卻又鶻突去了。正當交相爲用，而各致其功耳。"右格物。

---

① 《禮記集説》卷一百五十，第 120 册第 592 頁，"豁"作"廓"。
② 《禮記集説》卷一百五十，第 120 册第 592 頁，"知"作"致"。
③ 《朱子語類》卷一百一十五第 2772 頁，"今人將……豈可如此"句作"今人將敬、致知來做兩事。持敬時只塊然獨坐，更不去思量；卻是今日持敬，明日去思量道理也！豈可如此？"
④ 《朱子語類》卷一百一十五第 2772 頁，"但一面……不相妨"句，作"但一面自持敬，一面去思慮道理，二者本不相妨"。

程子曰：凡看文字，先須曉其文義，然後可求其意。未有文義不曉而見意者也。

謂文道輔曰：① 聖人之道，坦如大路，學者病不得其門耳，得其門，無遠之不到也。求入其門，不由於經乎？今之治經者亦衆矣，然而買櫝還珠之蔽，人人皆是。經所以載道也，誦其言辭，解其訓詁，而不及道，乃無用之糟粕耳。

尹和靖初到，② 問爲學之方。曰："公要知爲學須是讀書。書不必多看，要知其約。多看而不知其約，書肆耳。頤緣少時讀書貪多，如今多忘了。須是將聖人言語玩味，入心記著，然後力去行之，自有所得。"

張子曰：書須成誦。精思多在夜中，或靜坐得之。不記則思不起，但通貫得大原後，書亦易記。所以觀書者釋己之疑，明己之未達，每見每知新益，則學進矣。於不疑處有疑，方是進矣。

藍田呂氏曰：大抵後生爲學，先須理會所以爲學者何事。一行，一住，一語，一默，須要盡合道理。學業則須是嚴立課程，不可一日放慢。每日須讀一般經書、一般子書，不須多，只要令精熟。須靜室危坐，讀取二三百遍，字字句句須要分明。又每日須連前三五授，通讀五七十遍，須令成誦，

---

① 《朱子近思錄》卷二第 40 頁，"文"作"方"。
② 《朱子近思錄》卷三第 55 頁，"尹和靖"作"焞"。

不可一字放過也。史書，每日須讀取一卷或半卷以上，始見功。須是從人授讀，疑難處便質問，求古聖賢用心，竭力從之。夫指引者，師之功也；行有不至，從容規戒者，朋友之任也。決意而往，則須用己力，難仰他人矣。

黃山谷《與李幾仲帖》云：大率學者喜博，而常病不精。泛濫百書，不若精于一也。有餘力，然後及諸書，則涉獵諸篇亦得其精。蓋以我觀書，則處處得益，以書博我，則釋卷茫然。①

蘇東坡《與王郎書》云：少年爲學者，每一書須作數次讀之。② 如欲求古今興亡治亂、聖賢作用，且只作此意求之，勿生餘念。又別作一次，求事迹文物之類，亦如之，他皆放此。若學成，八面受敵，與涉獵者不可同日而語。

朱子上疏曰：爲學之道，莫先於窮理。窮理之要，必在於讀書。讀書之法，莫貴於循序而致精。而致精之本，則又在於居敬而持志，此不易之理也。夫天下之事，莫不有理。爲君臣，③ 有君臣之理；爲父子，④ 有父子之理。爲兄弟、爲

---

① 《朱子語類》，卷十第 169 頁，“茫”上有“而”字。
② 此段引文見臺灣商務印書館 1986 年影印清文淵閣《四庫全書》本《西山讀書記》卷二十五，第 705 册第 759 頁，“須”作“皆”。以下凡引此書皆爲此本，一律簡稱《西山讀書記》，不再標注版本。
③ 《性理大全書》卷四十四，第 711 册第 26 頁，“臣”下有“者”字。
④ 《性理大全書》卷四十四，第 711 册第 26 頁，“子”下有“者”字。

夫婦、爲朋友，① 以至出入起居、應事接物之際，亦莫不各
有其理焉。② 窮之，③ 則自君臣之大以至事物之微，莫不知其
所以然與其所當然，而無纖芥之疑。善則從之，惡則去之，
而無毫髮之累，此爲學所以莫先於窮理也。至論天下之理，
則要妙精微，各有攸當，亘古亘今，不可移易。惟古之聖人
爲能盡之，而其所行所言，無不可爲天下後世不易之大法，
其餘則順之者爲君子而吉，悖之者爲小人而凶。④ 吉之大者，
則能保四海而可以爲法；凶之甚者，則不能保其身而可以爲
戒。是其粲然之迹，必然之效，蓋莫不具於經訓史冊之中。
欲窮天下之理，而不即是以求之，⑤ 則是正牆面而立耳，此
窮理所以必在於讀書也。⑥ 若夫讀書，則其不好之者固怠忽
間斷，而無所成矣；其好之又不免乎貪多而務廣，往往未啓
其端，而遽已欲探其終；未究乎此，而忽已志在乎彼。是以
雖復終日勤勞不得休息，而意緒匆匆，⑦ 常若有所奔走迫
逐，⑧ 而無從容涵泳之樂，是又安能深信自得，常久不厭，

① 《性理大全書》卷四十四，第 711 册第 26 頁，"爲兄弟、爲夫婦"作"爲夫
婦、爲兄弟"。
② 《性理大全書》卷四十四，第 711 册第 26 頁，"理"上無"其"字。
③ 《性理大全書》卷四十四，第 711 册第 26 頁，"窮"上有"有以"二字。
④ 《性理大全書》卷四十四，第 711 册第 26 頁，"悖"作"背"。
⑤ 《性理大全書》卷四十四，第 711 册第 26 頁，"以"作"而"。
⑥ 《性理大全書》卷四十四，第 711 册第 26 頁，"於"作"乎"。
⑦ 《性理大全書》卷四十四，第 711 册第 27 頁，"匆匆"作"忽忽"。
⑧ 《性理大全書》卷四十四，第 711 册第 27 頁，"走"作"趨"。

以異於彼之怠忽間斷而無所成者哉？孔子所謂“欲速則不達”，孟子所謂“進銳退速”，[1] 正謂此也。誠能監此，而有以反之，則心潛於一，久而不離，[2] 而所讀之書，文意接連，血脈通貫，[3] 自然漸漬浹洽，心與理會，而善之爲勸者深，惡之爲戒者切矣。此循序致謹，[4] 所以爲讀書之法也。若夫致精之本，則在于心。而心之爲物，至虛至靈，神妙不測，常爲一身之主，以提萬事之綱，而不可有頃刻之不存者也。一不自覺而馳騖飛揚，以徇物欲於軀殼之外，則一身無主，萬事無綱，雖其俯仰顧盼之間，蓋已不覺其身之所在，[5] 而況能反覆聖賢、參考事物，[6] 以求義理至當之歸乎？孔子所謂“不重則不威，學則不固”，[7] 孟子所謂“學問之道無他，求其放心而已矣”者，正謂此也。誠能嚴恭寅畏，常存此心，使其終日儼然，不爲物欲之所侵亂，則以之讀書，以之觀理，將無往而不通；[8] 以之應事，以之接物，將無所處而不當矣。此居敬、持志，所以爲讀書之本也。

《答劉定夫書》曰：學者息卻許多狂妄，身心除卻許多

① 《性理大全書》卷四十四，第 711 册第 27 頁，“退”上有“者”字。
② 《性理大全書》卷四十四，第 711 册第 27 頁，“離”作“移”。
③ 《性理大全書》卷四十四，第 711 册第 27 頁，“通貫”作“貫通”。
④ 《性理大全書》卷四十四，第 711 册第 27 頁，“謹”作“精”。
⑤ 《性理大全書》卷四十四，第 711 册第 27 頁，“覺”上有“自”字。
⑥ 《性理大全書》卷四十四，第 711 册第 27 頁，“聖賢”作“聖言”。
⑦ 《性理大全書》卷四十四，第 711 册第 27 頁，“不重”上有“君子”二字。
⑧ 《性理大全書》卷四十四，第 711 册第 27 頁，“往”上有“所”字。

閒雜説話，著實讀書。初時儘且尋行數墨，久久自有見處。①
最怕人説學不在書，不務占畢，不專口耳，下稍説得張皇，
都無收拾，只是一場脱空説話，② 直是可惡。

以二書言之，則通一書而後及一書。以一書言之，其篇
章、文句、首尾、次第，亦各有序，而不可亂也。量力所至，
約其課程而謹守之。③ 字求其訓，句索其旨。未得乎前，則
不敢求其後；未通乎此，則不敢志乎彼。如是循序而漸進焉，
則意定理明，而無疏易凌躐之患矣。

讀書不可貪多，常使自家力量有餘。只恁地逐段子細
看，④ 則一生讀多少書！若務貪多，則反不曾讀得。

荀子説"誦數以貫之"，見得古人誦書，亦記遍數，乃
知橫渠教人必須成誦，⑤ 真道學第一義。遍數已足，而未成
誦，必須成誦。⑥ 遍數未足，雖已成誦，必滿遍數。今所以
記不得説不去，心下若存若亡，皆是不精不熟之患。必須成
誦精熟，一一如自己做出來的一般，⑦ 方能反覆玩味，向上

---

① 《晦庵集》卷五十五，第 1144 册第 664 頁，"久久"作"久之"。
② 《晦庵集》卷五十五，第 1144 册第 664 頁，"脱空説話"作"大脱空"。
③ 《性理大全書》卷五十四，第 711 册第 196 頁，"課程"作"程課"。
④ 《朱子語類》卷十第 166 頁，"逐"上無"地"字，"看"下有"積累去"三字。
⑤ 此段引文見臺灣商務印書館 1986 年影印清文淵閣《四庫全書》本《讀書
分年日程》卷三，第 709 册第 531 頁，"必須"上有"讀書"二字。以下凡引此書皆
爲此本，一律簡稱《讀書分年日程》，不再標注版本。
⑥ 《讀書分年日程》卷三，第 709 册第 531 頁，"須"作"欲"。
⑦ 《讀書分年日程》卷三，第 709 册第 531 頁，"如"上有"認得"二字，"的"
作"底"。

有個通透處。①

　　讀書之法，先要熟讀。須是正看背看，左看右看。看得是了，未可便道是，② 更須反覆玩味。聖人言語，一重又一重，須是耐煩細意入深去看，切不可心粗。③ 若用功粗鹵，不務精思，只道無可疑處，非無可疑，理會未到，不知有疑耳。

　　"學者讀書，須是於無味處當致思焉。至于群疑並興，寢食俱廢，乃能驟進。"因嘆"'驟進'二字，最下得好，須是如此。若進得些子，或進或退，若存若亡，不濟事"。

　　讀書須是優游玩味，徐觀聖賢立言本意所向如何，然後隨其遠近、淺深、輕重、緩急而爲之説。如孟子所謂"以意逆志"者，庶乎得之。④ 若便以吾先人之説，橫於胸次，而驅率聖賢之言，以從己意，設使義理可通，已涉私意穿鑿，而不免于郢書燕説之誚，況又義理窒礙而有不可行者乎？⑤

　　讀書不可有欲了底心，才有此心，便心只在背後白紙上去了，⑥ 無益。須是徘徊顧戀，如不欲去，直讀到不忍舍處，

---

　　① 《讀書分年日程》卷三，第 709 册第 531 頁，"反覆玩味"作"玩味反覆"，"有"下無"個"字。

　　② 《朱子語類》卷十第 165 頁，"道"上有"説"字。

　　③ 《朱子語類》卷十第 162 頁，無"耐煩細意"四字及"切不可心粗"句。

　　④ 《御纂性理精義》卷八，第 719 册第 733 頁，"得"上有"可以"二字。

　　⑤ 《御纂性理精義》卷八，第 719 册第 733 頁，"而有"作"亦有所"。

　　⑥ 《朱子語類》卷十第 173 頁，"上去"作"處"。

方是見得真味。

　　讀書看義理，須是胸次放開，磊落明快，恁地去。第一不可先責效。才責效，便有憂愁底意思。① 只管如此，胸中便結聚一餅子不散。今且放置閒事，不要閒思量。只專心去玩味義理，便會心精；心精，便會熟。

　　觀書，先須熟讀，使其言皆若出於吾之口；繼以精思，使其意皆若出於吾之心。至于文義有疑，衆說紛錯，② 則亦處心靜慮，勿遽取舍於其間。先使一說自爲一說，而隨其意之所之，以驗其通塞，則其尤無理者，③ 不待觀於他說而先自屈矣。復以衆說互相詰難，而求其理之所安，以考其是非，則似是而非者，亦將奪於公論而無以自立矣。④ 大抵徐行卻立，處靜觀動。如攻堅木，⑤ 先其易者而後其節目；如解亂絲，⑥ 有所不通則姑置而徐理之。此讀書之法也。

　　讀書若有所見，未必便是，不可便執著。且頓放一所，益更讀書，以來新見。相次看得多，相比並，使互相發明，自然透得。

　　看文字，須是如猛將用兵，直是鏖戰一陣；如酷吏治獄，

---

　　① 《朱子語類》卷十第 164 頁，"意"下無"思"字。

　　② 《性理大全书》卷五十四，第 711 册第 197 頁，"紛"作"分"。

　　③ 《性理大全書》卷五十四，第 711 册第 197 頁，"理"上有"義"字。

　　④ 《性理大全書》卷五十四，第 711 册第 197 頁，"立"上無"自"字。

　　⑤ 《性理大全書》卷五十四，第 711 册第 197 頁，"木"作"本"。

　　⑥ 《性理大全書》卷五十四，第 711 册第 197 頁，"絲"作"繩"。

直是推勘到底，決不恕他，方得。

文字大題目痛理會三五處，① 後當迎刃而解。

讀書，須是要身心都入在這一段裏面，更不問外面有何事，方見得一段道理出。今人都一邊去看文字，② 一邊去思量外事，只是枉費功夫。不如放了文字，③ 待打叠教意思靜了，方去看。④

讀書須是將本文熟讀，字字咀嚼教有味。若理會不得處，⑤ 深思了又不得，⑥ 然後卻將注脚看，方有意味。

凡看文字，諸家説異同處最可觀。其舊日看文字，專看異同處。

讀書須斂身端坐，緩視微吟。寬著期限，緊著課程。

輔氏漢卿集《朱子讀書法》云：循序漸進，熟讀精思，虛心涵泳，切己體察，著緊用力，居敬持志。⑦

程子曰：學者識得仁體，實有諸己，只要義理栽培。如求經義，皆栽培之意。

張子曰：讀書少，則無由考校得義精。蓋書以維持此心，

① 《朱子語類》卷十第 162 頁，"題"作"節"。
② 《朱子語類》卷十一第 177 頁，"都"作"卻"。
③ 《朱子語類》卷十一第 178 頁，"了"上有"下"字。
④ 《朱子語類》卷十一第 178 頁，"方"作"卻"。
⑤ 《性理大全書》卷五十四，第 711 冊第 200 頁，"理"上有"有"字。
⑥ 《性理大全書》卷五十四，第 711 冊第 200 頁，"了"作之"。
⑦ 《讀書分年日程》卷首，第 709 冊第 463 頁，"居敬持志"在"循序漸進"前。

一時放下，則一時德行有懈。① 讀書則心常在，② 不讀書則終看義理不見。

　　書多閱而好忘者，只爲理未精耳。理精則須記，學者但養心識明淨，③ 自然可見。

　　龜山楊氏語羅仲素讀書之法云：以身體之，以心驗之，從容默會於幽閒靜一之中，超然自得於書言象意之表。此蓋某所自爲者如此。

　　朱子曰：讀書，不可專就紙上求義理，④ 須反來就自家身上推究。凡吾身日用之間，無非道，書所以接湊此心耳。⑤ 故必先求之於心，⑥ 而後求之於書，則讀書方有味。

　　文字講說得行，而意味未深者，正要本原上加功，須是持敬。持敬以靜爲主。此意須要於不做工夫時頻頻體察。收拾此心，令專靜純一，日用動靜間都無馳走，然後虛心去看文字，方始看得精審。

　　讀書閒暇，且靜坐，教他心平氣定，養精神，又來看，⑦

----

①　《朱子近思錄》卷三第 62 頁，“行”作“性”。

②　《朱子近思錄》卷三第 62 頁，“心”上有“此”字。

③　此段引文見臺灣商務印書館 1986 年影印清文淵閣《四庫全書》本《張子全書》卷六，第 697 册第 169 頁，“淨”作“靜”。以下凡引此書皆爲此本，一律簡稱《張子全書》，不再標注版本。

④　《朱子語類》卷十一第 181 頁，“專”上有“只”字。

⑤　《朱子語類》卷一百一十八第 2839 頁，“所”上有“則”字。

⑥　《朱子語類》卷一百一十八第 2839 頁，“心”作“身”。

⑦　《朱子語類》卷十一第 178 頁，無“養精神又來看”六字。

則見道理漸次分曉。①

　河津薛氏曰：讀書貴知要，只顏子四勿：心不絶想，口不絶念，守之勿失，循之勿違，豈有差錯。泛觀天下之書，而不知用力處，雖多亦奚以爲？

　程子曰：讀書將以窮理，將以致用也。今或滯心於章句之末，則無所用也。此學者之大患。

　河津薛氏曰：聖賢之書，垂訓萬世。本欲開明天理，使反求諸身心而得其實。② 自朱子没，士子誦習其説者，率以爲出身干禄之階梯，而不知反己以求其實。聖賢垂訓之意，果安在乎？

　爲科舉而著書者，皆非爲己之學也。聖賢專以爲己之學教人，而猶有爲人者，況以科舉爲人之學教人乎？

　程子曰：《大學》，孔氏之遺書，而初學入德之門也。於今可見古人爲學次第者，獨賴此篇之存，而《論》《孟》次之。③ 學者必由是而學焉，則庶乎其不差矣。

　朱子曰：方其幼也，不習之於小學，則無以收其放心，養其德性，而爲《大學》之基本。及其長也，不進之於《大

---

　①《朱子語類》卷十一第 178 頁，"則見"作"見得"。
　②《讀書録》卷八，第 711 册第 667 頁，"反"上有"人"字。
　③《御定小學集注》卷五，第 699 册第 582 頁，此句作"而其他則未有如《論》《孟》者"。

學》，則無以察夫義理，措諸事業，而收小學之成功。

今且熟讀《大學》作間架，卻以他書填補云。①

《大學》是個空腔子，② 要填教他實。

程子曰：學者先須讀《論》《孟》。窮得《論》《孟》，自有要約處，以此觀他經甚有力。③《論》《孟》如丈尺權衡相似，以此去量度事物，自然見得長短輕重。

學者當以《論語》《孟子》爲本。《論》《孟》既治，④則《六經》可不治而明矣。讀書者當觀聖人所以作經之意，與聖人所以用心，與聖人所以至聖人，而吾之所以未至者，所以未得者。句句而求之，晝誦而味之，中夜而思之，平其心，易其氣，闕其疑，則聖人之意見矣。

凡看《語》《孟》，且須熟讀玩味，⑤ 將聖賢之言語切己，⑥ 不可只作一場説話。⑦ 看得此二書切己，⑧ 終身儘多矣。

---

① 此段引文見臺灣商務印書館 1986 年影印清文淵閣《四庫全書》本《大學衍義補》卷七十七，第 712 册第 874 頁，"云"作"去"。以下凡引此書皆爲此本，一律簡稱《大學衍義補》，不再標注版本。

② 《大學衍義補》卷七十七，第 712 册第 874 頁，無"空"字。

③ 《朱子近思録》卷三第 56 頁，"有"作"省"。

④ 《朱子近思録》卷三第 56 頁，"論"下有"語"字，"孟"下有"子"字。

⑤ 《朱子近思録》卷三第 56 頁，無"讀"字。

⑥ 《朱子近思録》卷三第 56 頁，"聖賢"作"聖人"。

⑦ 《朱子近思録》卷三第 56 頁，"説話"作"話説"。

⑧ 《朱子近思録》卷三第 56 頁，"看"上有"人只"二字。

　　讀《論語》者，但將弟子問處便作己問，①將聖人答處便作今日耳聞，自然有得。若能於《論》《孟》中深求玩味，將來涵養成甚生氣質！

　　或問：“讀《論語》，以何爲要？”曰：“要在知仁。”

　　《論語》之書，其辭近，其旨遠，辭有盡，旨無窮。有盡者，索之訓詁，無窮者，要當會之以神。

　　朱子曰：看《孟子》與《論語》不同。《論語》要冷看，《孟子》要熟讀。《論語》逐文逐意各是一義，故用子細静觀。《孟子》成大段，首尾通貫，熟讀文義自見，不可逐一句一字上理會也。

　　德先問《孟子》曰：《孟子》説得段段痛切，如撿死人相似，必有個致命痕。《孟子》段段有個致命處，看得這般處出，方有精神。

　　程子曰：《中庸》一篇，乃孔門傳授心法。子思恐其久而差也，故筆之於書，以授孟子。其書始言一理，中散爲萬事，末復合爲一理。放之，則彌六合；卷之，則退藏於密。其味無窮，皆實學也。善讀者玩索而有得焉，則終身用之，有不能盡者矣。

　　張子曰：《中庸》文字輩，直須句句理會過，使其言互相發明。

①《朱子近思録》卷三第56頁，“弟”上有“諸”字。

朱子曰：《中庸》，初學者未嘗理會，須是且著力去看《大學》《論語》《孟子》，^① 見得個道理了，^② 方可看此書，將來印證。

讀書，^③ 先讀《大學》，以定其規模；次讀《論語》，以立其根本；次讀《孟子》，以觀其發越；次讀《中庸》，以求古人微妙處。^④ 學者於此"四書"，^⑤ 果然下工夫，句句字字，涵泳切己，看得透徹，一生受用不盡。

讀《中庸》者，毋政於高，毋駭於奇，必沉潛乎句讀文義之間，以會其歸；必戒謹恐懼乎不睹不聞之中，^⑥ 以踐其實。庶乎優柔厭飫，真積力久，而于博厚高明悠久之域，忽不自知其至矣。

孔子曰：興於《詩》，立於《禮》，成於《樂》。

張子曰：《六經》須循環理會，盡無窮。^⑦ 待自家長得一

---

①　此段引文見臺灣商務印書館 1986 年影印清文淵閣《四庫全書》本《四書大全·中庸章句大全·讀中庸法》，第 205 冊第 872 頁，"須是且著力去看《大學》《論語》《孟子》"作"須是且著力去看《大學》，又著力去看《論語》，又著力去看《孟子》"。以下凡引此書皆爲此本，一律簡稱《四書大全》，不再標注版本。

②　《朱子語類》卷六十二第 1479 頁，"見得"上有"學者須是"四字。

③　《朱子語類》卷十四第 249 頁，"讀書"作"某要人"。

④　《朱子語類》卷十四第 249 頁，"微"上有"之"字。

⑤　《朱子語類》卷十四第 249 頁，此句作"先看《大學》，次《語》《孟》，次《中庸》"。

⑥　此段引文見臺灣商務印書館 1986 年影印清文淵閣《四庫全書》本《朱子讀書法》卷二，第 709 冊第 378 頁，"謹"作"慎"。以下凡引此書皆爲此本，一律簡稱《朱子讀書法》，不再標注版本。

⑦　《朱子近思錄》卷三第 62 頁，"盡"上有"義理"二字。

格，則又見得別。

朱子曰：讀六經時，如未有六經，只就自家身上討道理，其理便易曉。

伊川先生《答張閎中書》曰：來書云："易之義本起于數。"非也。① 有理而後有象，有象而後有數。《易》因象以明理，由象以知數。得其義，則象數在其中矣。必欲窮象之隱微，盡數之毫忽，乃尋流逐末，術家之所尚，非儒者之所務也。

讀《易》不要拘一。若執一事，則三百八十四爻只作得三百八十四件事便休了。

朱子曰：《易》中多言利貞，吉利永貞之類，② 皆是要人守正。

《易》大概欲人恐懼修省。

孔子曰：《詩》三百，一言以蔽之，曰："思無邪。"

誦詩三百，授之以政，不達；使於四方，不能專對；雖多，亦奚以爲？

小子何莫學夫《詩》？《詩》可以興，可以觀，可以群，可以怨。邇之事父，遠之事君，多識於鳥獸草木之名。

子謂伯魚曰：女爲《周南》《召南》矣乎？人而不爲

---

① 《朱子近思録》卷三第 58 頁，"非"上有"則"字。
② 《西山讀書記》卷二十三，第 705 册第 703 頁，"吉"前有"貞"字。

《周南》《召南》，其猶正牆面而立也與？

孟子曰：説《詩》者不以文害辭，不以辭害志；以意逆志，是爲得之。

程子曰："興於《詩》"者，吟咏性情，涵暢道德之中而歆動之，有"吾與點也"之意。①

張子曰：置心平易，然後可以言《詩》。涵泳從容，則忽不自知而自解頤矣。

求《詩》者貴平易，不要崎嶇。蓋詩人之性情，温厚、平易、老成。其志平易，故無險阻之言。② 大率所言，皆目前事而義理存乎其中。以平易求之，則思遠以廣，愈艱險則愈淺近矣。

朱子曰：讀書之法，只是熟讀涵泳，③ 自然和氣從胸中流出，其妙處不可得而言。不待安排布置，④ 務自立説也。

程子曰：看《書》須要見二帝三王之道。如二《典》，即求堯之所以治民、舜之所以事君。⑤

朱子曰：二《典》、三《謨》等篇，義理明白，句句是實理。堯之所以爲君，舜之所以爲臣，咎繇、稷、契、伊、

---

① 《朱子近思録》卷三第 56 頁無"也"字，"意"作"氣象"。
② 《大學衍義補》卷七十四，第 712 册第 846 頁，"險阻"作"艱險"。
③ 《朱子語類》卷八十第 2086 頁，"泳"作"味"。
④ 《朱子語類》卷八十第 2086 頁，"布"作"措"。
⑤ 《朱子近思録》卷三第 57 頁，此二句均無"之"字。

傅輩所言所行，① 最好綢繆玩味，② 體貼向自家身上來，其味自別。

唐虞三代事，浩大闊遠，何處測度？不若求聖人之心。如堯，則考其所以治民，舜，則考其所以事君，且如《湯誓》曰“予畏上帝，不敢不正”，③ 熟讀豈不見湯之心？

《尚書》初若於己不相關，④ 熟而誦之，乃知堯、禹、湯、文之事，無非切己者。

欽之一字，書中開卷第一義也。讀者深味而有得焉，則一經之全體不外是矣。

左氏曰：《春秋》之稱，微而顯，婉而辨。上之人能使昭明。善人勸焉，淫人懼焉，是以君子重之。⑤

程子曰：《詩》《書》載道之文，《春秋》聖人之用。《詩》《書》如藥方，《春秋》如用藥治病。聖人之用，全在此書。

《春秋》傳爲按，經爲斷。某年二十時看《春秋》，黃聱問某如何看，⑥ 某答曰：“以傳考經之事迹，以經別傳之真偽。”

---

① 《朱子語類》卷七十八第1982頁，“咎繇”作“皋陶”。
② 《朱子語類》卷七十八第1982頁，“綢繆”作“紬繹”。
③ 《朱子語類》卷七十八第1983頁，“曰”上有“湯”字。
④ 《西山讀書記》卷二十三，第705冊第707頁，“若”上有“讀”字。
⑤ 此段引文見臺灣商務印書館1986年影印清文淵閣四庫全書本《文編》卷三十五，第1378冊第34頁，“重”作“貴”。以下凡引此書皆爲此本，一律簡稱《文編》，不再標注版本。
⑥ 《朱子近思錄》卷三第61頁，“問”上有“隅”字。

邵子曰：《春秋》皆因事而褒貶，非有意於其間。故曰：《春秋》盡性之書也。

五峰胡氏曰：天理人欲，莫明辨於《春秋》。聖人教人消人欲，復天理，莫深於《春秋》。

南軒張氏曰：《春秋》即人事而明天理，① 窮理之要也。觀其書，取其大義數十，斷爲定論，而詳味其抑揚、予奪、輕重之宜，則有以權萬變矣。

朱子曰：《儀禮》禮之根本，而《禮記》乃其支葉，②《儀禮》經也，《禮記》傳也。《儀禮》雖難讀，然倫類若通，則其先後彼此展轉參照，足以互相發明，久之自通貫也。《禮記》要兼《儀禮》讀，如《冠禮》《喪禮》《鄉飲酒禮》之類，《儀禮》皆載其事，《禮記》只發明其理。讀《禮記》而不讀《儀禮》，則許多理俱無安著處。③

程子曰：凡讀史，不徒要記事迹，須要識其理亂、安危、興廢、存亡之理。④ 某讀史每到一半，⑤ 便掩卷思量，料其成敗，然後卻看。有不合處，又更精思。其間多有幸而成，不幸而敗者。今人只見成者便以爲是，敗者便以爲非，不知成

---

① 《西山讀書記》卷二十四，第705冊第737頁，"事"上無"人"字。
② 《朱子語類》卷八十四第2186頁，"支"作"枝"。
③ 《朱子語類》卷八十七第2225頁，"許"上無"則"字，"俱"作"皆"。
④ 《朱子近思錄》卷三第61頁，"理"作"治"。
⑤ 《朱子近思錄》卷三第61頁，此句作"先生每讀史到一半"。

者煞有不是底,^① 敗者煞有是底。

讀史須見聖賢所存治亂之機, 賢人君子出處進退之理,^②
便是格物。

朱子曰: 讀史有不可曉處, 札出待去問人。便且讀過,
有時讀別處, 撞著有文義與此相關, 便自曉得。

先讀《語》《孟》《學》《庸》,^③ 更讀一經。然後觀史,
則如明鏡在此, 而妍醜不可逃。若未讀徹《語》《孟》《學》
《庸》,^④ 便去看史, 胸中無一個權衡, 多爲所惑。

楊至之患, 患讀史無記性,^⑤ 讀三五遍方記得,^⑥ 而後又
忘了。曰:"只是一遍讀時, 須用工,^⑦ 作相別計, 止此更不
再讀, 便記得。若初草讀一遍,^⑧ 準擬三四遍讀, 便記不牢。

看《通鑑》固好, 然須看正史一部, 卻看《通鑑》。一
代帝紀, 更逐件大事立個綱目, 其間節目疏之於下, 恐可記
得。右讀書。

----

① 《朱子近思録》卷三第 61 頁,"是"下無"底"字。
② 《朱子近思録》卷三第 61 頁,"退"下無"之理"二字。
③ 《朱子語類》卷十一第 195 頁,此句與下句"讀"均作"看","《孟》"下作
"《中庸》"。
④ 《朱子語類》卷十一第 195 頁,"《學》《庸》"作"《中庸》《大學》"。
⑤ 《朱子語類》卷十一第 198 頁,"至"作"志","患患"作"患"。
⑥ 《朱子語類》卷十一第 198 頁,"讀"作"須"。
⑦ 《朱子語類》卷十一第 198 頁,"工"作"功"。
⑧ 《朱子語類》卷十一第 198 頁,"草"上有"且"字。

卷之七

王澍類編

審問之

仲虺曰：好問則裕，自用則小。

《學記》曰：善問者如攻堅木，先其易者，後其節目，及其久也，相説以解。不善問者反此。善待問者如撞鐘，叩之小者則小鳴，叩之大者則大鳴，① 待其從容，然後盡其聲。不善答問者反此。

程子曰：恥不知而不問，終於不知而已。以爲不知而必求之，終能知之矣。

學者先要會疑。

張子曰：義理有疑，則濯去舊見，以來新意。心中有所開，即便札記，不思則還塞之矣。更須得朋友之助，一日間朋友論著，則一日間意思差別，須日日如此講論，久則

---

① 《禮記正義》卷三十六第 1524 頁，此二句"之"後均有"以"字。

自覺進也。

　　人多以老成則不肯下問，故終身不知。又爲人以道義先覺處之，不可復謂有所不知，故亦不肯下問。從不肯問，遂生百端欺妄人，我寧終身不知。

　　朱子曰：讀書始未知有疑，① 其次，則漸漸有疑，中則節節是疑，過了這一番後，疑漸漸釋，② 以至融貫會通，都無可疑，方始是學。

　　大疑則大進。

　　無疑者，須要有疑；③ 有疑者，卻要無疑，到這裏方是長進。

　　爲學勿責無人爲自家剖析出來，須是自家去裏面講究做工夫，要自見得。師友之功，但能示之於始而正之於終爾。若中間二十分工夫，須用自喫力去做。④ 既有以喻之於始，又自勉之於中，又其後得人商略是正之，⑤ 則所益厚矣。

---

① 《西山讀書記》卷二十五，第 705 册第 753 頁，"讀書始"作"讀書始讀"。
② 《西山讀書記》卷二十五，第 705 册第 753 頁，"釋"作"減"，
③ 《朱子語類》卷十一第 186 頁，"要"作"教"。
④ 《朱子語類》卷八第 146 頁，"須用自"作"自用"。
⑤ 《朱子語類》卷八第 146 頁，"略"作"量"。

卷之八

王澍類編

慎思之

《洪範》曰：思曰睿，睿作聖。

孔子曰：學而不思則罔，思而不學則殆。

周子曰：不思則不能通微，不睿則不能無不通。是則無不通生於通微，通微生於思。故思者，聖功之本，而吉凶之機也。

張子曰：凡致思到説不得處，始復審思明辨，乃爲善學也。若告子則到説不得處遂已，更不復求。

朱子曰：大凡爲學，須是四方八面都理會。教透自裏面看出去，① 推到無窮盡處；自外面看入來，推到無處去；② 方

---

① 《朱子語類》卷十五第 301 頁，"自"上無"教透"二字，無"去"字。
② 《朱子語類》卷十五第 301 頁，"處去"作"去處"。

始了得。① 若見得一邊，不見得一邊，② 便不該通。思之未得，③ 更須款曲推明。

義理儘無窮，前人恁地説，亦未必盡。須是把來橫看豎看，④ 正看反看，左看右看，⑤ 儘入深，儘有在。

格物窮理，須是一棒一條痕，一摑一掌血。將此心入在裏面，與他猛滾一番，令透徹，然後涵養將去。

孔子曰：吾嘗終日不食，終夜不寢，以思，無益，不如學也。

程子曰：泛乎其思，不若約之可守也，思則來，舍則去，思之不熟也。

思慮不得至于苦。

問：“思慮雖多，果出於正，亦無害否？”曰：“發不以時，紛然無度，雖正亦邪。”

學者不泥文義者，又全悖卻遠去；⑥ 理會文義者，又滯泥不通。如子濯孺子爲將之事，孟子只取其不倍師之意，⑦ 人須就上面理會事君之道如何也。又如萬章問舜完廩浚井事，孟子只答他大意，人須要理會浚井如何出得來，完廩又怎生

---

① 《朱子語類》卷十五第 301 頁，“了得”作“得了”。
② 《朱子語類》卷十五第 289 頁，“一”上無“得”字。
③ 《朱子語類》卷十五第 289 頁，“思”作“窮”。
④ 《朱子語類》卷九第 157 頁，“把”上有“自”字。
⑤ 《朱子語類》卷九第 157 頁，無“正看反看，左看右看”二句。
⑥ 《朱子近思錄》卷三第 54 頁，“悖”作“背”。
⑦ 《朱子近思錄》卷三第 54 頁，“倍”作“背”。

下得來。若此之學，徒費心力。

"思曰睿。"思慮久後，睿自然生。若於一事上思未得，且別換一事思之，不可專守著這一事。蓋人之知識，於這裏蔽著，雖強思亦不通也。

問："如何是近思？"曰："以類而推。"

張子曰：玩心未熟可求之平易勿遷也，若始求太深，恐自茲愈遠。

朱子曰：天下之理，其間曲折纖微，① 各有次序，必須優游潛玩，② 厭飫而自得之，然後爲至，固不可以自畫而緩，③ 亦不可以欲速而急，譬如草木自萌芽、生長以至於枝葉華實，不待其日至之時而揠焉以助之長，豈不無益而反害之哉？

虛心看物，物來便知是與非。

大凡讀書處事，當煩亂疑惑之際，正當虛心博采以求至當。或有未得，④ 亦當且以闕疑。闕殆之，意處之，若遽以己所粗通之一說而盡廢己所未究之衆論，則非惟所處之得失，或未可知，而此心之量亦不弘矣。⑤

大抵思索義理到紛亂窒塞處，須是一切埽去，放教胸中，

---

① 《性理大全書》卷四十四，第 711 册第 31 頁，"微"作"悉"。
② 《晦庵集》卷三十八，第 1144 册第 94 頁，"須"作"也"。
③ 《晦庵集》卷三十八，第 1144 册第 94 頁，無"以"字。
④ 《晦庵集》卷三十六，第 1144 册第 3 頁，"有未"作"未有"。
⑤ 《晦庵集》卷三十六，第 1144 册第 3 頁，"弘"作"宏"。

空空洞洞地了卻，① 舉起一看便自覺得有下落處。今學者有二病，② 一是主私意，一是舊有先入之説，雖欲擺脱，亦被他自來相尋。

王氏伯厚曰：思欲近，近則精；慮欲遠，遠則周。

或問："心中思慮多，奈何？"魯齋許氏曰："不知所思慮者何事？若果求所當知，③ 雖千思萬慮，可也。若人欲之萌，即當斬去，在自知之耳。人心虛靈，無槁木死灰不思之理，要當精於可思慮處。"

河津薛氏曰：讀書固不可不思索，然思索太苦而無節，則心反爲之動而神氣不清，便是暴其氣。④ 凡讀書思索之久覺有倦意，當斂襟正坐，澄定此心，少時再從事於思索，則心清而義理自見。

朱子曰：人須打叠了心下間思雜慮。⑤ 如心中煩擾，⑥ 雖求得道理，也没頓處。打叠了後，⑦ 得一件方是一件，得兩件方是兩件。⑧

---

① 《晦庵集》卷四十四，第 1144 册第 276 頁，"空空洞洞"作"空蕩蕩"。
② 《朱子語類》卷十一第 186 頁，"病"上有"種"字。
③ 《性理大全書》卷三十三，第 710 册第 714 頁，無"若"字。
④ 《讀書録》卷五，第 711 册第 622 頁，"便是暴其氣"作"如井泉然，淆之頻數則必濁"。
⑤ 《朱子語類》卷一百十八第 2835 頁，"間"作"閑"。
⑥ 《朱子語類》卷一百十八第 2835 頁，"煩"作"紛"。
⑦ 《朱子語類》卷一百十八第 2835 頁，"打"上有"須"字。
⑧ 《朱子語類》卷一百十八第 2835 頁，此句前無"得"字。

心不專靜純一，① 故思慮不精明。更須養得此心令虛明專靜，② 使道理從裏面流出，便好。

須是以聖賢之理觀聖賢之書，③ 以天下之理觀天下之事。人多以私見自去窮理，只是你自家所見，去聖賢之心尚遠在。

窮理以虛心靜慮爲本。

大著心胸，不可因一說相礙。看教平闊，四方八面都見。

便是看道理難，④ 又要寬著心，又要緊著心。這心不寬，則不足以見其規模之大；不緊，則不足以察其文理之細密。若拘滯於文義，少間又不見他大規模處。

程子曰：致思如掘井，初有渾水，久後稍引動得清者出來。人思慮始皆溷濁，久自明快。

欲知得與不得，於心氣上驗之。思慮有得，中心悦豫沛然有裕者，實得也；思慮有得，心氣勞耗者，實未得也，強揣度耳。嘗有人言："比因學道，思慮心虛。"曰："人之血氣，固有虛實。疾病之來，聖賢所不免。然未聞自古聖賢因學而致心疾者。"善學者之於心，治其亂，收其放，明其蔽，安其危，曾謂爲心害乎？

---

① 《朱子語類》卷一百二十第2901頁，"心"上有"蓋"字。
② 《朱子語類》卷一百二十第2901頁，"更"作"要"。
③ 《朱子語類》卷九第159頁，"理"作"意"。
④ 《朱子語類》卷九第158頁，"道"作"義"。

卷之九

王瀷類編

明辨之

孔子曰：由，誨女知之乎！知之爲知之，不知爲不知，是知也。

孟子曰：非禮之禮，非義之義，大人弗爲。

人有不爲也，而後可以有爲。

伊川先生《答朱長文書》曰：心通乎道，然後能辨是非，如持權衡以較輕重，孟子所謂知言是也。心不通於道，而較古人之是非，猶不持權衡而酌輕重，竭其目力，勞其心智，雖使時中，亦古人所謂“億則屢中”，君子不貴也。

和靖尹氏曰：學者於是非之原，毫釐有差，則害流于生民，禍及於後世，故辨之不可以不嚴。①

---

① 《西山讀書記》卷三十五，第706冊第288頁，此句作“孟子辨邪說如是之嚴”。

　　朱子曰：自一念之微，以至事事物物，若靜若動，凡居處飲食言語，無不是事，無不各有個天理人欲。須是逐一驗過，雖在靜處坐，亦須驗過敬、肆，① 敬便是天理，肆便是人欲。如居處，便須驗得恭與不恭；執事，便須驗得敬與不敬。有一般人專就寂然不動上理會，及其應事，卻七顛八倒，又有人專要理會事，卻於根本上全無功夫。須是徹上徹下，表裏洞徹始得。② 右辨義理。

　　孔子曰：攻乎異端，斯害也已。

　　程子曰：古之學者一，今之學者三，異端不與焉。一曰文章之學，二曰訓詁之學，三曰儒者之學。欲趨道，舍儒者之學不可。又曰：今之學者有三弊：溺於文辭，牽於訓詁，惑於異端。③ 苟無是三者，則必求歸於聖人之道矣。

　　道之不明，異端害之也。昔之害近而易知，今之害深而難辨。昔之惑人也，乘其迷暗；今之人人也，因其高明。自謂之窮神知化，而不足以開物成務。言爲無不周遍，實則外於倫理。窮深極微，而不可以入堯、舜之道。天下之學，非淺陋固滯，則必入於此。自道之不明也，邪誕妖妄之說競

---

　　① 《朱子語類》卷十五第287頁，"過"作"個"。
　　② 《朱子語類》卷十五第287頁，"洞徹"下無"始得"二字。
　　③ 《二程遺書》卷十八第235頁，此段第一句話同，下有異："一溺于文章，二遷于訓詁，三惑于異端。苟無此三者，則將何歸？必趨于道矣。"

起，① 塗生民之耳目，溺天下於污濁。雖高才明智，膠於見聞，醉生夢死，不自覺也。是皆正路之蓁蕪，聖門之蔽塞，闢之而後可以入道。

朱子曰：異端害正，固君子所當闢，然須是吾學既明，洞見大本，達道之全體，然後據天理以開有我之私，因彼非以察吾道之正，議論之間，彼此交盡，而内外之道一以貫之，如孟子論養氣而及告子義外之非，因夷子而發天理一本之大，豈徒攻彼之失而已哉，② 所以推明吾道之極致本原，③ 亦可謂無餘蘊矣。

孟子曰：聖王不作，諸侯放恣，處士橫議。楊朱、墨翟之言盈天下。天下之言不歸楊，則歸墨。楊氏“爲我”，是無君也；墨氏“兼愛”，是無父也。無父無君，是禽獸也。楊墨之道不息，孔子之道不著，是邪説誣民，充塞仁義也。仁義充塞，則率獸食人，人將相食。吾爲此懼。閑先聖之道，距楊墨，放淫辭、邪説者不得作。作於其心，害於其事；作於其事，害於其政。聖人復起，不易吾言矣。能言距楊墨者，聖人之徒也。

楊子取爲我，拔一毛而利天下，弗爲也。④ 墨子兼愛，

---

① 《朱子近思録》卷十四第 129 頁，“妄”作“異”。
② 《晦庵集》卷三十九，第 1144 册第 147 頁，“豈”上有“此”字。
③ 《晦庵集》卷三十九，第 1144 册第 147 頁，“道”作“學”。
④ 《孟子注疏》卷十三下第 2768 頁，“弗”作“不”。

摩頂放踵利天下，爲之。子莫執中。執中爲近之。執中無權，猶執一也。所惡執一者，爲其賊道也，舉一而廢百也。

程子曰：楊、墨之害，甚於申、韓；佛、老之害，甚於楊、墨。楊氏"爲我"，疑於義，① 墨氏"兼愛"，疑於仁，②申韓則淺陋易見。故孟子只闢楊、墨，爲其惑世之甚也。佛、老其言近理，又非楊、墨之比，此所以爲害尤甚。楊、墨之害，亦經孟子闢之，所以廓如也。

道之外無物，物之外無道，是天地間無適而非道也。③即父子而父子在所親，即君臣而君臣在所嚴，以至爲夫婦、爲長幼、爲朋友，無所爲而非道，此道所以不可須臾離也；然則毀人倫、去四大者，其分於道也遠矣。故"君子之於天下也，無適也，無莫也，義之與比"，若有適有莫，則於道爲有間，非天地之全也。彼釋氏之學，於"敬以直內"則有之矣，"義以方外"則未之有也。故固滯者入於枯槁，④ 疏通者歸於恣肆，此佛之教所以爲隘也。吾道則不然，率性而已。

學者於釋氏之說，直須如淫聲美色以遠之；不爾，則駸駸然入其中矣。

---

① 《朱子近思録》卷十三第 123 頁，"義"作"仁"。
② 《朱子近思録》卷十三第 123 頁，"仁"作"義"。
③ 《朱子近思録》卷十三第 123 頁，"間"上有"之"字。
④ 《朱子近思録》卷十三第 124 頁，"固滯"作"滯固"。

謝上蔡歷舉佛説與吾儒同處。① 問伊川先生，先生曰：
"恁地同處雖多，只是本領不是，一齊差卻。"

張子曰：釋氏妄意天性，而不知範圍之用，反以六根之
微因緣天地，明不能盡，則誣天地日月爲幻妄，蔽其用于一
身之小，溺其志於虛空之大，此所以語大語小，流遁失中。
其過於大也，塵芥六和；其蔽於小也，夢幻人世。謂之窮理，
可乎？不知窮理而謂之盡性，可乎？謂之無不知，可乎？塵
芥六合，謂天地爲有窮也；夢幻人世，明不能究其所從也。

浮圖明鬼，謂有識之死，受生循環，遂厭苦求免，可謂
知鬼乎？以人生爲妄見，可謂知人乎？天人一物，輒生取舍，
可謂知天乎？孔、孟所謂天，彼所謂道，惑者指游魂爲變爲
輪迴，未之思也。大學當先知天德，知天德，則知聖人、知
鬼神。今浮圖極論要歸，② 必謂死生流轉，非得道不免，謂
之悟道，可乎？自其説熾，傳中國，儒者未容窺聖學門牆，
已爲引取，淪胥其間，指爲大道。乃其俗達之天下，致善惡
智愚、男女臧獲，人人著信。使英才間氣，生則溺耳目恬習
之事，長則師世儒崇尚之言，遂冥然被驅，因謂聖人可不修
而至，大道可不學而知。故未識聖人心，已謂不必求其迹；
未見君子志，已謂不必事其文。此人倫所以不察，庶物所以

---

① 《朱子近思録》卷十三第125頁"上蔡"作"顯道"。
② 《朱子近思録》卷十三第126頁，"極"作"劇"。

不明，治所以忽，德所以亂。異言滿耳，上無禮以防其僞，下無學以稽其弊，自古詖淫邪遁之辭，翕然並興，一出於佛氏之門者已五百年。①　向非獨立不懼，精一自信，有大過人之才，何以正立其間，與之較是非，計得失哉！

朱子曰：釋氏虛，吾儒實；釋氏二，吾儒一。

問佛與莊老不同處。曰："莊老絕滅義理，人倫未盡。②至佛則人倫滅盡，③　至禪則義理滅盡。"

河津薛氏曰：天者，萬物之祖。生物而不生於物者也。釋氏亦人耳，其四支百骸固亦天之所生也。④　豈有天所生者而能擅造化之柄耶？若如其説，則天不在天而在釋氏矣。萬物始終莫非陰陽合散之所爲。釋氏乃有輪迴之説，則萬物始終不在造化而在釋氏矣。寧有是理邪？聖人之心如天物，有違忤者，終無私怒也。釋氏極言其神妙無方，慈悲忍辱至於一，有譏謗其書不尊其教者，即報之以種種之罪，又何量之小而心之忮耶？聲、香、色、味、觸，佛書所謂五欲。世人之所貪，彼欲滅絕之者也。及其論聲香色味之盛，又極人世所無者而夸耀之，⑤　何耶？聖人雖澤及四海，功被萬世，而

---

① 《朱子近思録》卷十三第 126 頁，"已"作"千"。
② 《朱子語類》卷一百二十六第 3014 頁，"人倫未盡"作"未盡至"。
③ 《朱子語類》卷一百二十六第 3014 頁，無"至"字。
④ 《讀書録》卷一，第 711 册第 544 頁，"支"作"肢"。
⑤ 《讀書録》卷五，第 711 册第 620 頁，"人世"作"世人之"。

無一毫自滿之意。釋氏動輒言其功德無量，又何説耶？學者得如周、程、張、朱之爲人，其亦可矣。四子不好佛，而學者乃好之，則是爲人不求如四子之賢，而好佛乃求過於四子也，惑之甚矣。

天下無性外之物，而性無不在。君臣父子夫婦長幼朋友皆物也，而其人倫之性即性也。[①] 佛氏之學有曰“明心見性”者，彼既舉人倫而外之矣，安在其能明心見性乎？若果明心見性，則必知天下無性外之物，而性無不在，必不舉人倫而外之也。今既如此，則偏於空寂，而不能真知心性體用之全。審矣。程子謂“其名爲無不周遍，[②] 實則外于倫理”，不其信歟？

聖人順天理而盡人倫，釋氏逆天理而滅人倫。身體髮膚受之父母，不敢毀傷，人之大孝也。夫婦、配偶所以承先世之重，延悠遠之緒，人之大倫也。釋氏乃使人禿其髮，絶其配，不孝絶倫之罪大矣。釋氏逃世滅倫以爲潔正，猶仲子辟兄離母以爲廉也。[③] 是安可以其小者，信其大者哉？

涇陽顧氏曰：《易》曰“大哉乾元，萬物資始”，曰“至

---

① 此段引文見中華書局 1985 年 10 月版《明儒學案》卷七第 113 頁，“人倫之性”作“人倫之理”。以下凡引此書皆爲此本，一律稱《明儒學案》，不再標注版本。

② 《朱子近思録》卷十四第 129 頁，“其名”作“言”。

③ 《讀書録》卷七，第 711 册第 646 頁，“仲子”上有“陳”字。

哉坤元，萬物資生”，曰“元者，善之長也”，可見乾坤萬物
一齊從善中流出，聖人要範圍天地，曲成萬物，所以欲培植
此善字。釋氏要混沌天地，絶滅萬物，所以欲斬斷此善字。

　　問：“神仙之説有諸？”程子曰：“若説白日飛升之類，
則無；若言居山林間，葆形煉氣以延年益壽，則有之。譬如
一爐火，置之風中則易過，置之密室則難過。有此理也。”
問：“聖人能爲此等事否？”曰：“此是天地間一賊，若非竊
造化之機，安能延年？聖人肯爲，① 周孔爲之矣。”

　　河津薛氏曰：萬物始終，乃陰陽造化自然之理。神仙者，
必欲超出陰陽造化以長存，② 必無此理。雖竊陰陽造化之
機，③ 亦能延年，④ 然未有久而不散者。⑤ 不然自古以仙得名
者多矣，何千百年不見一人在世邪？

　　程子曰：今日雜信鬼怪異説者，只是不先燭理。若於事
上一一理會，則有甚盡期？須只於學上理會。

　　張子《答范巽之書》曰：所訪物怪神奸，此非難語，顧
語未必信耳。孟子所論知性知天，學至於知天，則物所從出，
當源源自見。知所從出，則物之當有當無，莫不心諭，亦不

---

　　① 《朱子近思録》卷十三第 125 頁，“聖人”上有“使”字。
　　② 《讀書録》續録卷十一，第 711 册第 814 頁，“造化”下有“之理”二字。
　　③ 《讀書録》續録卷十一，第 711 册第 814 頁，無“陰陽”二字。
　　④ 《讀書録》續録卷十一，第 711 册第 814 頁，“亦能”作“以”。
　　⑤ 《讀書録》續録卷十一，第 711 册第 814 頁，“然”作“亦”。

待語而後知。諸公所論，但守之不失，不爲異端所劫。進進
不已，則物怪不須辨，異端不必攻。不逾期年，吾道勝矣。
若欲委之無窮，付之以不可知，則學爲疑撓，智爲物昏，交
來無間，卒無以自存而溺於怪妄必矣。

北溪陳氏曰：左氏謂“妖由人興”一語，極説得出凡諸
般鬼神之旺，都是由人心興之，人以爲靈則靈，不以爲靈則
不靈；人以爲怪則怪，不以爲怪則不怪。蓋鬼神幽陰乃藉人
之精神發揮，隨人知識所至耳。

鬼神之所以能動人者，① 皆由人之精神自不足故耳。人
無釁焉，妖不自作。

河津薛氏曰：術數之學，專以窮通壽夭爲命，常人信其
説而不修在己之義理，惑之甚矣。右辨異端。

---

① 　此段引文見臺灣商務印書館 1986 年影印清文淵閣四庫全書本《北溪字
義》卷下，第 709 册第 55 頁，“動”作“近”。以下凡引此書皆爲此本，一律簡稱《北
溪字義》，不再標注版本。

卷之十

王澍類編

篤行之

孔子曰：三軍可奪帥也，匹夫不可奪志也。

孟子曰：自暴者，不可與有言也；自棄者，不可與有爲也。言非禮義，謂之自暴也；吾身不能居仁由義，謂之自棄也。仁，人之安宅也；義，人之正路也。曠安宅而弗居，舍正路而不由，哀哉！

周子曰：聖希天，賢希聖，士希賢。伊尹、顏淵，大賢也。伊尹恥其君不爲堯、舜，一夫不得其所，若撻于市；顏淵不遷怒，不貳過，三月不違仁。志伊尹之所志，學顏子之所學，過則聖，及則賢，不及則亦不失於令名。

程子曰：莫說道將第一等人讓與別人，①　且做第二等。才如此說，便是自棄。雖與不能居仁由義者差等不同，其自

---

① 《朱子近思錄》卷二第 44 頁，無"人"字。

小一也。言學便以道爲志，言人便以聖爲志。

　　學者爲氣所勝，習所奪，只可責志。

　　君子莫進於學，莫止於書，莫病于自足，莫罪于自棄。

　　人之于學，避其所難而姑爲其易者，斯自棄也已。夫學者必志於大學，① 以聖人自期，而猶有不至者焉？

　　張子曰：學者大不宜志小氣輕。志小則易足，易足則無由進；氣輕則未知爲已知，② 未學爲已學。

　　朱子諭學者，曰：書不記，熟讀可記，義不精，細思可精。惟有志不立直是無著力處，③ 只如而今貪利禄而不貪道義，④ 要作貴人而不要作好人，皆是志不立之病。直須反覆思量，究其病痛起處，勇猛奮躍不復作此等人。一躍躍出，見得聖賢所説，⑤ 千言萬語，都無一字不是實語，方始立得此志。定就此積累工夫，⑥ 迤邐向上去，大有事在。

　　學者大要立志。所謂志者，不道將這意氣去蓋他人，⑦ 只是直截要學堯、舜。"孟子道性善，言必稱堯、舜。"此是真實道理。只是一個性善可至堯、舜。世人多以聖賢爲高，

---

① 《性理大全书》卷四十三，第711 册第8 頁，"學"作"道"。
② 《朱子近思録》卷二第50 頁，"未"上有"以"字。
③ 《讀書分年日程》卷一，第709 册第477 頁，"直"作"真"。
④ 《讀書分年日程》卷一，第709 册第477 頁，"而今"作"今人"。
⑤ 《讀書分年日程》卷一，第709 册第477 頁，無"所説"二字。
⑥ 《讀書分年日程》卷一，第709 册第477 頁，無"定"字。
⑦ 《朱子語類》卷八第133 頁，"意"上有"些"字。

而自視爲卑，故不肯進。抑不知，聖賢禀性與常人一同。①
既與常人同，② 又安得不以聖賢爲己任？人性本善，只爲嗜
欲所迷，利害所逐，一齊昏了。須以敬爲先，於每事上撿點，
一事不輕放過，此爲己之學，於他人無一毫干與。③

立志要如飢渴之于飲食。才悠悠，④ 便是志不立。

問："人氣力弱，⑤ 於學有妨否？"曰："爲學在立志，不
干氣禀強弱事。"

凡人便是生知之姿，⑥ 也須下困學、勉行底工夫，方得。
今之學者，本是困知、勉行底資質，卻要學生知、安行底工
夫，⑦ 如何得？

程子曰：志道懇切，固是誠意。若迫切不中理，則反爲
不誠。蓋實理中自有緩急，不容如是之迫。觀天地之化乃
可知。

所見所聞，⑧ 不可不遠且大，然行之亦須量力有漸。志
大心勞，力小任重，恐終敗事。

---

① 《朱子語類》卷八第 133 頁，句前有"然"字。
② 《朱子語類》卷八第 133 頁，"同"上有"一"字。
③ 《朱子語類》卷八第 133 頁，此五句作："須是每事上檢點。論其大要，只
是不放過耳。大抵爲己之學，於他人無一毫干預。"
④ 《朱子語類》卷八第 134 頁，"才"下有"有"字。
⑤ 《朱子語類》卷八第 134 頁，"弱"上有"怯"字。
⑥ 《朱子語類》卷八第 135 頁，"姿"作"資"。
⑦ 《朱子語類》卷八第 135 頁，"生"上有"他"字。
⑧ 《二程遺書》第 71 頁，"聞"作"期"。

須是大其心使開闊，譬如爲九層之臺，須大做脚始得。①

張子曰：心大則百物皆通，心小則百物皆病。

大其心則能體天下之物，物有未體，則心爲有外。有外之心不足以合天心。

須放心寬快公平以求之，乃可見道。況德性自廣大。豈淺心可得？

人所以不能行己者，於其所難者則惰，其異俗者雖易而羞縮。惟心弘，則不顧人之非笑，所趨義理耳，視天下莫能移其道；然爲之，人亦未必怪。正以在己者義理不勝惰與羞縮之病，消則有長，不消則病常在，意思齷齪，無由作事。在古氣節之士，冒死以有爲，于義未必中，然非有志概者莫能，況吾於義理已明，何爲不可？②

朱子曰：開闊中又著細密，寬緩中又著緊嚴。愈細密，愈廣大；愈謹確，愈高明。右篤志。

《乾卦》象辭曰：天行健，君子以自強不息。

《坎卦》象辭曰：君子常德行，③習教事。

孔子曰：學如不及，猶恐失之。

譬如爲山，未成一簣，止，吾止也。譬如平地，雖覆一簣，進，吾往也。

---

① 《朱子近思録》卷二第 41 頁，"始"作"須"。
② 《朱子近思録》卷十第 114 頁，"可"作"爲"。
③ 《周易正義》卷三第 42 頁，"常"上有"以"字。

後生可畏，焉知來者之不如今也？四十、五十而無聞焉，斯亦不足畏也已。

當仁，不讓于師。

曾子曰：士不可以不弘毅，任重而道遠。仁以爲己任，不亦重乎？死而後已，不亦遠乎？

孟子曰：有爲者辟若掘井，掘井九仞而不及泉，猶爲棄井也。

陶士行常語人曰：大禹聖人，乃惜寸陰，至于衆人，當惜分陰。豈可逸游荒醉，①生無益于時，死無聞于後，是自棄也！

程子曰：今之爲學者，如登山麓。方其迤邐，莫不闊步，及到峻處便止。須是要剛決果敢以進。

懈意一生，便是自暴自棄。②

張子曰：人雖有功，不及於學，心亦不宜忘。心苟不忘，則雖接人事，即是實行，莫非道也。心若忘之，則終身由之，只是俗事。

朱子曰：爲學之序，必先成己，然後可以成物。此心此

---

①　此段引文見中華書局本 1976 年 10 月版《資治通鑑》卷九十三第 2935 頁，"可"下有"但"字。以下凡引此書皆爲此本，一律簡稱《資治通鑑》，不再標注版本。

②　《朱子近思録》卷二第 42 頁，"自暴自棄"作"自棄自暴"。

理，元無間斷虧欠。聖賢遺訓，具在方策。① 若果有意，何用準擬安排，只從今日爲始，隨處提撕，隨處收拾，隨時體究，隨事討論。但使一日之間整頓得三五次，理會得三五事，則日積月累，自然純熟，自然光明矣。若只如此，立得個題目在面前，② 又卻低徊前，③ 卻不肯果決向前，真實下手，則悠悠歲月豈肯待人？恐不免但爲自欺自誣之流，而終無得力可恃之地也。

開卷便有與聖賢不相似處，豈可不自鞭策！

"今人所以懶，未必是真個怯弱，自是先有畏事之心。纔見一事，便料其難而不爲。緣先有個畏縮之心，所以習成怯弱而不能有所爲也。"或問："某平生自覺血氣弱，日用工夫多只揀易底事做。自覺難處進步不得。"④ 曰："便當因這易處而益求其所謂難，⑤ 不可只守這個而不求進步。縱自家力量到那難處不得，然不可不勉慕而求之。但求之，無有不得。若真個著力求而不得，則無如之何也。今人都是未到那做不得處，便先自懶怯了。"

---

① 《性理大全書》卷四十四，第711冊第32頁，"策"作"册"。
② 《性理大全書》卷四十四，第711冊第32頁，"在"上有"頓"字。
③ "徊"，原漫漶不清，此據《性理大全書》卷四十四，第711冊第32頁補。
④ 《朱子語類》卷一百二十第2890頁，"得"後有"也"字。
⑤ 《朱子語類》卷一百二十第2890頁，無"因"字。

學者做工夫，莫要待頓段去做，① 即今逐些零碎積累將去。若等到大項目方做，② 即今便蹉過了！學者只今便要做去，斷以不疑，鬼神避之。"需者，事之賊也。"

爲學須是痛切懇惻做工夫，使飢忘食，渴忘飲，始得。如項羽救趙，既渡，沉船破釜，持三日糧，示士必死，無還心，故能破秦。若瞻前顧後，便做不成。

人氣須是剛，方做得事。陽氣發處，金石亦透。精神一到，何事不成！

若不見得入頭處，緊也不可，慢也不得。若識得些路頭，須是莫斷了。若斷了，便不成。待得再新整頓起來，費多少力！然而實見得入頭處，③ 也自不肯住了，④ 自要去做，⑤ 他自得滋味了，⑥ 要住，自住不得。

爲學極要求把篙處著力。到工夫要斷絶處，又更增上工夫，⑦ 不令放倒，⑧ 方是向進處。爲學正如撐上水船，方平穩處，儘行不妨。及到灘脊急流之中，不可放緩。直須著力撐

---

① 《朱子語類》卷八第132頁，此句作"莫說道是要待一個頓段大項目功夫後方做得"。
② 《朱子語類》卷八第132頁，"若"作"才"，"到"作"待"，"目"下有"後"字。
③ 《朱子語類》卷八第132頁，"見"上有"是"字。
④ 《朱子語類》卷八第132頁，"肯"作"解"。
⑤ 《朱子語類》卷八第132頁，"去做"作"做去"。
⑥ 《朱子語類》卷八第132頁，"滋"上有"些"字。
⑦ 《朱子語類》卷八第137頁，無"上"字。
⑧ 《朱子語類》卷八第137頁，"令放"作"放令"，"不"上有"著力"二字。

　　上，一步不緊。① 放退一步，則此船不得上矣！

　　人多言爲事所奪，有妨講學，此所謂“不能使船嫌溪曲”者也。② 遇富貴，便就富貴上做工夫；③ 遇貧賤，便就貧賤上做工夫。④《兵法》一言甚佳：“因其勢而利導之”也。學者但有絲毫氣在，⑤ 必須進力！除非無了此氣，這口不會説話，⑥ 方可休。

　　質敏不學，乃大不敏。有聖人之資必好學，必下問。若就自家杜撰，更不學，更不問，便已是凡下了。聖人之所以爲聖人，⑦ 也只是好學下問。舜自耕稼陶漁以至於帝，無非取諸人以爲善，況當人乎？⑧

　　學者，自強不息則積少成多；中道而止則前功盡棄。

　　孟子曰：其進鋭者，其退速。

　　程子曰：人之爲學，忌先立標準。若循循不已，自有所至矣。

　　古之學者，優柔厭飫，有先後次序。今之學者，卻只做

---

① 《朱子語類》卷八第 137 頁，“一”上有“不得”二字。
② 《朱子語類》卷八第 136 頁，“所謂”作“爲”。
③ 《朱子語類》卷八第 136 頁，無“便”字。
④ 《朱子語類》卷八第 136 頁，無“便”字。
⑤ 《朱子語類》卷八第 136 頁，“但”作“若”。
⑥ 《朱子語類》卷八第 136 頁，“這”作“只”。
⑦ 《朱子語類》卷一百二十一第 2932 頁，無句尾“人”字。
⑧ “當”應作“常”。底本作“當”，字體不清，或作“常”，於義爲順。常人，平凡之人。正與聖人舜作對比。而作“當人”，文義欠通。

一場説話，① 務高而已。常愛杜元凱語："若江海之浸，膏澤之潤，涣然冰釋，怡然理順。"然後爲得也。今之學者，往往以游、夏爲小，不足學。然游、夏一言一行，② 卻總是實。後之學者好高，如人游心于千里之外，然自身卻只在此。

學者須敬守此心，不可急迫，當栽培深厚，涵養持守之功繼繼不已，③ 而優游涵泳於其間，④ 然後可以自得。苟急迫求之，⑤ 則此心已自躁迫紛亂，⑥ 只是私己而已，⑦ 終不足以達道。

朱子曰：聖賢千言萬語，教人且從近處做去。學者貪高慕遠，不肯從近處做，⑧ 如何理會得大頭項底！今且於切近處加功，著一些急不得。於顯處平易處見得，則幽微底自在裏許。

嚴立課程，⑨ 寬著意思，久之，自當有味，不可求欲速之功。右力行

張子曰：形而後有氣質之性，善反之則天地之性存焉。

---

① 《二程遺書》卷十五第 190 頁，"説話"作"話説"。
② 《二程遺書》卷十五第 191 頁，"行"作"事"。
③ 《朱子近思録》卷四第 65 頁，無此句。
④ 《朱子近思録》卷四第 65 頁，無"而優游"三字。
⑤ 《朱子近思録》卷四第 65 頁，"苟"作"但"。
⑥ 《朱子近思録》卷四第 65 頁，無此句。
⑦ 《朱子近思録》卷四第 65 頁，無"而已"二字。
⑧ 《朱子語類》卷八第 131 頁，句末有"去"字。
⑨ 《朱子語類》卷八第 136 頁，"課"作"功"。

故氣質之性，君子有弗性者焉。

爲學大益，在自求變化氣質。不爾，皆爲人之弊，卒無所發明，不見得聖人之奥。① 故學者先須變化氣質，天資美不足爲功，惟矯惡爲善，矯惰爲勤，方是爲功。

藍田吕氏曰：君子所以學者，爲能變化氣質而已。德勝氣質，則愚者可進于明，柔者可進於強。不能勝之，則雖有志于學，亦愚不能明，柔不能立而已矣。蓋均善而無惡者，性也，人所同也；昏明強弱之禀不齊者，才也，人所異也。誠之者所以反其同而變其異也。夫以不美之質，求變而美，非百倍其功，不足以致之。今以鹵莽滅裂之學，或作或輟，以變其不美之質，及不能變，則曰天質不美，非學所能變。是果于自棄，其爲不仁甚矣！

朱子曰：人之氣禀有偏，則所見亦不同。② 如氣禀剛底人，則見剛處多，而處事或失之太剛；③ 柔底人，則見柔處多，而處事或失之太柔。④ 須先克治氣禀偏處。⑤

或問：“氣質之偏，如何救得？”曰：“纔説偏了，又著

---

① 《朱子近思録》卷二第49頁，“見得”作“得見”。
② 《朱子語類》卷十三第225頁，無“則”字，“不”上有“往往”二字。
③ 《朱子語類》卷十三第225頁，“或”作“必”。
④ 《朱子語類》卷十三第225頁，“或”作“必”。
⑤ 《朱子語類》卷十三第225頁，“須先克治氣禀偏處”作“須先就氣禀偏處克治”。

一個物事去救他，① 越見不平正了。要緊只是看教大底道理分明，偏處自然見得。② 如暗室求物，把火來，便照見。若只管去摸索，費盡心力，只是摸索不見。"

人無英氣，固安于卑陋，而不足以語上；其或有之，而無以制之，則又反爲所使，而不肯遜志于學，此學者之通患也。所以古人設教，自洒掃進退應對之節，③ 禮樂射御書數之文，必皆使之抑首下心，④ 以從事于其間而不敢忽，然後可以消磨其飛揚倔强之氣，而爲入德之階。今既皆無此矣，則惟有讀書一事，尚可爲攝伏身心之助，⑤ 然不循序而致精焉，⑥ 則亦未能有益也。⑦

大凡氣俗不必問，心平則氣自和。惟心粗一事，學者之通病。一息不存，即爲心粗。⑧ 要在精思明辨，使理明義精；而操存涵養無須臾離，無毫髮間；則天理常存，人欲消去，其庶幾矣！

持其志則氣自清明。

勉齋黃氏曰：爲學須隨其氣質，察其所偏與其所未至，

---

① 《朱子語類》卷八第 131 頁，"他"下有"偏"字。
② 《朱子語類》卷八第 131 頁，無"然"字。
③ 《性理大全書》卷四十四，第 711 册第 29 頁，"進退應對"作"應對進退"。
④ 《性理大全書》卷四十四，第 711 册第 29 頁，"抑首下心"作"抑心下首"。
⑤ 《性理大全書》卷四十四，第 711 册第 29 頁，"爲"上有"以"字。
⑥ 《性理大全書》卷四十四，第 711 册第 29 頁，"精"作"謹"。
⑦ 《性理大全書》卷四十四，第 711 册第 29 頁，"未"下無"能"字。
⑧ 《朱子語類》卷十二 205 頁，"心粗"作"粗病"。

擇其最切者而用吾力焉。譬如用藥，古人方書亦言其大法耳，而病症多端，①則亦須對證而謹擇之也。右變化氣質。

《乾》九二文言曰：君子學以聚之，問以辨之，寬以居之，仁以行之。

孔子曰：有弗學，學之弗能，弗措也；有弗問，問之弗知，弗措也；有弗思，思之弗得，弗措也；有弗辨，辨之弗明，弗措也；有弗行，行之弗篤，弗措也。人一能之，己百之；人十能之，己千之。果能此道矣，雖愚必明，雖柔必強。

子夏曰：博學而篤志，切問而近思，仁在其中矣。右通論爲學。

---

① 《性理大全書》卷四十五，第711冊第52頁，"症"作"證"。

卷之十一

王澍類編

言忠信

舜曰：惟口出好興戎。

傳説曰：惟口啓羞。①

《乾》九三文言曰：君子進德修業。忠信，所以進德也。修辭立其誠，所以居業也。

《頤卦》象辭曰：君子慎言語，節飲食。

《家人》象辭曰：君子言有物，而行有恒。

《繫辭》曰：言出乎身，加乎民，行發乎邇，見乎遠。言行，君子之樞機；樞機之發，榮辱之主也，可不慎乎？

亂之所生也，則言語以爲階。是以君子慎密而不出也。

將叛者，其辭慚；中心疑者，其辭枝；吉人之辭寡；躁人之辭多；誣善之人其辭游；失其守者其辭屈。

---

① 《尚書·説命》卷十第175頁，"啓"作"起"。

《大雅·抑》詩曰：白圭之玷，尚可磨也；斯言之玷，不可爲也。

《曲禮》曰：疑事毋質，直而勿有。

孔子曰：口惠而實不至，怨災及其身，是故君子與其有諾責也，寧有已怨。

言必慮其所終，行必稽其所敝。

小人溺于水，君子溺于口。口費而煩，易出難悔，易以溺人。故君子不可以不慎也。

巧言令色，鮮矣仁。

古者言之不出，恥躬之不逮也。

君子欲訥于言，而敏于行。

其言之不怍，則爲之也難。

巧言亂德。小不忍，則亂大謀。

孟子曰：人之易其言也，無責耳矣。

劉忠定公見溫公問："盡心行己之要，可以終身行之者?"公曰："其誠乎。"問："行之何先?"曰："自不妄語始。"

問："'出辭氣'，莫是于言語上用工夫否?"程子曰："須是養乎中，自然言語順理。若是慎言語，不妄發，此卻可著力。"

心定者其言重以舒，不定者其言輕以疾。

問："人語言緊急，莫是氣不定否?"曰："此亦當習，習到自然緩時，便是氣質變也。學至氣質變，方是有功。”

因論口將言而囁嚅。曰：若合開時，^① 要他頭，也須開口，須是“聽其言也厲”。

凡爲人言者，理勝則事明，氣忿則招拂。^②

凡立言，欲含蓄意思，^③ 不使知德者厭，無德者惑。

張子曰：戲謔不惟害事，志亦爲氣所流。不戲謔亦是持氣之一端。

河津薛氏曰：不惟乘喜而多言，^④ 不可乘快而易事。

誠意孚于未言之前，則言出而人信之。

學者舊習語言：出于鄙俚者，皆當絶之。^⑤ 蓋雜言多最害正理，不雜亂多言則心自存，心存而於道，其庶幾矣。

《易》曰：庸言必信。^⑥ 庸常之言，人以爲不緊要，輕發而不慎。殊不知一言之妄，即一言之失。^⑦ 故庸言必信，德之盛也。凡事徵駁之實乃可言，^⑧ 不然即妄言者多也。

----

① 《二程遺書》卷三第 113 頁，“時”上有“口”字。

② 《朱子近思録》卷十第 111 頁，“拂”作“佛”。

③ 《朱子近思録》卷十一第 116 頁，“含”作“涵”。

④ 此段引文見臺灣商務印書館 1986 年影印清文淵閣《四庫全書》本《明儒言行録》卷二，第 458 册第 632 頁，“惟”作“可”。以下凡引此書皆爲此本，一律簡稱《明儒言行録》，不再標注版本。

⑤ 《讀書録》續録卷四，第 711 册第 764 頁，“之”作“去”。

⑥ 《讀書録》續録卷二，第 711 册第 728 頁，“必”作“之”。

⑦ 《讀書録》續録卷二，第 711 册第 728 頁，“言”上無“一”字。

⑧ 《讀書録》續録卷二，第 711 册第 729 頁，“徵”上有“必有”二字，“駁”作“驗”。

謹言最是難事，只與人相接，輕發一言，而人不從，便是未同而言，① 不可不謹。

人不謀諸己而強爲之謀，便是未同而言，古人所深恥。

古語云：事當快意處，須轉；言當快意時，須住。喜時之言，多失信；怒時之言，多失體。不可行之事，口莫説；不可言之事，心莫萌。

孟子曰：言人之不善，當如後患何？

馬援兄子嚴、敦並喜譏議。援誡之曰："吾欲女曹聞人過失，② 如聞父母之名，耳可得聞，口不可得言也。好議論人長短，③ 妄説是非正法，④ 此吾所大惡也，寧死不願聞子孫有此行也。"

伊川先生每見人論前輩之短，則曰：汝輩且取他長處。

魯齋許氏曰：稱人之善，宜就迹上言；議人之失，宜就心上言。蓋人之初心，本自無惡，特以利欲驅之，故失正理。其始甚微，其終至于不可救。仁人雖惡其去道之遠，然亦未嘗不憫其昏暗無知誤至此極也。故議之，必從始失之地言之。使其人聞之，足以自新而無怨，而吾之言亦自爲長厚切要之

---

① 《讀書録・續録》卷二，第711册第728頁，"未同而"作"失"。
② 此段引文見中華書局本1996年5月版《後漢書》卷二十四第844頁，"女"作"汝"。以下凡引此書皆爲此本，一律作《後漢書》，不再標注版本。
③ 《後漢書》卷二十四第844頁，"議論"作"論議"。
④ 《後漢書》卷二十四第844頁，無"説"字。

言。善迹既著，即從而美之，不必更求隱微，主爲一定之論。在人，聞則樂于自勉；在我，則爲有實驗，而又無他日之弊也。

河津薛氏曰：在古人之後，議古人之失，則易；處古人之位，爲古人之事，則難。今人以紙上之言觀往事，率皆輕議古人處事之失，設使身居其地，吾見其錯愕失措者多多矣。[1] 此吾輩所當深戒，要當己有真見，方可。

金忠潔公云：言善不及身，言惡不及人。右言语。

孔子曰：辭達而已矣。

周子曰：聖人之道入乎耳，存乎心，蘊之爲德行，行之爲事業。彼以文辭而已者，陋矣。

伊川先生《答朱長文書》曰：聖賢之言，不得已也。蓋有是言，則是理明；無是言，則天下之理有闕焉。如彼耒耜陶冶之器，一不制而生人之道有不足矣。[2] 聖賢之言雖欲已，得乎？然其包涵盡天下之理，亦甚約也。後之人始執卷則以文章爲先，平生所爲，動多于聖人，然有之無所補，無之靡所闕，乃無用之贅言也。不止贅而已，既不得其要，則離真失正，反害于道必矣。

問："作文害道否？"曰："害也。凡爲文，不專意則不

----

① 《讀書録》卷三，第711册第584頁，"多多"作"多"。

② 《朱子近思録》卷二第38頁，"而"作"則"。

工，若專意，則志局于此，又安能與天地同其大也？《書》曰：'玩物喪志。'爲文亦玩物也。呂與叔有詩云：'學如元凱方成癖，文到相如始類俳。①　獨立孔門無一事，只輸顏氏得心齋。'古之學者惟務養性情，②　其他則不學。今爲文者，專務章句悦人耳目。既務悦人，非俳優而何？"曰："古者學爲文否？"曰："人見《六經》，便以謂聖人亦作文，不知聖人亦攄發胸中所蘊，自成文耳，所謂有德者必有言也。"曰："游、夏稱文學，何也？"曰："游、夏亦何嘗秉筆爲文章也？③　且如觀乎天文以察時變，觀乎人文以化成天下，此豈辭章之文也？"④

言不貴文，貴于當而已，當則文。

朱子曰：古之聖賢，其文可謂盛矣。然其初豈有意學爲如是之文哉？⑤　有是實于中，則必有是文于外，如天有是氣，則必有日月星辰之光耀；地有是形，則必有山川草木之行列。聖賢之心，既有是精明純粹之實，以磅礴充塞乎其內，⑥　則其著見于外者，亦必自然條理分明，光輝發越而不可掩。蓋不必托于言語，著于簡册，而後謂之文。但自一身接于萬事，

---

① 《朱子近思録》卷二第44頁，"到"作"似"。
② 《朱子近思録》卷二第44頁，"性情"作"情性"。
③ 《朱子近思録》卷二第44頁，"爲"上有"學"字，"文章"作"詞章"。
④ 《朱子近思録》卷二第44頁，"辭"作"詞"字。
⑤ 《性理大全書》卷五十六，第711册第245頁，"初"上無"其"字。
⑥ 《性理大全書》卷五十六，第711册第245頁，"磅礴"作"旁薄"。

凡其語默動靜，人所可得而見者，無適而非文也，^① 姑舉其最而言，則《易》之卦畫、《書》之記言、《詩》之咏嘆、^②《春秋》之述事與夫《禮》之威儀、《樂》之節奏，皆已列爲《六經》而垂萬世。其文之盛，後世固莫能及，然其所以盛而不可及者，豈無所自來，而世亦莫之識已。

　　貫穿百氏及經史，乃所以辨驗是非，明此義理，豈特欲使文辭不陋而已?^③ 義理既明，又能力行不倦，則其存諸中者，光明四達，^④ 何施不可！發而爲言，以宣其心志，當自發越不凡，可愛可傳矣。今執筆以習研鑽華彩之文，務悅人者，外而已，可恥也已！

　　道者，文之根本；文者，道之支葉。^⑤ 惟其根本于道，^⑥所以發之於文，皆道也。三代聖賢文章，皆從此心寫出，文便是道。今東坡之言曰："吾所爲文，^⑦ 必與道俱。"則是文自文而道自道，待作文時，旋去討個道來入在裏面，^⑧ 此是

---

①　《性理大全書》卷五十六，第 711 册第 245 頁，"適"上有"所"字。

②　《性理大全書》卷五十六，第 711 册第 245 頁，"《書》之記言，《詩》之咏嘆"作"《詩》之咏歌，《書》之記言"。

③　《朱子語類》卷一百三十九第 3319 頁，"辭"作"詞"。

④　《朱子語類》卷一百三十九第 3319 頁，"光明"上有"必也"二字。

⑤　《朱子語類》卷一百三十九第 3319 頁，"支"作"枝"。

⑥　《朱子語類》卷一百三十九第 3319 頁，"于"作"乎"。

⑦　《朱子語類》卷一百三十九第 3319 頁，"爲"作"謂"。

⑧　《朱子語類》卷一百三十九第 3319 頁，"在"作"放"。

他大病處。① 所以然者，② 緣他都是因作文，卻漸漸説上道理來；不是先理會得道理了，方作文，所以大本都差。

河津薛氏曰：道從天出是有本之學。文章俗學所以淺者，由不知大本、大原自天出而賦于人物，故雖博極群書，識達古今，馳騁文章，建立事功，終爲無本原而淺，故君子貴乎知道。

所以爲學者，只爲人固有之善，或蔽于氣質，或牽於物欲。③ 有時而失，故須學以復之。及其既復，則本分之外，不知毫末，④ 後人不知學其所固有而學文辭字畫之類，求工求奇，徒敝精神于無用，其失遠矣。

朱子曰："詩者，志之所之，在心爲志，發言爲詩。"然則詩者，豈復有工拙哉，亦視其志之所向者高下如何耳？是以古之君子，德足以求其志，必先出于高明純粹之地，⑤ 其於詩固不學而能之。至于格律之精粗，用韻屬對比事遣辭之善否，今以魏晉以前諸賢之作考之，蓋未有用意于其間者，而況于古詩之流乎？近世作者乃始留情於此，故詩有工拙之論，而葩藻之辭勝，言志之功隱矣。

---

① 《朱子語類》卷一百三十九第3319頁，"他"作"它"。
② 《朱子語類》卷一百三十九第3319頁，"者"作"處"。
③ 《讀書録》卷六，第711冊第636頁，"物欲"上無"或牽於"三字。
④ 《讀書録》卷六，第711冊第636頁，"知"作"加"。
⑤ 《晦庵集》卷三十九，第1144冊第110頁，"必"下無"先"字，"粹"作"一"。

　　作詩間以數句適懷亦不妨。但不用多作，多作便是陷溺耳。[①] 當其不應事時，平淡自攝，豈不勝如思量詩句？至其真味發溢，[②] 又卻與尋常好吟者不同。

　　河津薛氏曰：作詩、作文、寫字，疲蔽精神，荒耗志氣，而無得於己，非本領工夫。惟於身心上用力，則氣完體胖，有休休自得之趣，此惟親歷者知其味，殆難以語人也。

　　凡作詩文皆以真情爲主，出于真情則不求工而自工，昔人所謂出于肺腑者，是也。右文章。

卷之十二

行篤敬

孟子曰：夫志，氣之帥也；氣，體之充也。夫志至焉，氣次焉；故曰："持其志，無暴其氣。"

仁，人心也；義，人路也。舍其路而弗由，放其心而不知求，哀哉！人有雞犬放，則知求之；有放心而不知求。學問之道無他，求其放心而已矣。

存乎人者，豈無仁義之心哉？其所以放其良心者，亦猶斧斤之於木也，旦旦而伐之，可以爲美乎？其日夜之所息，平旦之氣，其好惡與人相近也者幾希，則其旦晝之所爲，有牿亡之矣。牿之反覆，則其夜氣不足以存；夜氣不足以存，則其違禽獸不遠矣。人見其禽獸也，而以爲未嘗有材焉者，①是豈人之情也哉？故苟得其養，無物不長；苟失其養，無物

---

① 《孟子注疏》卷十一第2751頁，"材"作"才"。

不消。孔子曰："操則存，舍則亡；出入無時，莫知其鄉。"
惟心之謂與？

程子曰：聖賢千言萬語，只是欲人將已放之心約之，使
反復入身來，自能尋向上去，下學而上達也。

心要在腔子裏。

只整齊嚴肅，則心便一，一則自無非辟之干。①

問："'君子存之'，如何其存也？"曰："'必有事焉，而
勿正，心勿忘，勿助長'，乃存之之道也。"

根本須是先培擁，然後可立趨向也。趨向既正，所造深
淺，則由勉與不勉也。

張子曰：正心之始，當以己心爲嚴師。凡所動作，則知
所懼。如此一二年，守得牢固，則自然心正矣。

朱子曰：人之本心不明，一如睡人都昏了，不知有此身，
須是喚醒方知。存心工夫大要只在喚醒上，只是頻頻提起，
久之自熟。

"求放心"，也不是外面求得個放心來，② 只是求時便在。
如"我欲仁，斯仁至矣"，③ 只是欲仁便是仁了。

心只是一個心，非是以一個心求一個心。④ 只求底便是

---

① 《明儒學案》卷五十二《諸儒學案中六》第 1240 頁，"辟"作"僻"。
② 《朱子語類》卷五十九第 1408 頁，"外面"上有"在"字。
③ 《朱子語類》卷五十九第 1408 頁，"我"上無"如"字。
④ 《朱子語類》卷五十九第 1408 頁，此句作"非以一心求一心"。

已收之心。雖放去千萬里之遠，① 只一收便在此，他本無去來也。

“求放心”當於未放之前看如何，已放之後看如何，復得了，又看是如何。作三節看後自然習熟，此心不至於放。

心若不存，一身便無主宰。人心常炯炯在此，則四體不待羈束，而自入規矩。心既常惺惺，又以規矩準繩撿之，②此内外交相養之道也。

河津薛氏曰：志固難持，氣亦難養。主敬可以持志，寡欲可以養氣。③

未應事時，常持守此心勿失；應事時，省察此心勿差。既應事了，還持守此心勿失。蓋人之德性須要時時刻刻提撕警省，④ 則天理常存，而人欲消息。⑤ 苟有一息之間，則人欲長而天理微矣。右求放心。

《丹書》曰：敬勝怠者吉，怠勝敬者滅，義勝欲者從，欲勝義者凶。

《乾》九三爻辭曰：君子終日乾乾，夕惕若厲，無咎。

《曲禮》曰：毋不敬，儼若思，安定辭，安民哉。

---

① 《朱子語類》卷五十九第 1408 頁，“雖”上有“心”字，“放”下無“去”字，“萬”作“百”。
② 《朱子語類》卷十二第 200 頁，“繩”上無“准”字，“撿”作“檢”。
③ 《讀書録》卷三，第 711 册第 588 頁，“寡”作“少”。
④ 《讀書録》卷二，第 711 册第 568 頁，“蓋人之德性”作“德性之學”。
⑤ 《讀書録》卷二，第 711 册第 568 頁，“息”作“熄”。

　　孔子曰：君子莊敬日強，安肆日偷。君子不以一日使其躬儳焉，如不終日。

　　子思曰：道也者，不可須臾離也，可離非道也。是故君子戒慎乎其所不睹，恐懼乎其所不聞。莫見乎隱，莫顯乎微，故君子慎其獨也。

　　程子曰"思無邪""毋不敬"，只此二句，循而行之，安得有差？有差者，皆由不敬不正也。

　　李籲問："每常遇事，即能知操存之意。無事時如何存養得熟？"曰："古之人耳之于樂，目之于禮，左右起居，盤盂几杖，有銘有戒，動息皆有所養。今皆廢，此獨有義理之養心耳。①但存此涵養意，久則自熟矣。'敬以直內'是涵養意。"

　　只外面有些罅隙，便走了。

　　嚴威儼恪，非敬之道，但敬須自此入。②

　　和靖尹氏曰：某初見伊川時，教某看"敬"字。某請益，伊川曰："主一則是敬。"祁寬問："如何是主一？"曰："只收斂此心便是主一。且如人到神祠中致敬時，其心收斂，更著不得毫髮事，非主一而何？"

---

　　①　《朱子近思録》卷四第 65 頁，"義理"作"理義"。
　　②　《二程遺書》卷十五第 217 頁，"敬"上有"致"字。

朱子曰：敬者，聖賢之所以成始而成終者也。① 爲小學者，不由乎此，固無以涵養本原，而謹夫灑埽、應對、進退之節，與夫六藝之教；爲大學者，不由乎此，亦無以開發聰明，進德修業，而致夫明德新民之功。

心肅則容莊。

敬，不是塊然兀坐，耳無聞，目無見，全不省事之謂。只收斂身心，整齊純一，不恁他放縱，② 便是敬。

看聖賢説 "行篤敬，執事敬"，則敬字不爲默然無爲時設，③ 須向難處力加持守，庶幾動靜如一。

敬不可混淪説，④ 須是每事上撿點。論其大要，只是處處不放過耳。⑤

敬，只是提撕此心，教他光明，則於事無不見。久之，自然剛健有力。

以敬爲主，則内外肅然，不忘不助，而心自存；不知以敬爲主而欲存心，則不免將一個心把捉一個心，⑥ 外面未有一事時，裏面已是三頭兩緒，不勝其擾擾矣。就使實能把捉

---

　　① 《四書或問》卷一，第 197 册第 217 頁，"敬者"作"敬之一字"，"聖賢"作"聖學"。

　　② 《朱子語類》卷十二第 208 頁，"他"作"地"。

　　③ 《晦庵集》卷五十，第 1144 册第 493 頁，"不"上有"本"字。

　　④ 《朱子語類》卷八第 133 頁，"不"上有"亦"字。

　　⑤ 《朱子語類》卷八第 133 頁，無"處處"二字。

　　⑥ 《性理大全書》卷四十六，第 711 册第 64 頁，上"心"字作"身"。

得住，只此已是大病，況未必能把捉得住乎?①

　　問："敬何以用功?"② 曰："只是内無妄思，外無妄動。"

　　問："未應事接物時如何?"③ 曰："只是戒謹恐懼而已。"④

　　問持敬，曰："但因其良心發見之微，猛省提撕，使心不昧，則是做工夫底本領。本領既立，自然下學而上達矣。若不察於良心發見處，即渺渺茫茫，恐無下手處也。"

　　問："敬貫動靜而言。⑤ 然靜時少，動時多，恐易撓亂。"⑥ 曰："如何都靜得，有事須著應。人在世間，未有無事時節；不成説事多撓亂，了且去靜坐，⑦ 敬不是如此。無事時敬在裏面，有事時敬在事上。有事無事，吾之敬未嘗間斷也。若厭苦世事，⑧ 而爲之心煩，此卻是自撓亂，非所謂敬也。"

　　或問："持敬易間斷，如何?" 曰："常要自省得。才省得，便在此。" 又問此事最難，⑨ 曰："患不省察耳。覺得間

---

　①　《性理大全書》卷四十六，第 711 册第 64 頁，"能"上有"真"字。
　②　《朱子語類》卷十二第 211 頁，"功"作"工"。
　③　《朱子語類》卷五十九第 1400 頁，"未"上有"於"字，"應事接物"作"應接之"。
　④　《朱子語類》卷五十九第 1400 頁，"謹"作"慎"。
　⑤　《朱子語類》卷十二第 212 頁，"貫"上有"通"字。
　⑥　《朱子語類》卷十二第 212 頁，"撓"上有"得"字。
　⑦　《朱子語類》卷十二第 212 頁，"了"作"我"。
　⑧　《朱子語類》卷十二第 213 頁，"世事"作"賓客"。
　⑨　《朱子語類》卷十二第 215 頁，"又問"作"或以爲"。

斷，便已接續，何難之有。操則存，舍則亡，只在操舍兩字之間。要之，只消一個‘操’字。① 若此意成熟，雖‘操’字亦不須用。”

問敬。曰：“一念不存也是間斷；一事有差也是間斷。”

大率把捉不定，皆是不仁。人心湛然虛定者，仁之本體。把捉不定者，私欲奪之，而動搖紛擾矣。然則把捉得定，其惟篤于持敬乎！日用之間，以敬爲主。不論感與不感，② 平日常是如此涵養，則善端之發，自然明著。少有間斷，即察識存養，③ 擴而充之，皆不難乎爲力矣。造次顛沛，無時不習。此心之全體皆貫乎動靜語默之間，而無一息之間斷，其所謂仁乎！

《敬齋箴》云：正其衣冠，尊其瞻視。潛心以居，對越上帝。足容必重，手容必恭。擇地而蹈，折旋蟻封。出門如賓，承事如祭。戰戰兢兢，罔敢或易。守口如瓶，防意如城。洞洞屬屬，毋敢或輕。④ 不東以西，不南以北。當事而存，靡他其適。勿貳以二，勿參以三。⑤ 惟精惟一，⑥ 萬變是監。

---

① 《朱子語類》卷十二第 215 頁，“字”下有“到緊要處,全不消許多文字言語”十三字。
② 《朱子語類》卷十二第 213 頁，下“不”字作“未”。
③ 《朱子語類》卷十二第 213 頁，“即”作“而”。
④ 《西山讀書記》卷十九,第 705 冊第 589 頁,“毋”作“罔”。
⑤ 《西山讀書記》卷十九,第 705 冊第 589 頁,此二句中“勿”均作“弗”。
⑥ 《西山讀書記》卷十九,第 705 冊第 589 頁,“精”作“心”。

從事於斯，是曰持敬。動靜勿違，① 表裏交正。須臾有間，私欲萬端。不火而熱，不冰而寒。毫釐有差，天壤易處。三綱既淪，九法亦斁。於戲小子，② 念哉敬哉！墨卿司直，③ 敢告靈臺。

南塘陳氏《夙興夜寐箴》曰：雞鳴而寤，思慮漸馳。盍於其間，澹以整之。或省舊愆，或抽新得。④ 次第條理，瞭然默識。本既立矣，昧爽乃興。盥櫛衣冠，端坐斂形。提掇此心，皎如日出。⑤ 嚴肅整濟，⑥ 虛明靜一。乃啓方策，對越聖賢。夫子在坐，顏曾後先。聖師所言，親切敬聽。弟子問辨，反覆參訂。事至斯應，則驗於為。明命赫然，⑦ 常目在之。事應既已，我則如故。方寸湛然，凝神息慮。動靜循環，惟心是監。靜存動察，勿二勿三。讀書之餘，間以游泳。發舒精神，休養情性。日暮神倦，⑧ 昏氣易乘。齊莊正齊，振拔精明。夜久斯寢，齊手斂足。不作思維，心神歸宿。養以夜氣，貞則復元。念茲在茲，日夕乾乾。

問："人之燕居，形體怠惰，心不慢可否？"程子曰：

---

① 《西山讀書記》卷十九，第705冊第589頁，"勿"作"弗"。
② 《西山讀書記》卷十九，第705冊第589頁，"戲"作"乎"。
③ 《西山讀書記》卷十九，第705冊第589頁，"直"作"戒"。
④ 《讀書分年日程》卷一，第709冊第477頁，"抽"作"紬"。
⑤ 《讀書分年日程》卷一，第709冊第477頁，"日出"作"出日"。
⑥ 《讀書分年日程》卷一，第709冊第477頁，"濟"作"齊"。
⑦ "赫"，原漫漶不清，此據《讀書分年日程》卷一，第709冊第477頁補。
⑧ 《讀書分年日程》卷一，第709冊第477頁，"神"作"人"。

"安有箕踞而心不慢者？學者須恭敬，但不可令拘迫，拘迫則難久。"

今之學者敬而不自得，^①又不安者，亦是太以敬來做事得重，此"恭而無禮則勞"也。須是恭而安。雖心操之則存，^②舍之則亡，然持之太甚，^③便是必有事焉而正之也。

上蔡謝氏曰："敬是常惺之法。"^④或問："學爲敬，不免有矜持，如何？"曰："矜持過當，便不是要在，^⑤勿忘勿助，長之間耳。"

《坤》六二文言曰："君子敬以直內，義以方外。"

問："敬義何別？"程子曰："敬只是守己之道，^⑥義便知有是非。^⑦順理而行，是爲義也。若只守一個敬，不知集義，卻是都無事也。且如欲爲孝，不成只守著一個孝字？須是知所以爲孝之道，所以奉侍當如何，^⑧溫清當如何，然後能盡孝道也。"

朱子曰：涵養須用敬，處事須是集義。敬、義不是兩事。

---

① 《二程遺書》卷二上第85頁，無"之"字，"自"作"見"。
② 《二程遺書》卷二上第93頁，"心"上有"則"字。
③ 《二程遺書》卷二上第93頁，"持"上有"而"字。
④ 《性理大全書》卷四十六，第711冊第69頁，"之"作"惺"。
⑤ 《性理大全書》卷四十六，第711冊第69頁，"不是"作"有失"。
⑥ 《二程遺書》卷十八第256頁，"守"作"持"。
⑦ 《二程遺書》卷十八第256頁，"非"上有"有"字。
⑧ 《二程遺書》卷十八第256頁，"侍"作"奉"。

靜時則察其敬與不敬,① 動時則察其義與不義。② 敬義夾持,③ 循環無端, 則内外透徹。右居敬。

程子曰: 人心常要活, 則周流無窮, 而不滯於一隅。

張子曰: 言有教, 動有法。晝有爲, 宵有得。息有養, 眴有存。④

朱子曰: 平時涵養之功,⑤ 臨事持守之力。涵養、持守之久, 則臨事愈益精明, 省察便不費力。平日涵養得根本,⑥ 固固善,⑦ 若平日不曾養得, 臨事時便做根本工夫, 從這裏積將去。若要去討平日涵養, 幾時得!

須敬守此心, 不可急迫, 當栽培深厚。但涵養持守之功繼繼不已, 而優游涵泳於其間, 則浹洽而有以自得矣。苟急迫求之, 則此心已自躁迫紛亂, 只是私己而已, 終不能優游涵泳以達於道。

《觀養説》曰: 程子所謂存養于未發之前, 則可。又謂善觀者, 卻于已發之際觀之, 此持敬之功貫通乎動靜之際也。方其未發, 必有事焉, 是所謂靜中之知覺, 復之所以見天地

---

① 《朱子語類》卷十二第 216 頁, 無"時"字。
② 《朱子語類》卷十二第 216 頁, 無"時"字。
③ 《朱子語類》卷十二第 216 頁, "敬"上有"須"字。
④ 《朱子近思録》卷二第 47 頁, "眴"作"瞬"。
⑤ 《朱子語類》卷十二第 204 頁, "時"作"日"。
⑥ 《朱子語類》卷十二第 204 頁, 無"涵"字。
⑦ 《朱子語類》卷十二第 204 頁, "固固"作"固"。

之心也。及其已發，隨事觀省，是乃所謂動上求靜，《艮》之所以止其所也。然則靜中之動，非敬孰能形之？① 動中之靜，非敬孰能察之？② 故又曰：學者莫先理會敬，③ 則自知此矣。

謝上蔡從明道先生於扶溝。一日謂之曰："爾輩在此相從，只是學某言語，④ 故其學心口不相應，盍若行之？"請問焉。曰："且靜坐。"伊川每見人靜坐，便嘆其善學。

朱子曰：人心惟定則明。

《答張敬夫書》曰：來教所謂學者，⑤ 先須察識端倪之發，然後可加存養之功，則熹於此不能無疑。蓋發處固當察識，但人自有未發時，此處便合存養，豈可必待其發而後察，⑥ 察而後存耶？且從初不曾存養，便欲隨事察識，竊恐浩浩茫茫無下手處，而毫釐之差，千里之謬，將有不可勝言者。來教又謂言：靜則溺於虛無，此固所當深慮。若以天理觀之，則動之不能無靜，猶靜之不能無動也。靜之不可無

---

① 此段引文見臺灣商務印書館 1986 年影印清文淵閣四庫全書本《御纂朱子全書》卷二，第 720 冊第 59 頁，"孰"上有"其"字。以下凡引此書皆爲此本，一律簡稱《御纂朱子全書》，不再標注版本。
② 《御纂朱子全書》卷二，第 720 冊第 59 頁，"孰"上有"其"字。
③ 《御纂朱子全書》卷二，第 720 冊第 59 頁，"先"上有"若"字。
④ 《朱子近思錄》卷四第 72 頁，"某"作"顥"。
⑤ 《性理大全書》卷四十六，第 711 冊第 67 頁，"教"作"喻"。
⑥ 《性理大全書》卷四十六，第 711 冊第 67 頁，"其"作"於"。

養，① 猶動之不可不察也。但見得一動一靜互爲其根，② 敬義夾持不容間斷之意，則雖下靜字，元非死物，至靜之中，蓋有動之端焉，是乃所以見天地之心者，固非遠事絕物，閉目兀坐而偏於靜之謂。但未接物時，便有敬以主乎其中，則事至物來，善端昭著而所以察之者，益精明爾。來教又謂熹言：以靜爲本，不若以敬爲本，③ 此固然也。然敬字工夫通貫動靜，而必以靜爲本，若易爲敬，雖若完全，然卻不見敬之所施，有先有後，則亦未得爲諦當也。至如來教所謂要須動以見靜之存，④ 靜以涵動之本，⑤ 動靜相須，體用不離，而後爲無滲漏也。此數句卓然，意語俱到，謹書之座右，⑥ 出入觀省。

明道教人靜坐，李先生亦教人靜坐。靜坐非是要如坐禪入定，斷絕思慮。只收斂此心，莫令走作，⑦ 則此心湛然無事，自然專一。及其有事，則隨事而應；事已，則復湛然矣。

當靜坐涵養時，正要體察思繹道理，只此便是涵養，理會得道理明透，自然是靜，不是説喚醒提撕，將道理去卻那

---

① 《性理大全書》卷四十六，第 711 冊第 67 頁，"可"作"能"。
② 《性理大全書》卷四十六，第 711 冊第 67 頁，無"動"字。
③ 《性理大全書》卷四十六，第 711 冊第 67 頁，"以"上有"遂言"二字。
④ 《性理大全書》卷四十六，第 711 冊第 67 頁，"存"上有"所"字。
⑤ 《性理大全書》卷四十六，第 711 冊第 67 頁，"本"上有"所"字。
⑥ 《性理大全書》卷四十六，第 711 冊第 67 頁，"書"上有"以"字。
⑦ 《朱子語類》卷十二第 217 頁，"作"下有"閒思慮"三字。

邪思妄念。① 只自家思量道理時，自然邪念不作。

　　或曰："惟閉目靜坐可以養心。"② 曰："豈其然乎？有心于息慮，則思慮不可息矣。"

　　一之問："存養多用靜否？" 曰："不必然。動時，靜便在這裏。動時也有靜，順理而應，則雖動亦靜也。若不順理而應，則雖塊然不交於物以求靜，心亦不得靜。③ 惟動時能順理，則無事時能靜；靜時能存，則動時得力。須是一動一靜無時不養，兩莫相靠，使工夫無間斷，始得。若無間斷，靜時固靜，動時心亦不動，動亦靜也。若無工夫，則動時固動，靜時雖欲求靜，亦不可得而靜，靜亦動也。右存養。

　　《謙》卦象辭曰：天道虧盈而益謙，地道變盈而流謙。鬼神害盈而福謙，人道惡盈而好謙，謙，尊而光，卑而不可逾，君子之終也。

　　《咸》卦象辭曰：君子以虛受人。

　　《益》曰：滿招損，謙受益，時乃天道。

　　傳說曰：有其善，喪厥善；矜其能，喪厥功。

　　孔子曰：如有周公之才之美，使驕且吝，其餘不足觀也已。

　　單襄公曰：君子不自稱也，非以讓也，惡蓋其人也。夫

---

① "那"，原漫漶不清，此據《朱子語類》卷十二第 217 頁補。
② 《性理大全書》卷四十六，第 711 冊第 60 頁，"可"上有"爲"字。
③ 《朱子語類》卷十二第 218 頁，"得"上有"能"字。

人性，陵上者也，不可蓋也。求蓋人，其抑下滋甚，故聖人貴讓。

程子曰：富貴驕人固不善，學問驕人害亦不細。

達理則樂天而不競，內充故退讓而不矜。

河津薛氏曰：天地公共之理，人得之爲性，人能盡其性，亦是己分之所當然者，① 與人一毫殊不相干，何矜伐之有？

怙其雋才，而不以茂德，滋益罪也。後生輕俊者，當切戒之。② 右謙德。

皋陶曰：寬而栗，柔而立，愿而恭，亂而敬。擾而毅，直而溫，簡而廉，剛而塞，強而義，彰厥有常，吉哉。

《曲禮》曰：坐如尸，立如齊。

登城不指，城上不呼。將適舍，求毋固。將上堂，聲必揚。戶外有二屨，言聞則入，言不聞則不入。將入戶，視必下。入戶奉扃，視瞻毋回。戶開亦開，戶闔亦闔。有後入者，闔而勿遂。毋踐閾，③ 毋踏席，摳衣趨隅，必慎唯諾。

帷薄之外不趨，堂上不趨，執玉不趨。堂上接武，堂下布武。室中不翔，並坐不橫肱。授立不跪，授坐不立。

---

① 《讀書錄》卷九，第 711 冊第 680 頁，"亦是已分之所當然者"作"是亦公共之理耳，無可矜伐者"。
② 《讀書錄》卷七，第 711 冊第 656 頁，"後生輕俊者，當切戒之"作"此可以爲後生輕俊者之戒"。
③ 《禮記正義》卷二第 1238 頁，"閾"作"屨"。

　　毋側聽，毋噭應，毋淫視，毋怠荒。游毋倨，立毋跛，坐毋箕，寢毋伏，斂髮毋髢。冠毋免，勞毋袒，暑毋褰裳。

　　凡視，上於面則傲，下于帶則憂，傾則奸。

　　《玉藻》曰：君子之居恒當戶，寢恒東首。若有疾風、迅雷、甚雨則必變，雖夜必興，衣服冠而坐。

　　古之君子必佩玉，右徵角，左宮羽。① 趨以《采齊》，行以《肆夏》。周還中規，折還中矩。進則揖之，退則揚之，然後玉鏘鳴也。故君子在車則聞鸞和之聲，行則鳴佩玉，是以非辟之心，無自入也。

　　君子之容舒遲，見所尊者齊遬。足容重，手容恭，目容端，口容止，聲容靜，頭容直，氣容肅，立容德，色容莊。

　　疾趨則欲發，而手足毋移。

　　《少儀》曰：不窺密，不旁狎，不道舊故，不戲色。毋拔來，毋報往。毋瀆神，毋循往，毋測未至。毋訾衣服成器，毋身質言語。

　　執虛如執盈，入虛如有人。

　　《樂記》曰：禮樂不可斯須去身。致樂以治心，則易、直、子、諒之心油然生矣。致禮以治躬則莊敬，莊敬則嚴威。心中斯須不和不樂，而鄙詐之心入之矣。外貌斯須不莊不敬，而易慢之心入之矣。

---

　　①　《禮記正義》卷三十第 1482 頁中，"羽"作"月"。

《冠義》曰：凡人之所以爲人者，禮義也。禮義之始，在于正容體、齊顏色、順辭令。容體正，顏色齊，辭令順，而後禮義備。以正君臣、親父子、和長幼。君臣正，父子親，長幼和，而後禮義正。①

孔子曰：君子不重則不威，學則不固。

君子有九思，視思明，聽思聰，色思溫，貌思恭，言思忠，事思敬，疑思問，忿思難，見得思義。

君子不失足于人，不失色于人，不失口于人．是故君子貌足畏也，色足憚也，言足信也。

曾子曰：君子所貴乎道者三：動容貌，斯遠暴慢矣；正顏色，斯近信矣；出辭氣，斯遠鄙倍矣。

劉康公曰：民受天地之中以生，所謂命也。是以有動作威儀之則以定命也。② 能者養之以福，不能者敗以取禍。是故君子勤禮，小人盡力。勤禮莫如致敬，盡力莫如敦篤。

北宮文子曰：詩云"敬慎威儀，維民之則"，有威而可畏，謂之威。有儀而可象，謂之儀。故君子在位可畏，施舍可愛，進退可度，周旋可則，容止可觀，作事可法，德行可象，聲氣可樂，動作有文，言語有章，以臨其下，謂之有威儀也。

———————

① 《禮記正義》卷六十一第 1679 頁下，"正"作"立"。

② 此段引文見臺灣商務印書館 1986 年影印清文淵閣四庫全書本《儀禮經傳通解》卷十一，第 131 册第 219 頁，"威"上有"禮義"二字。以下凡引此書皆爲此本，一律簡稱《儀禮經傳通解》，不再標注版本。

　　張思叔座右銘曰：凡語必忠信，凡行必篤敬。飲食必愼節，字畫必楷正。容貌必端莊，衣冠必肅整。步履必安詳，居處必正靜。作事必謀始，出言必顧行。常德必固持，然諾必重應。見善如己出，見惡如己病。凡此十四者，我皆未深省。書此當座隅，朝夕視爲儆。

　　《曲禮》曰：共食不飽，共飯不澤手。毋摶飯，毋放飯，毋流歠，毋咤食，毋嚙骨。毋反魚肉，毋投與狗骨。毋固獲，毋揚飯。飯黍毋以箸。毋嚃羹，毋絮羹，毋刺齒，毋歠醢。客絮羹，主人辭不能烹；① 客歠醢，主人辭以窶。濡肉齒決，乾肉不齒決。毋嘬炙。

　　《少儀》曰：燕侍食于君子，則先飯而後已。毋放飯，毋流歠。小飯而亟之，數噍，毋爲口容。

　　《左傳》曰：服之不衷，身之災也。

　　河津薛氏曰：古人衣冠偉博，皆所以莊其外而肅其內。後人服一切簡便短窄之衣，起居動靜，惟務安適，外無所嚴，內無所肅，鮮不習而爲輕佻浮薄者。右敬身。

　　召公曰：不矜細行，終累大德。

　　《乾》九二文言曰：庸言之信，庸行之謹，閑邪存其誠。善世而不伐，德博而化。

　　《曲禮》曰：禮不逾節，不侵侮，不好狎，修身踐言，

---

① 《禮記正義》卷二第 1242 頁下，"烹"作"享"。

謂之善行。

孔子曰：居處恭，執事敬，與人忠。雖之夷狄，不可棄也。

子張問行。曰：① “言忠信，行篤敬，雖蠻貊之邦行矣；言不忠信，行不篤敬，雖州里行乎哉？立，則見其參於前也；在輿，則見倚於衡也。② 夫然後行。”子張書諸紳。

恭而無禮則勞，慎而無禮則葸，勇而無禮則亂，直而無禮則絞。

邦有道，危言危行。邦無道，危行言遜。右慎動。

---

① 《論語注疏》卷十五第 2517 頁上，“曰”上有“子”字。
② 《論語注疏》卷十五第 2517 頁上，“倚”上有“其”字。

卷之十三

懲 忿

孔子曰：一朝之忿，忘其身，以及其親，非惑與？

程子曰：義理與客氣常相勝，只看消長分數多少，爲君子、小人之別。義理所得漸多，則自然知客氣消散得漸少，①消盡者是大賢。

或謂："人莫不知和柔寬緩，然臨事則反至於暴戾。②"曰："只是志不勝氣，氣反動其心也。"

治怒爲難，治懼亦難。克己可以治怒，明理可以治理。③

人之情，易發而難制者，惟怒爲甚。第能于怒時，遽忘其怒，而觀理之是非，亦可見外誘之不足惡，而于道亦思過半矣。

---

① 《朱子近思錄》卷五第 76 頁，"客"上有"得"字。
② 《朱子近思錄》卷五第 76 頁，"戾"作"厲"。
③ 《朱子近思錄》卷五第 76 頁，"理"作"懼"。

254

　　問："人于議論，多欲直己，無含容之氣，是氣不平否?"曰："固是氣不平，亦是量狹。人量隨識長，亦有人識高而量不長者，是識實未至也。大凡別事人都強得，惟識量不可強。今人有斗筲之量，有釜斛之量，有鐘鼎之量，有江河之量。江河之量亦大矣，然有涯，有涯亦有時而滿，惟天地之量則無滿。故聖人者，天地之量也。聖人之量，道也；常人之有量者，天資也。天資有量須有限，大抵六尺之軀，力量只如此，雖欲不滿，不可得也。如鄧艾，位三公，年七十，處得甚好，及因下蜀有功，便動了。謝安聞謝玄破苻堅，對客圍棋，報至不喜，及歸，折屐齒，強終不得也。更如人大醉後益恭謹者，只益恭謹便是動了，雖與放肆者不同，其爲酒所動一也。又如貴公子，位益高，益卑謙，只卑謙便是動了，雖與驕傲者不同，其爲位所動一也。然惟知道者，量自然弘大，不勉強而成。今人有所見卑下者，無他，亦是識量不足也。"

　　志御氣則治，氣役志則亂。人忿欲勝志者，有矣；以義理勝氣者，鮮矣。

　　張子曰：慎喜怒，此是矯其末而不知治其本，① 宜矯輕敬惰。②

----

　　① 《性理大全書》卷四十七，第711冊第91頁，"是"作"只"。
　　② 《性理大全書》卷四十七，第711冊第91頁，"敬"作"警"。

學者先須去其客氣；其爲人剛行，終不肯進。

和靖尹氏曰：莫大之禍，起于須臾之不忍，不可不謹。

朱子曰：人有躁妄之病者，殆居敬之功有所未至，故心不能宰氣，① 氣有以動志而致然耳。若使主一不二，臨事之際，② 真心現前，卓然而不可亂，則又安有此患哉？

爲血氣所使者，只是客氣，惟涵泳於義理之中，③ 自然臨事有別處。

須是慈祥和厚爲本。

事亦有不當耐者，④ 豈可全學耐事！學耐事，其弊至於苟賤不廉。

---

① 《性理大全書》卷四十六，第 711 册第 75 頁，"氣"作"物"。
② 《性理大全書》卷四十六，第 711 册第 75 頁，"之際"上有"接物"二字。
③ 《朱子語類》卷十三第 239 頁，此句作"惟於性理説話涵泳"。
④ 《朱子語類》卷十三第 240 頁，無"亦"字。

卷之十四

王澍類編

窒　欲

舜命禹曰：人心惟危，道心惟微；惟精惟一，允執厥中。

顏淵問仁。孔子曰："克己復禮爲仁。"請問其目。曰："非禮勿視，非禮勿聽，非禮勿言，非禮勿動。"

"克、伐、怨、欲不行焉，可以爲仁矣？"曰：[①]"可以爲難矣。仁，則吾不知也。"

曾子曰："所謂誠其意者，毋自欺也。如惡惡臭，如好好色，此之謂自慊。[②]故君子必慎其獨也！小人閒居爲不善，無所不至；見君子而后厭然，掩其不善而著其善。人之視己，如見其肺肝然，則何益矣？此謂誠于中，形於外。故君子必慎其獨也。"曾子曰："十目所視，十手所指，其嚴乎！富潤

---

① 《論語注疏》2510 頁上，"曰"上有"子"字。
② 《禮記正義》卷六十，第 1673 頁上，"慊"作"謙"。

屋，德潤身，心廣體胖。故君子必誠其意。"

程子曰：顏淵問克己復禮之目，孔子曰："非禮勿視，非禮勿聽，非禮勿言，非禮勿動。"四者身之用也，由乎中而應乎外，制乎外所以養其中也。顏淵請事斯語，所以進于聖人。後之學聖人者，宜服膺而勿失也。因箴以自警。《視箴》曰："心兮本虛，應物無迹。操之有要，視爲之則。蔽交于前，其中則遷。制之于外，以安其內。克己復禮，久而誠矣。"《聽箴》曰："人有秉彝，本乎天性。知誘物化，遂亡其正。卓彼先覺，知止有定。閑邪存誠，非禮勿聽。"《言箴》曰："人心之動，因言以宣。發禁躁妄，內斯靜專。矧是樞機，興戎出好。吉凶榮辱，惟其所召。傷易則誕，傷煩則支。己肆物忤，出悖來違。非法不道，欽哉訓辭。"《動箴》曰："哲人知幾，誠之於思。志士厲行，守之於爲。順理則裕，從欲惟危。造次克念，戰兢自持。習與性成，聖賢同歸。"

學始於不欺闇室。

閑邪則誠自存，不是外面捉一個誠來存著。[1] 動容貌，整思慮，則自然生敬，敬只是主一也。主一則既不之東，又不之西；既不之此，又不之彼。存此則自然天理明。

吕與叔問思慮多，[2] 不能驅除。曰："此正如破屋中禦

---

① 《朱子近思録》卷四第68頁，"來"上有"將"字。
② 《朱子近思録》卷四第65頁，"問"作"嘗言患"。

寇，東面一人來未逐得，西面一人又至矣。① 左右前後，驅
逐不暇。蓋其四面空疏，盜固易入，無緣作得主定。若中有
主則實，② 實則外患不能入，自然無事。”

大凡人心有主則虛，虛則邪不能入；③ 無主則實，實則
物來奪之。④ 有主如何？主敬而已矣。所謂敬者，主一之謂
敬；所謂一者，無適之謂一。人心不可二用，⑤ 用于一事，
則他事更不能入者，事爲之主也。事爲之主，尚無思慮紛擾
之患，若主於敬，又焉有此患乎？

敬勝百邪。

張子曰：仲尼絶四，自始學至成德，竭兩端之教也。意
有私也，⑥ 必有待也。固不化也，我有方也。四者有一焉，
則與天地爲不相似矣。

上蔡謝氏曰：克己須從偏處、難處克將去。

和靖尹氏曰：克己惟在克其所好，便是下手處，然人未
有不自知所好處而能克之者。若不自知卻克個甚。今人只爲
事事皆好，便没下手處。然須擇其偏好甚處先克。

---

① 《朱子近思録》卷四第 65 頁，“一人又”作“又一人”。
② 《朱子近思録》卷四第 65 頁，“若”作“蓋”。
③ 《朱子近思録》卷四第 69 頁，“則”作“謂”。
④ 《朱子近思録》卷四第 69 頁，“則”作“謂”。
⑤ 《朱子近思録》卷四第 69 頁，“人心”上有“大凡”二字。
⑥ 《朱子近思録》卷二第 46 頁，“私”作“思”。

　　朱子曰：克己亦別無巧法，如孤軍猝遇強敵，① 只得盡力舍死向前而已，尚何問哉！

　　克己之功，非至明不能察其機，非至健不能致其決也。

　　問："水火，明知其可畏，自然畏之，不待勉強。若是人欲，只緣有愛之之意，雖知之而不能不好之，奈何?" 曰："此亦未能真知而已。" 又問："真知者，還當知人欲是不好事物否?"② 曰："如'克、伐、怨、欲'，卻不是要就'克、伐、怨、欲'上知得到，③ 只是自家就道理邊看得透。④ 見得大處分明，那許多病痛，⑤ 不待驅除，⑥ 都如冰消凍解，無有痕迹矣。"

　　幾者，動之微；善惡之所由分也。蓋動于人心之微，則天理固當發見，而人欲亦已萌乎其間。於此之時，宜常窮察，識得是非。其初乃毫忽之微，至其窮察之久，漸見充越之大，天然有個道理開裂在這裏。此幾微之決、善惡之分也。若至於發著之甚，則亦不濟事矣。

　　天理人欲之分，只爭些子，故周先生只管說"幾"字。然辨之不可不早，故橫渠每説"豫"字。

---

① 《朱子語類》卷四十一第 1042 頁，"如"作"譬如"。
② 《朱子語類》卷十三第 226 頁，"知"上有"真"字。
③ 《朱子語類》卷十三第 226 頁，"就"上有"去"字，"知"上有"面要"二字。
④ 《朱子語類》卷十三第 226 頁，"就"上無"家"字，"邊"上有"這"字。
⑤ 《朱子語類》卷十三第 226 頁，此句作"这許多小小病痛"。
⑥ 《朱子語類》卷十三第 226 頁，無此句。

學者常用提醒此心，使如日之升，則群邪自息。他本自光明廣大，自家只著些子力去提醒照管他便了，^① 不要苦著力，著力則反不是。

靜中私意橫生，此學者之通患。能自省察至此，甚不易得。此當以敬爲主，而深察私意之萌多爲何事，就其重處，痛加懲窒。久之純熟，自當見效。不可計功于旦莫，而多爲說以亂之也。

問："涵養於未發之前，^② 令不善之端旋消，則易爲力；若發後，則難制。"曰："聖賢之論，正要就發處制。未發時固當涵養，不成發後便都不管！"或云："這處最難。"曰："此亦不難，只要明得一個善惡。每日遇事，須是體驗，見得是善，從而保養卻，^③ 自然不肯走在惡上去。"

問："每常遇事時也，分明知得理之是非。到做處，^④ 卻又爲人欲引去；^⑤ 及至做了，又卻悔。此是如何？"曰："此便是無克己工夫，此是天理人欲交戰之幾，^⑥ 須是遇事時便與克下，不得苟且放過。明理以先之，勇猛以行之。無一時

---

① 　此段引文見臺灣商務印書館 1986 年影印清文淵閣四庫全書本《湯子遺書》卷五，第 1312 册第 517 頁，"只"上無"自家"二字。以下凡引此書皆爲此本，一律簡稱《湯子遺書》，不再標注版本。

② 　《朱子語類》卷一百一十三第 2738 頁，"前"作"初"。

③ 　《朱子語類》卷一百一十三第 2739 頁，"卻"作"取"。

④ 　《朱子語類》卷一百一十九第 2875 頁，"到"上有"然"字。

⑤ 　《朱子語類》卷一百一十九第 2875 頁，"卻又"作"又卻"。

⑥ 　《朱子語類》卷一百一十九第 2875 頁，"是"上有"便"字，"幾"作"機"。

一刻不照管克治，始得。”

　　問：“人之思慮，大段邪僻者卻容易制；惟是許多無頭面不要緊底思慮，① 不知何以制之？”曰：“此亦無他，只是覺得不當思量底，便莫要思量，② 便從腳下做將去。久久純熟，自然無此等思慮矣。若更加以讀書窮理工夫，③ 則去那般不正當底思慮，又何難之有！”④

　　問：“居常苦私意紛擾，雖即覺悟而痛抑之，然竟不能得潔淨。”⑤ 曰：“惟其此心無主宰，故爲私意所勝。若常加省察，使良心常在，見破了這私意只從外面入。縱饒有所發動，自家這裏亦容他不得。此事須是平日著工夫，若待他起後方省察，殊不濟事。”

　　未知學問，此心渾爲人欲。既知學問，天理自然發見，⑥ 而人欲漸漸消去者，固是好矣。然克得一層，又有一層。大者固不可有，而纖微尤要密察！

　　人固有終身爲善而自欺者。凡惡惡之不真，⑦ 爲善之不勇，外然而中實不然，或有爲而爲之，⑧ 或始勤而終怠，皆

---

① 《朱子語類》卷一百一十三第 2746 頁，“要緊底思慮”作“緊要之思慮”。
② 《朱子語類》卷一百一十三第 2746 頁，“思”下無“量”字。
③ 《朱子語類》卷一百一十三第 2746 頁，“工”上有“底”字。
④ 《朱子語類》卷一百一十三第 2746 頁，“何”上無“又”字。
⑤ 《朱子語類》卷一百二十第 2901 頁，“淨”下有“不起”二字。
⑥ 《朱子語類》卷十三第 225 頁，“天”上有“則”字。
⑦ 《朱子語類》卷十六第 335 頁，“真”作“實”。
⑧ 《朱子語類》卷十六第 335 頁，“有爲”作“有所爲”。

不實而自欺之患也。但有九分義理雜了一分私意，便是自欺。到得厭然掩著之時，又其甚者。須是要打叠得盡，蓋意誠而後心正。①　過得此一關後，②　方可進。

吳晦叔言：省察、克治，兩者不可偏廢。③　南軒張氏曰：然纔省了便克，既克了又省，當如循環然。

西山真氏《心經》贊云：舜禹授受，十有六言。萬世心學，此其淵源。人心伊何，生於形氣。有好有樂，有忿有懥。惟欲易流，是之謂危。須臾或放，衆慝從之。道心伊何，根於性命。曰義曰仁，曰中曰正。惟理無形，④　是之謂微。毫芒或失，其存幾希。二者之間，曾弗容隙。察之必精，如辨白黑。知及仁守，相爲始終。惟精惟一，惟一故中。聖賢迭興，體姚法娰。持網挈維，昭示來世。戒慎謹獨，⑤　閑邪存誠。曰忿曰欲，必窒必懲。上帝實臨，其敢或貳。屋漏雖隱，寧使有愧。四非當克，如敵斯攻。四端既發，皆擴而充。⑥意必之萌，雲捲席徹。⑦　子諒之生，春噓物苗。雞犬之放，欲知其求。牛羊之牧，濯濯是憂。一指肩背，孰貴孰賤。簞

---

①　《朱子語類》卷十六第 329 頁，"心"下有"可"字。
②　《朱子語類》卷十六第 329 頁，"此"作"這"。
③　《性理大全書》卷四十七，第 711 册第 97 頁，此句作"省、克二字不可廢"。
④　《性理大全書》卷七十，第 711 册第 528 頁，"理"作"是"。
⑤　《性理大全書》卷七十，第 711 册第 528 頁，"慎"作"懼"。
⑥　《性理大全書》卷七十，第 711 册第 528 頁，"擴"作"廣"。
⑦　《性理大全書》卷七十，第 711 册第 528 頁，"徹"作"撤"。

食萬鍾，辭受必辨。克治存養，交致其功。舜何人哉，期與之同。維此道心，萬善之主。天之與我，此其大者。斂之方寸，太極在躬。散之萬事，其用無窮。若寶靈龜，若奉拱璧。念茲在茲，其可弗力。相古先民，以敬相傳。操約施博，孰此爲先。我來作州，茅塞是懼。爰輯格言，以滌肺腑。明窗棐几，清晝爐熏。開卷肅然，事我天君。

河津薛氏曰：人只有有己，① 故不能與天地同其大，其要惟在克己。克己之功，寧過於剛，不可過於柔。右私意。

《曲禮》曰：傲不可長，② 欲不可從，志不可滿，樂不可極。臨財毋苟得，臨難毋苟免。狠毋求勝，③ 分毋求多。

《樂記》曰：君子奸聲亂色，不留聰明；淫樂慝禮，不接心術；惰慢邪僻之氣不設于身體。使耳目口鼻心知百體，皆由順正，以行其氣。④

召公戒武王曰：不役耳目，百度惟貞。玩人喪德，玩物喪志。志以道寧，言以道接。

孔子曰：士志於道，而恥惡衣惡食者，未足與議也。

君子懷德，小人懷土；君子懷刑，小人懷惠。

士而懷居，不足以爲士矣。

---

① 《讀書録》卷十一，第 711 册第 698 頁，“有有”作“是有”。
② 《禮記正義》卷一第 1230 頁上，“傲”作“敖”。
③ 《禮記正義》卷一第 1230 頁中，“狠”作“很”。
④ 《禮記正義》卷三十八第 1536 頁，“氣”作“義”。

君子上達，小人下達。

益者三樂，損者三樂。樂節禮樂，樂道人之善，樂多賢友，益矣。樂驕樂，樂佚游，樂宴樂，損矣。

君子有三戒：少之時，血氣未定，戒之在色；及其壯也，血氣方剛，戒之在鬥；及其老也，血氣既衰，戒之在得。

孟子曰：飲食之人，則人賤之矣，爲其養小以失大也。

無爲其所不爲，無欲其所不欲，如此而已矣。

飢者甘食，渴者甘飲，是未得飲食之正也，飢渴害之也。豈惟口腹有飢渴之害？人心亦皆有害。人能無以飢渴之害爲心害，則不及人不爲憂矣。

養心莫善於寡欲。其爲人也寡欲，雖有不存焉者，寡矣；其爲人也多欲，雖有存焉者，寡矣。

柳直清誡子弟曰：壞名災己，辱先喪家，其失尤大者五，宜深志之。其一，自求安逸，靡甘淡泊。苟利于己，不恤人言。其二，不知儒術，不悦古道。懵前經而不恥，論當世而解頤。身既寡知，惡人有學。其三，勝己者厭之，佞己者悦之。惟樂戲談，莫思古道。聞人之善疾之，① 聞人之惡揚之。浸漬頗僻，銷刻德義。簪裾徒在，厮養何殊？其四，崇好優游，耽嗜麴蘗。以啣杯爲高致，以勤事爲流俗。習之已荒，②

---

① 《御定小學集注》卷五，第 699 册第 566 頁，"疾"作"嫉"。
② 《御定小學集注》卷五，第 699 册第 566 頁，"流俗"作"俗流"；"已"作"易"。

覺已難悔。其五，急于名宦，暱近權要。一資半級，雖或得
之，衆怒群猜，鮮有存者。余見名門右族，莫不由祖先忠孝
勤儉以成立之，莫不由子孫頑率奢傲以覆墜之。成立之難如
升天，覆墜之易如燎毛。言之痛心，爾宜刻骨。

周子曰：孟子曰"養心莫善於寡欲"，予謂養心不止於
寡而存耳。蓋寡焉以至于無，無則誠立明通。誠立，賢也；
明通，聖也。

程子曰：損者，損過而就中，損浮末而就本實也。天下
之害，無不由末之勝也。峻宇雕牆，本于宮室；酒池肉林，
本於飲食；淫酷殘忍，本于刑罰；窮兵黷武，本於征討。凡
人欲之過者，皆本於奉養，其流之遠，則爲害矣。先王制其
本者，天理也；後人流於末者，人欲也。損之義，損人欲以
復天理而已。

飢食渴飲，冬裘夏葛，若致些私吝心在，便是廢天職。

人之于豫樂，心悅之，故遲遲，遂至于耽戀不能已也。
處豫不可安且久也，久則溺矣。

聖人爲戒，必于方盛之時。方其盛而不知戒，故狃安富
則驕侈生，樂舒肆則綱紀壞，忘禍亂則釁蘗萌，[1] 是以浸淫
不知亂之至也。

人于外物奉身者，事事要好，只有自家一個身與心卻不

---

[1] 《朱子近思錄》卷十二第 119 頁，"禍"作"禍"。

要好。苟得外面物好時，卻不知道自家身與心已先不好了也。

人於天理昏者，是只爲嗜欲亂著他。莊子言："其嗜欲深者，其天機淺。"此言卻最是。

人之所以不能安其止者，動於欲也。欲牽於前而求其止，不可得也。故艮之道當"艮其背"，所見者在前，而背乃背之，是所不見也。止於所不見，則無欲以亂其心，而止乃安。

動以天爲無妄，動以人欲則妄矣。無妄之義大矣哉！雖無邪心，苟不合正理，則妄也，乃邪心也。

所欲不必沉溺，只有所向便是欲。

張子曰：湛一，氣之本；攻取，氣之欲。口腹於飲食，鼻舌於臭味，①皆攻取之性也。知德者屬厭而已，不以嗜欲累其心，不以小害大、末喪本焉爾。

司馬溫公曰：儉德之恭也，②侈則多欲。君子則貪慕富貴，③枉道速禍。④小人則多求妄用，⑤敗家喪身。是以居官必賄，居鄉必盜。故曰：侈，惡之大也。

胡文定公曰：人須是一切世味，淡泊方好，不要有富貴

---

① 《朱子近思録》卷五第 78 頁，"舌"作"口"。

② 此段引文見臺灣商務印書館 1986 年影印清文淵閣《四庫全書》本《戒子通録》卷五，第 703 册第 61 頁，"恭也"作"共"。以下凡引此書皆爲此本，一律簡稱《戒子通録》，不再標注版本。

③ 《戒子通録》卷五，第 703 册第 61 頁，"則"上有"多欲"二字。

④ 《戒子通録》卷五，第 703 册第 61 頁，"禍"作"禍"。

⑤ 《戒子通録》卷五，第 703 册第 61 頁，"則"上有"多欲"二字。

相。孟子謂："堂高數仞，食前方丈，侍妾數百人，我得志弗爲。"學者須先除去此等，常自激昂，便不到得墜墮。

張文節公曰：由儉入奢易，由奢入儉難。

汪信民曰：人常咬得菜根，則百事可做。

朱子曰：誠、敬、寡欲，不可以次序做工夫。數者雖則未嘗不串，然其實各是一件事。不成道敬則欲自寡，卻全不去做寡欲底工夫，則是廢了克己之功也。但恐一發作，① 卻又無理會。② 譬如平日慎起居，節飲食，養得如此了，固是無病。但一日意外病作，豈可不服藥。敬只是養底工夫。克己是去病。須是俱到，無所不用其極。

河津薛氏曰：挺特剛介之志常存，則有以起偷情而勝人欲。一有頹靡不立之志，則甘爲小人，流於卑污之中而不能振拔矣。

人之饗用，當各量其分，薄功而厚饗，鮮不仆矣。人欲無涯而物力有限，不以禮節之，安知所窮極乎？

欲淡則心虛，心虛則氣清，氣清則理明。

衣食之類，本爲養生之具，不可闕者，③ 故聖人爲治，必開衣食之源，以厚民生。但衣食飽暖足矣。④ 若過求華麗

---

① 《朱子語類》卷十二第 214 頁，"一"下有"且"字。
② 《朱子語類》卷十二第 214 頁，"卻又"作"又卻"。
③ 《讀書錄》卷四，第 711 冊第 615 頁，"闕"作"缺"。
④ 《讀書錄》卷四，第 711 冊第 615 頁，"但"作"故"。

之衣，極口腹之欲，是養小失大，① 君子不爲也。蓋衣食取足，天理之公。過爲華侈者，人欲之私，君子不可不謹也。②

月川曹氏曰：窮口腹以暴殄天物，固爲人欲之私。③ 然異端之教，遂至禁殺，茹蔬殞身飼獸，其於天性之親，人倫之愛，反恝然無情，又豈得爲天理之公？④ 右物欲。

---

① 《讀書録》卷四，第711册第615頁，"養"上無"是"字。

② 《讀書録》卷四，第711册第615頁，"不可不謹也"作"謹之"。

③ 此段引文見臺灣商務印書館1972年影印清文淵閣《四庫全書》本《四書集義精要》卷十四，第202册第236頁，"窮口腹…欲之私"句作"窮口腹以暴殄天物者，則固人欲之私也"。以下凡引此書皆爲此本，一律簡稱《四書集義精要》，不再標注版本。

④ 《四書集義精要》卷十四，第202册第236頁，"然異端……天理之公"句作"而異端之教，遂至於禁殺，茹蔬殞身飼獸，而於其天性之親、人倫之愛，反恝然其無情也，則亦豈得爲天理之公哉？"

卷之十五

遷 善

禹曰：惠迪吉，從逆凶，惟影響。

湯之《盤銘》曰：苟日新，日日新，又日新。

伊尹曰：德無常師，主善為師。善無常主，協於克一。

伊尹訓大甲曰：惟上帝不常。作善，降之百祥；作不善，降之百殃。爾惟德罔小，萬邦惟慶；爾惟不德罔大，墜厥宗。

孔子曰：見賢思齊焉，見不賢而內自省也。

子張問崇德。子曰："主忠信，徙義，崇德也。"

子夏曰：日知其所亡，月無忘其所能，可謂好學也已。

孟子曰：人皆有所不忍，達之於其所忍，仁也；人皆有所不為，達之於其所為，義也。人能充無欲害人之心，而仁不可勝用也；人能充無穿窬之心，而義不可勝用也；人能充無受爾汝之實，無所往而不為義也。士未可以言而言，是以言餂之也；可以言而不言，是以不言餂之也，是皆穿窬之類也。

《國語》云：從善如登，從惡如崩。

漢昭烈將終，敕後主曰：勿以惡小而爲之，勿以善小而不爲。

程子曰：知過而能改，聞善而能用，克己以從義，其剛明者乎。

“舍己從人”最爲難事。己者我之所有，雖痛舍之，猶懼守己者固而從人者輕也。

君子之學必日新。日新者，日進也。不日新者必日退，未有不進而不退者。

朱子曰：爲學須覺今是而昨非，日改而月化，① 便是長進。

須是在己只見得欠闕。② 他人見之卻有長進，方可。

人之爲學，惟患不自知其所不足。既知之，③ 則亦即此而加勉焉耳。爲仁由己，豈他人所能與？

河津薛氏曰：凡所爲當下，即求合理。勿曰今日姑如此，明日改之。一事苟，其餘無不苟矣。

① 《朱子語類》卷八第 135 頁，無“而”字。
② 《朱子語類》卷八第 142 頁，“只見得欠闕”作“見得只是欠闕”。
③ 《朱子語類》卷一百一十九第 2880 頁，“既”上有“今”字。

卷之十六

王澍類編

改　過

《復卦》初九爻辭曰：不遠復，無祗悔。

孔子曰：過，則勿憚改。

已矣乎！吾未見能見其過而內自訟者也。

過而不改，是謂過矣。

子夏曰：小人之過也，必文。

孟子曰：古之君子，過則改之；今之君子，過則順之。古之君子，其過也，如日月之食，民皆見之。及其更也，民皆仰之。今之君子，豈徒順之，又從為之辭。

人不可以無恥。無恥之恥，無恥矣。

古語云：惑者知反，迷道不遠。

美成在久，惡成不及改。

周子曰：仲由喜聞過，令名無窮焉。今人有過，不喜人規，如護疾而忌醫，寧滅其身而無悟也，噫！

272

程子曰：學問之道無他也，惟知其不善則速改，以從善而已。

張子曰：纖惡必除，善斯成性矣；察惡未盡，雖善必粗矣。

朱子曰：凡日用間知此一病，而欲去之，則即此欲去之，心便是能去之藥。但當堅守，常自儆覺，不必妄意推求。必欲舍此拙法，別求妙解也。①

《答蔡季通書》曰：所謂一劍兩段者，改過之勇，固當如此。改過貴勇，而防患貴怯。二者相須，然後真可以修慝辨惑而成徙義崇德之功，自今以往，設使真能一劍兩段，亦不可以此自恃而平居無事。常存祇畏儆懼之心，以防其源，則庶乎其可耳？

西山真氏曰：無心而誤，謂之過；② 有心而為，謂之惡。③ 不待別為不善，方謂之惡。只知過不改，便是有心，④ 便謂之惡。《易》曰："風雷，益，君子以見善則遷，有過則改。"天下之至迅疾者，莫如風雷，故聖人以此為遷善改過之象。

河津薛氏曰：舉止不可不慎，其幾一毫之差，悔不可追。

---

① 《性理大全書》卷四十四，第 711 冊第 24 頁，"別"作"而必"。
② 《性理大全書》卷四十九，第 711 冊第 124 頁，"謂"上有"則"字。
③ 《性理大全書》卷四十九，第 711 冊第 124 頁，"謂"上有"則"字。
④ 《性理大全書》卷四十九，第 711 冊第 124 頁，"是"上無"便"字。

人心只是當靜時不存,當動時不察。所以靜時放過,①動時差錯。學者當主靜以立其本,慎動以謹其幾,則動無過舉矣。

程子曰:罪己責躬不可無,然亦不當長留在心胸爲悔。

問:"氣質昏蒙,作事多悔:有當下便悔者,② 有過後思量得不是方悔者,③ 又有經久所爲因事機觸得而悔者。④ 方悔之際,惘然自失,此身若無所容! 有時恚恨至於成疾。不知何以免此。"⑤ 朱子曰:"今若既知悔時,⑥ 第二次莫恁地便了,不消得常常放在心下。"⑦ 又曰:"'悔'字難説。既不可常存在胸中以爲悔,又不可不悔。若只説不悔,則今番做錯且休,明番做錯又休,不成説話。"問:"如何是著中底道理?"曰:"不得不悔,但不可留滯。既做錯此事,他時更遇此事,或與此事相類,便須懲戒,不可再做錯了。"右改過。

孔子曰:德之不修,學之不講,聞義不能徙,不善不能改,是吾憂也。

周子曰:君子乾乾不息於誠,然必懲忿窒欲,遷善改過

---

① 《讀書録》續録卷三,第 711 册第 752 頁,"過"作"逸"。
② 《朱子語類》卷第一百一十六第 2787 頁,"者"作"時"。
③ 《朱子語類》卷第一百一十六第 2787 頁,"者"作"時"。
④ 《朱子語類》卷第一百一十六第 2787 頁,"又有"作"或","悔"上無"而"字,"者"作"時"。
⑤ 《朱子語類》卷第一百一十六第 2787 頁,"何以"作"何由可以"。
⑥ 《朱子語類》卷第一百一十六第 2787 頁,無"今若"二字。
⑦ 《朱子語類》卷第一百一十六第 2787 頁,"放"上有"地"字。

而後至。乾之用其善是，損益之大莫是過，聖人之指深哉！吉凶悔吝生乎動。噫，吉一而已，動可不慎乎？

程子曰：動息節宣，以養生也；飲食衣服，以養形也；威儀行義，以養德也；推己及物，以養人也。

"慎言語"以養其德，"節飲食"以養其體。事之至近而所繫至大者，莫過於言語飲食也。

人有三不幸：少年登高科，一不幸；席父兄之勢爲美官，二不幸；有高才能文章，三不幸也。

邢氏曰："吾曹常須愛養精力，精力稍不足則倦，所臨事皆勉強而無誠意。"① 接賓客語言尚可見，況臨大事乎？

朱子送門人李伯諫教授蘄學之訓云："主敬致知，摧驕破吝。謹之於細微雜亂之域，而養之于虛閒靜一之中。"

懲忿如摧山，窒欲如填壑，遷善當如風之速，② 改過當如雷之決。"③ 右通論修身。

---

① 《二程遺書》卷一第 61 頁，"臨"上有"以"字。
② 《朱子語類》卷七十二第 1833 頁，無"當"字，"速"作"迅"。
③ 《朱子語類》卷七十二第 1833 頁，無"當"字，"決"作"烈"。

卷之十七

正其誼，不謀其利

孔子曰：君子喻於義，小人喻於利。

孟子曰：雞鳴而起，孳孳爲善者，舜之徒也。雞鳴而起，孳孳爲利者，跖之徒也。欲知舜與跖之分，無他，利與善之間也。

左氏曰：君子動則思禮，行則思義。不爲利回，不爲義疚。

程子曰：内重則可以勝外之輕，得深則可以見誘之小。

雖公天下事，若用私意爲之，便是私。

君子求其在己者而已矣。

趙景平問："'子罕言利'，所謂利者，何?"① 曰："不獨財利之利，凡有利心便不可。如作一事，須尋自家穩便處，

_____

① 《朱子近思録》卷七第 89 頁，"何"下有"利"字。

皆利心也。聖人以義爲利，安義處便爲利。① 如釋氏之學，皆本於利，故便不是。"

孟子辨舜、跖之分，只在義利之間。言間者，謂相去不甚遠，所爭毫末爾。義與利，只是個公與私也。纔出義，便以利言也。只那計較，便是爲有利害，若無利害，何用計較？利害者，天下之常情也。人皆知趨利而避害，聖人則更不論利害，惟看義當爲不當爲，② 便是命在其中也。

龜山楊氏曰：舜、跖之相去遠矣，而其分乃在善、利之間而已，是豈可以不謹？然講之不熟，見之不明，未有不以利爲義者，又學者所當深察也。

朱子曰：學者爲學，未問真知與力行，且要收拾此心，令有個頓放處。若收斂都在義理上安頓，無許多胡思亂想，則久久自然於物欲上輕，於義理上重。苟操舍存亡之間無所主宰，縱說得，亦何益！

以敬、義二字隨處加功，久久自當得力。義利之間，只得著力分別不當，預以難辨爲憂，聖門只此便是終身事業。

人多是要求濟事，而不知自身。己不立，事決不能成。

---

① 《朱子近思録》卷七第89頁，"安義"作"義安"。
② 《二程遺書》卷十七第224頁，"不"上有"與"字。

人心若有一毫私意未盡，① 皆足以敗事。上有一毫差，② 下便有尋丈差。

大抵事只有一個是非，是非既定，卻揀一個是處行將去。必欲回互得人人道好，豈有此理！

仁義根於人心之固，有天理之公也。利心生於物我之相形，人欲之私也。循天理，則不求利而自無不利；狥人欲，③則求利未得而害已隨之。所謂毫釐之差，千里之謬，學者所宜精察而明辨也。

問："程子言'義安處便爲利'，只是當然而然，便安否？"曰："是也。只萬物各得其所，④ 便是利。君得其爲君，臣得其爲臣，父得其爲父，子得其爲子，何利如之？此'利'字，即《易》所謂'利者，義之和'。義截然不可犯，似不和，分別後萬物各得其所，便是和；不和，生於不義。義則和，而無不利矣。"

南軒張氏曰：學者潛心孔孟，必得其門而入。愚以爲莫先於義利之辨，⑤ 蓋聖學無所爲而然也。無所爲而然者，命

---

① 《性理大全書》卷四十九，第 711 册第 126 頁，"心"上有"自"字，"若"下無"有"字。
② 《性理大全書》卷四十九，第 711 册第 126 頁，"上"上有"如"字。
③ 《西山讀書記》卷九，第 705 册第 267 頁，"狥"作"徇"。
④ 《性理大全書》卷五十，第 711 册第 138 頁，"所"作"分"。
⑤ 《性理大全書》卷五十，第 711 册第 142 頁，"利"作"理"。

之所不已，^① 性之所不偏，^② 而教之所以無窮也。凡有所爲而然者，皆人欲之私，而非天理之所存。此義利之分也。非特名位貨殖而後爲利也，斯須之頃意之所向，一涉于有所爲，雖有淺深之不同，而其狥己自私，^③ 則一而已，如孟子所謂內交、要譽、惡其聲之類是也。學者當以立志爲先，^④ 持敬爲本，^⑤ 而精察於動靜之間。毫釐之差，審其爲霄壤之判，則有以用吾力矣。右去私。

孔子曰：放於利而行，多怨。

富而可求也，雖執鞭之士，吾亦爲之。如不可求，從吾所好。

子思曰：君子素其位而行，不願乎其外。素富貴，行乎富貴；素貧賤，行乎貧賤；素夷狄，行乎夷狄；素患難，行乎患難；君子無入而不自得焉。在上位不陵下，在下位不援上，正己而不求於人則無怨。上不怨天，下不尤人。故君子居易以俟命，小人行險以僥倖。子曰："射有似乎君子，失諸正鵠，反求諸其身。"

孟子曰：魚，我所欲也，熊掌，亦我所欲也，二者不可

---

① 《性理大全書》卷五十，第711冊第142頁，"不"上有"以"字。
② 《性理大全書》卷五十，第711冊第142頁，"不"上有"以"字。
③ 《性理大全書》卷五十，第711冊第142頁，"狥"作"徇"。
④ 《性理大全書》卷五十，第711冊第142頁，"以立志爲"作"立志以爲"。
⑤ 《性理大全書》卷五十，第711冊第142頁，"爲"上有"以"字。

得兼，舍魚而取熊掌者也。生，亦我所欲也；義，亦我所欲
也，二者不可得兼，舍生而取義者也。生亦我所欲，所欲有
甚於生者，① 故不爲苟得也；死亦我所惡，所惡有甚于死者，
故患有所不辟也。如使人之所欲莫甚于生，則凡可以得生者，
何不用也？使人之所惡莫甚于死者，則凡可以辟患者，何不
爲也？由是則生而有不用也，由是則可以辟患而有不爲也。
是故所欲有甚於生者，所惡有甚于死者，非獨賢者有是心也，
人皆有之，賢者能勿喪耳。一簞食，一豆羹，得之則生，弗
得則死。嘑爾而與之，行道之人弗受；蹴爾而與之，乞人不
屑也。萬鍾則不辨禮儀而受之。② 萬鍾於我何加焉？爲宮室
之美、妻妾之奉、所識窮乏者得我與？鄉爲身死而不受，今
爲宮室之美爲之；鄉爲身死而不受，今爲妻妾之奉爲之；鄉
爲身死而不受，今爲所識窮乏得我而爲之，③ 是亦不可以已
乎？此之謂失其本心。

　欲貴者，人之同心也。人人有貴于己者，弗思耳。④ 人
之所貴者，非良貴也。趙孟之所貴，趙孟能賤之。《詩》云：
"既醉以酒，既飽以德。" 言飽乎仁義也，所以不願人之膏粱
之味也。令聞廣譽施于身，所以不願人之文綉也。

---

① "於"上，原衍"于"字，據《孟子注疏》卷十一第 2752 頁删。
② 《孟子注疏》卷十一下第 2752 頁，"辨"作"辯"。
③ 《孟子注疏》卷十一下第 2752 頁，"得"上有"者"字。
④ 《孟子注疏》卷十一下第 2753 頁中，"耳"下有"矣"字。

張子曰：人多言安于貧賤，其實只是計窮力屈才短，不能營畫耳。若稍動得，恐未肯安之。須是誠知義理之樂於利欲也，乃能。

天下事，大患只是畏人非笑。不養車馬，食粗衣惡，居貧賤，皆恐人非笑。不知當生則生，當死則死，今日萬鍾，明日棄之，今日富貴，明日飢餓亦不恤，惟義所在。

朱子曰：學者，當常以"志士不忘在溝壑"爲念，則道義重，而計較死生之心輕矣。況衣食至微末事，不得未必死，亦何用犯義犯分，役心役志，營營以求之耶！某觀今人因不能咬菜根，而至於違其本心者衆矣，可不戒哉！

勉齋黃氏曰：學問須是就險難窮困處試一過，真能不動，方是學者。

進學之要，① 固多端，且刊落世間許多利欲外慕，見得榮辱、是非、得失、利害，皆不足道。只有直截此心，無愧無懼，方能見之。動靜語默者，② 皆是道理。不然，則浮湛出入，渾殽膠擾，無益於己，見窺於人，甚可畏也。右處事。

孟子曰：莫非命也，順受其正；是故知命者，不立乎巖牆之下。盡其道而死者，正命也。桎梏死者，非正命也。

<hr>

① 此段引文見臺灣商務印書館 1986 年影印清文淵閣《四庫全書》本《勉齋集》卷八，第 1168 冊第 87 頁，"學"作"道"。以下凡引此書皆爲此本，一律簡稱《勉齋集》，不再標注版本。

② 《勉齋集》卷八，第 1168 冊第 87 頁，此二句"能"作"且"，無"者"字。

求則得之，舍則失之，是求有益於得也，求在我者也。求之有道，得之有命，是求無益于得也，求在外者也。

程子曰：賢者惟知義而已，命在其中；中人以下，乃以命處義，如言“求之有道，得之有命，是求無益於得”，知命之不可求，故自處以不求，若賢者則求之以道，得之以義，不必言命。

朱子曰：人有此身，便有所以爲人之理。與生俱生，乃天之所付，① 而非人力所能爲也，② 所以凡爲人者，只合講明此理而謹守之，不可昏棄。若乃身外之事，榮悴休戚，即當一切聽天所爲，而無容心焉。

河津薛氏曰：命雖在天，而制命在己。

富貴利達在天，無可求之理；德業學術在人，有可求之道。誠欲厚其子孫以可求者，教之善矣；欲以不可求者厚之，豈非愚之甚耶？

方麓王氏曰：命非在外，人事盡處，命即隨之。右俟命。

---

① 《性理大全書》卷四十九，第711册第129頁，“付”作“負”。
② 《性理大全書》卷四十九，第711册第129頁，“所”上有“之”字。

卷之十八

王澍類編

明其道，不計其功

樊遲問仁。孔子曰："仁者，先難而後獲，可謂仁矣。"

古之學者爲己，今之學者爲人。

程子曰：學只要鞭辟近裏，著己而已。故"切問而近思"，則"仁在其中矣"。

"仁者先難而後獲。"有爲而作，皆先獲也。古人惟知爲仁而已，今人皆先獲也。

古之學者爲己，其終至於成物。今之學者爲物，其終至於喪己。

學也者，使人求於内也。不求于内而求于外，非聖人之學也。何謂求于外？① 以文爲主者是也。學也者，使人求于本也。不求于本而求于末，非聖人之學也。何謂求于末？②

---

① 《二程遺書》卷二十五第 377 頁，"求"上有"不求於内而"五字。
② 《二程遺書》卷二十五第 377 頁，"求"上有"不求於本而"五字。

考詳略、采異同者是也。① 是二者無益于德,② 君子弗之
學也。③

　　朱子曰:爲學須是己分上做工夫,有本領,方不作言語
説。若無存養,儘説得明,自成兩片,亦不濟事,況未必説
得明乎? 要須發憤忘食,痛切去身份上做工夫,④ 莫荏冉,
歲月可惜也!

　　某之講學所以異於科舉之文者,⑤ 正是要切己行之。若
只恁地説過,依舊不濟事。若是實把做工夫,⑥ 只是"敬以
直内,義以方外"八字,⑦ 一生用之不盡!

　　且理會去,未須計其得。才計於得,則心便二,頭便
低了。

　　爲學須是切實爲己,則安靜篤實,承載得許多道理。若
輕揚淺露,如何探討得道理? 縱使探討得,説得去,也承載
不住。

　　鄉道之勤,衛道之切,不若求其所謂道者,而修之於己
之爲本;用力于文辭,⑧ 不若窮經觀史以求義理,而措諸事

---

① 《二程遺書》卷二十五第 377 頁,"異同"作"同異"。
② 《二程遺書》卷二十五第 377 頁,"無"上有"皆"字,"德"作"身"。
③ 《二程遺書》卷二十五第 377 頁,"弗"下無"之"字,"學"下無"也"字。
④ 《朱子語類》卷一百一十四第 2762 頁,"身份上做"作"做身份上"。
⑤ 《朱子語類》卷六十九第 1739 頁,無"者"字。
⑥ 《朱子語類》卷六十九第 1739 頁,"是實"作"實是"。
⑦ 《朱子語類》卷六十九第 1739 頁,"字"上有"個"字。
⑧ 《性理大全書》卷四十四,第 711 冊第 32 頁,"辭"作"詞"。

業之爲實也。蓋人有是身，則其秉彝之則初不在外。① 與其向往于人，孰若反求諸己？與其以口舌馳說而欲其得行於世，孰若得之於己而聽其用舍于天耶？② 至于文辭，③ 一小技耳，④ 以言乎邇，則不足以治己；以言乎遠，則不足以治人。⑤ 是亦何與於人心之存亡，⑥ 世道之隆替，而挍其利害，⑦ 勤懇反覆，至於連篇累牘而不厭耶？

爲學不厭卑近，愈卑近，則工夫愈實，⑧ 而所得愈高遠。

學者只是不爲己，故日間此心安頓在義理上時少，安頓在閒事上時多，於義理卻生，于閒事卻熟。

爲學只要至誠耐久，無有不得，不須別生計較，思前算後也。

爲學之要只在著實操存，密密體認自己身心上事，⑨ 切忌輕自表暴，⑩ 引惹外人辨論，枉費應酬，⑪ 分卻向裏工夫。

《學古箴》曰：相古先民，學以爲己，今也不然，爲人

---

① "初"，原漶漫不清，據《性理大全書》卷四十四，第711冊第32頁補。
② 《性理大全書》卷四十四，第711冊第32頁，"聽"上有"一"字。
③ 《性理大全書》卷四十四，第711冊第32頁，"辭"作"詞"。
④ 《性理大全書》卷四十四，第711冊第32頁，"技"作"伎"。
⑤ 《性理大全書》卷四十四，第711冊第32頁，"不足"作"無"。
⑥ 《性理大全書》卷四十四，第711冊第32頁，"與"上有"所"字。
⑦ 《性理大全書》卷四十四，第711冊第32頁，"挍"作"校"。
⑧ 《性理大全書》卷四十三，第711冊第16頁，"功"作"工"。
⑨ 《御纂朱子全書》卷三，第720冊第71頁，"密密"作"密切"，"事"作"理會"。
⑩ 《御纂朱子全書》卷三，第720冊第71頁，"暴"作"襮"。
⑪ 《御纂朱子全書》卷三，第720冊第71頁，"應酬"作"酬應"。

而已。爲己之學，先成其身，君臣之義，父子之仁，聚辨居行，無怠無忽，至足之餘，澤及萬物。爲人之學，燁然春華，誦數是力，纂組是夸，結駟懷金，煌煌煒煒，世俗之榮。君子之鄙，惟是二者。其端則微，眇綿弗辨，胡越其歸。右學問

孔子曰：君子病無能焉，不病人之不己知也。

君子疾没世而名不稱焉。

程子曰：學者須是務實，不要近名方是。有意近名，則爲僞也。大本已失，更學何事？爲名與爲利，清濁雖不同，然其利心則一也。

學而爲名，内不足也。

張子曰：竊嘗病孔、孟既没，諸儒囂然，不知反約窮源，勇於苟作，持不逮之資，而急知後世。明者一覽，如見肺肝然，多見其不知量也。方且創艾其弊，默養吾誠。顧所患日力不足，而未果他爲也。

上蔡謝氏曰：懷固蔽自欺之心，長虚驕自大之氣，皆好名之故。

朱子曰：人之爲學，當知何所爲而爲學，①　又當知其何所事而可以爲學，②　然後循其次第，勉勉而用力焉。必使此心之外更無異念，而舊習之能否，世俗之毀譽，身計之通塞，無一毫入於其心，然後乃可幾耳。

---

① 《性理大全書》卷四十四，第 711 册第 30 頁，"知"後有"其"字。
② 《性理大全書》卷四十四，第 711 册第 30 頁，"又"後無"當"字。

河津薛氏曰：善皆己分之當爲，初於人一毫無與。若纔爲善即有求名之心，乃人欲而非天理矣。右名譽。

子張學干禄。孔子曰："多聞闕疑，愼言其餘，則寡尤；多見闕殆，愼行其餘，則寡悔。言寡尤，行寡悔，禄在其中矣。"

不患無位，患所以立；不患莫己知，求爲可知也。

三年學，不至於《穀》，不易得也。

君子謀道不謀食。耕也，餒在其中矣；學也，禄在其中矣。君子憂道不憂貧。

孟子曰：有天爵者，有人爵者。仁義忠信，樂善不倦，此天爵也；公卿大夫，此人爵也。古之人修其天爵，而人爵從之。今之人修其天爵，以要人爵，既得人爵，而棄其天爵，則惑之甚者也，終亦必亡而已矣。

程子曰：古之人十五而學，四十而仕。其未仕也，優游養德，無求進之心，故其學必至於有成。後世之人，自其爲兒童，從父兄之所教，與其壯長，追逐時習之所尚，莫不汲汲於勢利也，善心何以不喪哉？

張子曰：既學而先有以功業爲意者，於學便相害。既有意，必穿鑿創意作起事端也。德未成而先以功業爲事，是代大匠斫，希不傷手也。

延平李氏曰：受形天地，各有定數，治亂窮通，斷非人力，惟當守吾之正而已。然而愛身明道，修己俟時，則不可一日忘於心。此聖賢傳心之要法，或者放肆自佚，惟責之人，不責之己，非也。

朱子曰：大抵以學者而視天下之事爲己事之所當然而爲之，則雖甲兵、錢穀、籩豆、有司之事，皆爲己也。以其可求知于世而爲之，① 則雖割股、廬墓、敝車、羸馬，亦爲人耳。右爵禄。

《訟卦》象辭曰：君子作事謀始。

孔子曰：君子之於天下也，無適也，無莫也，義之與比。

人無遠慮，必有近憂。

不曰“如之何如之何”者，吾未如之何也已矣。

程子曰：思慮當在事外。

人以料事爲明，便駸駸入逆詐億不信去也。

較事大小，其弊爲枉尺直尋之病。

朱子曰：事上皆有一個理。② 當處事時，便思量體認教分明。③ 久而思得熟，只見理不見事。④

天下之事，非艱難多事之可憂，而晏安酖毒之可畏，雖使功成慮定無一事之可爲，⑤ 尚當朝兢夕惕，居安慮危，而不可以少怠。

河津薛氏曰：稱意之事，不可加喜，喜則爲外物所動。

---

① 《大學衍義補》卷七十一，第 712 册第 811 頁，“可”下有“以”字。
② 《朱子語類》卷十八第 412 頁，“事”上有“一”字。
③ 《朱子語類》卷十八第 412 頁，“教”作“得”。
④ 《朱子語類》卷十八第 412 頁，“不見事”作“而不見事了”。
⑤ 《晦庵集》卷十一，第 1143 册第 194 頁，“雖”作“政”，“慮”作“治”。

於方快意時，尤當謹。蓋理勢盛衰相根，快意之時，乃盛之極而衰之漸也。

處事當沉重、堅正、詳細；不可輕浮、忽略。

處事最當熟思緩處。熟思則得其情，緩處則得其當。

處事當詳審安重，爲之以艱難，斷之以果決，事了即當若無事者。不可以處得其當，而有自得之心，若然，則反爲所累矣。

古語云：事到將完，愈當加勤、加慎、加寬。

程子曰：人之於患難，只有一個處置，盡人謀之後，卻須泰然處之。有人遇一事，則心心念念不肯舍，畢竟何益？若不會處置了，放下便是，無義命也。①

或問："理會應變處。"朱子曰："今且當理會常，未要理會變。常底許多道理未能理會得盡，如何便要理會變底！②聖賢説話，許多道理平鋪在那裏，且要闊著心胸平平去看，③通透後自能應變。"

審微於未形，御變於將來，非知道者孰能！

孔子曰：君子義以爲質，禮以行之，孫以出之，信以成之。君子哉！

孫思邈曰：膽欲大而心欲小，智欲圓而行欲方。

---

① 《朱子近思録》卷七第 88 頁，"命"上有"無"字。
② 《朱子語類》卷一百十七 2830 頁，無"底"字。
③ 《朱子語類》卷一百十七 2830 頁，"平平"作"平"。

程子曰：今人主心不定，視心如寇賊而不可制，不是事累心，乃是心累事。當知天下無一物是合少得者，不可惡也。

人多思慮，不能自寧，只是做他心主不定。要作得心主定，惟是止於事。人不止于事，只是攬他事，不能使物各付物。物各付物，則是役物；爲物所役，則是役於物。有物必有則，須是止於事。

伊川先生見一學者芒迫，① 問其故，曰：“欲了幾處人事。”曰：“某非不欲周旋人事者，曷嘗似賢急迫。”

閲機事之久，機心必生。蓋方其閲時，心必喜，既喜，則如種下種子。

君子之遇事，無巨無細，② 一於敬而已。簡細故以自崇，非敬也；飾私智以爲奇，非敬也。要知，③ 無敢慢而已。

執事須是敬，然又不可矜持太過。④

張子曰：欲立事，須立心。⑤ 心不敬則怠惰，事無由立。

朱子曰：君子之處事也，務窮理而貴果斷，不徒多思之爲尚。

人之一心，當應事時，常如無事時，便好。

---

① 《朱子近思録》卷十第 111 頁，“芒”作“忙”。
② 《二程遺書》卷第四《二先生語四》，第 124 頁，“細”上無“無”字。
③ 《二程遺書》卷第四《二先生語四》，第 124 頁，“知”作“之”。
④ 《二程遺書》卷三《二先生語三》，第 113 頁，“又”上無“然”字。
⑤ 《性理大全書》卷四十九，第 711 册第 125 頁，“立事”作“事立”，“立心”作“是心立”。

　　河津薛氏曰：收斂檢束身心到至細、至密、至定、至靜之極，① 則作事愈有力。②

　　見事貴乎理明，處事貴乎心公。理不明，則不能辨別是非，心不公則不能裁度可否。惟智以別是非，義以決可否，③ 則於事無所疑惑，而處之得其當矣。④

　　瓊山邱氏曰：天下之事莫不有幾，惟其知之豫也，然後能戒之於早。所以然者，亦惟在乎格物致知而已。⑤ 能格物致知，則無不知之幾，不俟終日而判斷矣。及其言行之將發，事功之將施也，⑥ 則又必反之於己，⑦ 體之於人，揆之於心，繹之於理，謀之又謀，必事於理不相悖，人與我不相妨，前與後不相衡決，上與下不相齟齬，然後作之，則所行者，無違悖之事矣。右通論處事。

---

　　① 《讀書録》《續録》卷一，第 711 册第 709 頁，"至定、至靜"作"至靜、至定"。
　　② 《讀書録》《續録》卷一，第 711 册第 709 頁，句首無"則"字。
　　③ 《讀書記》卷二，第 711 册第 571 頁，"惟智以……可否"句作"惟理明心公"。
　　④ 《讀書記》卷二，第 711 册第 571 頁，"得"上無"之"字。
　　⑤ 《大學衍義補》卷首，第 712 册第 14 頁，"格物致知而已"作"格物以致其知"。
　　⑥ 《大學衍義補》卷首，第 712 册第 15 頁，以上二句作"是以君子一言之將發也，一行之將動也，一事功將施行也"。
　　⑦ 《大學衍義補》卷首，第 712 册第 15 頁，"則"下無"又必"二字。

卷之十九

王澍類編

己所不欲，勿施於人

　　子貢問曰：“有一言而可以終身行之者乎？”孔子曰：“其恕乎！己所不欲，勿施於人。”

　　夫仁者，己欲立而立人，己欲達而達人。能近取譬，可謂仁之方也已。

　　忠恕違道不遠，施諸己而不願，亦勿施於人。

　　孟子曰：萬物皆備於我矣。反身而誠，樂莫大焉。強恕而行，求仁莫近焉。

　　程子曰：責上責下而中自恕己，豈可任職分？

　　朱子曰：凡人責人處急，責己處緩；愛己則急，愛人則緩。若拽轉頭來，便是道理流行。①

　　河津薛氏曰：公則人己不隔，私則一膜之外，便爲胡越。

---

　　① 《朱子語類》卷六十三第 1543 頁，“是”作“自”。

要知己與人物本同，一理一氣，而或不能公，好惡於天下者，蔽于有己之私也。

人所以千病萬病，只爲有己。爲有己，故計較萬端。惟欲己富貴，① 惟欲己安樂，② 於人之貧賤危苦死亡，③ 一切不恤。由是，生意不屬，天理絶滅。雖曰有人之形，其實與禽獸奚以異？④ 若能克去有己之病，⑤ 廓然大公，富貴貧賤，安樂生死，⑥ 皆與人共之，則生意貫徹，彼此各得分願，而天理之盛，有不可得而勝用者矣。

月川曹氏曰：人能無私，方能率人以無私。未有私于己而能率人無私焉者？⑦

古語云：厚者，不毁人以自益；仁者，不危人以要名。

曾子曰：君子有諸己，而後求諸人；無諸己，而後非諸人。所藏乎身不恕，而能喻諸人者，未之有也。

---

① 此段引文見臺灣商務印書館 1986 年影印清文淵閣《四庫全書》本《少墟集》，第 1293 冊第 154 頁，以下凡引此書皆爲此本，此句作"惟欲己富，惟欲己貴"。一律簡稱《少墟集》，不再標注版本。

② 《少墟集》，第 1293 冊第 154 頁，此句作"惟欲己安，惟欲己樂"。

③ 《少墟集》，第 1293 冊第 154 頁，"於"作"而"。

④ 《少墟集》，第 1293 冊第 154 頁，無"其實"二字。

⑤ 《少墟集》，第 1293 冊第 154 頁，無"克"字。

⑥ 《少墟集》，第 1293 冊第 154 頁，"死"作"壽"。

⑦ 此段引文見臺灣商務印書館 1986 年影印清文淵閣《四庫全書》本《通書述解》卷下，第 697 冊第 49 頁，"有"下有"有"字，"無"上有"以"字，"焉者"作"者焉"。以下凡引此書皆爲此本，一律簡稱《通書述解》，不再標注版本。

或問："恕字，學者可用工否?"① 程子曰："恕不可獨用，須得忠以爲體。不忠，何以能恕?"

朱子曰：恕字，② 以如心爲義。蓋謂如治己之心以治人，③ 如愛己之心以愛人，非苟然姑息之謂也。④ 然人之爲心，必嘗窮理以正之，⑤ 使其所以治己愛己者，皆出于正，然後可即是推之以及于人。⑥ 若于理有未明，而心有未正，則吾之所欲者，未必其所當欲；吾之所惡者，未必其所當惡。乃不察此，而遽欲以是爲施于人之準則，則其意雖公而事則私，是將見其物我相侵，彼此交病，雖庭除之内，⑦ 跬步之閒，亦且參商矛盾而不可行矣。故聖賢凡言恕者，⑧ 必以忠爲本。⑨

---

① 《二程遺書》卷十八第 232 頁，"工"作"功"。
② 《禮記集説》卷一百五十二，第 120 册第 639 頁，"字"下有"之指"二字。
③ 《禮記集説》卷一百五十二，第 120 册第 639 頁，"謂"作"曰"。
④ 《禮記集説》卷一百五十二，第 120 册第 639 頁，"非"上有"而"字。
⑤ 《禮記集説》卷一百五十二，第 120 册第 639 頁，"嘗"作"當"。
⑥ 《禮記集説》卷一百五十二，第 120 册第 639 頁，"可"下有"以"字。
⑦ 《禮記集説》卷一百五十二，第 120 册第 646 頁，"雖"上有"即"字。
⑧ 《禮記集説》卷一百五十二，第 120 册第 646 頁，"故"作"是以"。
⑨ 《禮記集説》卷一百五十二，第 120 册第 646 頁，"必"上有"又"字。

卷之二十

王澍類編

行有不得，反求諸己

《蹇卦》象辭曰：君子反身修德。

孔子曰：攻其惡，無攻人之惡，非修慝與？

君子求諸己，小人求諸人。

躬自厚而薄責於人，則遠怨矣。

孟子曰：愛人不親反其仁，治人不治反其智，禮人不答反其敬。行有不得者，皆反求諸己，其身正而天下歸之。

君子所以異于人者，以其存心也。君子以仁存心，以禮存心。仁者愛人，有禮者敬人。愛人者，人恒愛之。敬人者，人恒敬之。[①] 有人于此，其待我以橫逆，則君子必自反也。我必不仁也，必無禮也，此物奚宜至哉？其自反而仁矣，自反而有禮矣，其橫逆由是也，君子必自反也：我必不忠。自

---

① 《孟子注疏》卷八下第 2730 頁下，此兩句中"恒"均作"常"。

反而忠矣，其横逆由是也，君子曰："此亦妄人也已矣。如此則與禽獸奚擇哉？於禽獸又何難焉？"

韓子曰：古之君子，其責己也重以周；其待人也輕以約。重以周，故不怠；輕以約，故人樂爲善。

程子曰：聖人之責人也常緩，便見只欲事正，無顯人過惡之意。

君子之遇艱阻，必自省于身，有失而致之乎？有所未善則改之，無歉于心則加勉，乃自修其德也。

不能動人，只是誠不至。於事厭倦，皆是無誠處。

堯夫解"他山之石，可以攻玉"：玉者温潤之物，若將兩塊玉來相磨，必磨不成，須是得他個粗礪底物，方磨得出。譬如君子與小人處，爲小人侵陵，則修省畏避，動心忍性，增益豫防，① 如此便道理出來。

張子曰：責己者，當知無天下國家皆非之理。故學至於不尤人，學之至也。

和靖尹氏曰：困窮拂鬱皆堅人之志，② 而熟人之仁以安樂，失之者多矣。

南軒張氏曰：責己須要備。人有片善皆當取之，責己而

---

① 《二程遺書》卷二上第 85 頁，"豫"作"預"。
② 《西山讀書記》卷三十三，第 706 冊第 195 頁，"皆"作"能"。

取人，不惟養吾之德，亦與人爲善也。①

魯齋許氏曰：責己深者，② 必薄責於人。非惟不暇責人，③ 人有片善早去仿學他，④ 蓋亦不見其人之可責。⑤

責己者，可以成人之善；責人者，適以長己之惡。

河津薛氏曰：遇橫逆之來，當思古人所處有甚于此者，則知自寬矣。

行有不得，反之于己。使行之是則得，不得有命，己何與焉？使行之非亟當改之，⑥ 不可執其非以求勝於人也。

或曰："人有慢己者，何以處之？"曰："使己有可慢之事，則彼得矣。己無可慢之事，則彼失矣。得失在彼，⑦ 己何與焉？"

人譽己，果有善，但當持其善，不可有自喜之心，無善則增修焉，可也。人毀己，果有惡，即當去其惡，不可有惡聞之意，無惡則加勉焉，可也。

略有與人計較短長意，即是渣滓銷熔未盡。

---

① 《西山讀書記》卷二十五，第705冊第775頁，"亦"下有"所以"二字，句末無"也"字。

② 《性理大全書》卷四十九，第711冊第122頁，"己"上有"得"字。

③ 《性理大全書》卷四十九，第711冊第122頁，"非惟"作"蓋亦"，"人"後有"也"字。

④ 《性理大全書》卷四十九，第711冊第122頁，"人"上有"見"字，"他"下有"善"字。

⑤ 《性理大全書》卷四十九，第711冊第122頁，"不"上無"蓋亦"二字。

⑥ 《讀書録》卷七，第711冊第659頁，"亟"作"即"。

⑦ 《讀書録》卷七，第711冊第659頁，"得失"作"失得"。

人遇拂亂之事，愈當動心忍性，增益其所不能。所行有窒礙處，必思有以通之，則智益明。

古語云：救寒無若重裘，止謗莫若自修。<small>右接物之要。</small>

《曲禮》曰：賢者狎而敬之，畏而愛之。愛而知其惡，憎而知其善。

孔子曰：君子周而不比，小人比而不周。

君子和而不同，小人同而不和。

或曰："以德報怨，何如?"子曰："何以報德? 以直報怨，以德報德。"

君子矜而不爭，群而不黨。

巧言、令色、足恭，左丘明恥之，丘亦恥之。匿怨而友其人，左丘明恥之，丘亦恥之。

有子曰：信近於義，言可復也；恭近於禮，遠恥辱也。因不失其親，亦可宗也。

子夏曰：君子敬而無失，與人恭而有禮。

程子曰：聖賢處世，在人理之常，莫不大同，于世俗所同者，則有時而獨異。不能大同者，亂常拂理之人也；不能獨異者，隨俗習非之人也。要在同而能異耳。

朱子曰：嚴者，君子自處之常，① 而小人自不能近。

---

① 《西山讀書記》卷二十六，第705册第788頁，"處"作"守"。

河津薛氏曰：恭而不近于諛，和而不至于流，事上處衆之道也。

待人極當忠而不可欺人，① 我一致欺人，乃所以自欺也。②

處鄉人，皆當敬而愛之，雖三尺童子，亦當以誠心相待，③ 不可侮慢。

處鄉党，尤宜謹其所爲，道無不在故也。

惟寬可以容人，惟厚可以載物。

方麓王氏曰：和勿便至忘形，介勿便至傲物。

古語云：君子不辱人以不堪，不愧人以不知，不傲人以不如，不疑人以不肖。

《遯卦》象辭曰：君子遠小人，不惡而嚴。

孔子曰：不逆詐，不億不信。抑亦先覺者，是賢乎？

程子曰：君子之與小人比也，自守以正。豈誰君子自完其己而已乎？④ 亦使小人得不陷于非義。是以順道相保，禦止其惡也。

防小人之道，正己爲先。

---

① 《讀書録》卷五，第 711 册第 626 頁，此句作“凡待人當盡其忠而不可以欺人”。

② 《讀書録》卷五，第 711 册第 626 頁，“乃”作“實”。

③ 《讀書録》續録卷三，第 711 册第 755 頁，“相待”作“愛之”。

④ 《朱子近思録》卷十第 109 頁，“誰”作“惟”。

　　月川曹氏曰：君子之待小人，有正己而無屈意，有容德而無過禮。惡之之心雖不能無，[①] 然亦不爲已甚。

　　古語云：覺人之詐，不形于言；受人之侮，不動于色。此中有無窮意味。右通論接物。

---

　　① 　此段引文見臺灣商務印書館 1986 年影印清文淵閣《四庫全書》本《曹月川集》，第 1243 册第 11 頁，"惡之之"作"惡惡之"。

300